高等院校经济管理类专业应用型系列教材

财务共享虚拟仿真实训教程

Virtual Simulation Training Course for Financial Shared Service Center

主　编　董红杰
副主编　李　芳

中国财经出版传媒集团
经济科学出版社
Economic Science Press

图书在版编目（CIP）数据

财务共享虚拟仿真实训教程/董红杰主编.—北京：经济科学出版社，2020.6
高等院校经济管理类专业应用型系列教材
ISBN 978-7-5218-1614-3

Ⅰ.①财… Ⅱ.①董… Ⅲ.①财务管理系统-仿真系统-高等学校-教材 Ⅳ.①F232

中国版本图书馆CIP数据核字（2020）第092348号

责任编辑：杜 鹏 张 燕
责任校对：齐杰
责任印制：邱天

财务共享虚拟仿真实训教程
主 编 董红杰
副主编 李 芳
经济科学出版社出版、发行 新华书店经销
社址：北京市海淀区阜成路甲28号 邮编：100142
编辑部电话：010-88191441 发行部电话：010-88191522
网址：www.esp.com.cn
电子邮箱：esp_bj@163.com
天猫网店：经济科学出版社旗舰店
网址：http://jjkxcbs.tmall.com
固安华明印业有限公司印装
710×1000 16开 16.25印张 360000字
2020年8月第1版 2020年8月第1次印刷
ISBN 978-7-5218-1614-3 定价：39.00元

前　言

面对瞬息万变的市场背景，传统的会计信息系统过度重视会计核算而忽视管理、决策和分析，如何加强集团公司对子公司及其分部的经营绩效考核及财务管理，从而有效降低集团的业务核算及相关管理成本，实现企业价值最大化，是集团企业面临的严峻考验。

财务共享是集团企业加强财务管控的重要手段，是企业实现财务战略转型的必由之路。2014 年财政部在发布的《关于全面推进管理会计体系建设的指导意见》(以下简称《指导意见》) 中提出，鼓励大型企业和企业集团充分利用专业化分工和信息技术优势，建立财务共享服务中心，加快会计职能从重核算到重管理决策的拓展，促进管理会计工作的有效开展。《指导意见》明确了我国大中型企业践行共享服务理念的方向，同时从政策层面予以大力支持。财务共享服务的特点是经过业务流程再造，集中处理不同分支机构的简单重复业务，通过规模经济效应提高企业的工作效率，减少冗余成本费用，分散降低风险等，这种管理模式已经被越来越多的跨国公司和集团企业所接受。

财务共享服务中心覆盖的业务流程全面化到费用报销、采购到付款、资金结算、总账到报表、固定资产核算、成本核算、订单到收款、档案管理、发票开具、成本管理、纳税申报、预算管理、绩效经营分析、员工信用管理等，其中的核心流程是财务核算流程。各个业务单元承担着不同的业务职能，相互提供协作和支持。根据业务性质不同，财务共享服务中心设立了业务操作岗和财务岗。业务操作岗负责财务业务操作，分为单据档案、资金管理、收入成本、费用核算、档案管理等财务职能。财务岗按照财务流程环节设置单独的岗位，每个岗位的操作工序是不同的。由此可见，财务共享服务中心的人员要求具备复合型能力。而传统的财务人员的职业发展路径是紧紧围绕专业知识和技能向前演进的，除了传统的会计和财务管理知识之外，缺乏资本市场、融资管理、战略管理、公司治理、风险管理等方面的专门知识与经验，这将会直接影响财务共享服务中心的建设与实施效果。由于新的财务模式的应用，使财务人员面临转型。

随着财务共享服务中心建设浪潮的涌现，对复合型财务人才的需求越来越强烈。当前，全国开设财务共享实训课程的高等院校较少，相配套的教材更是稀缺，培养出的人才也是参差不齐，这就迫使高等院校人才培养亟须升级和革新。本教材以培养学生专通结合的综合实践能力、研究思维、前瞻与创新思维为主要目标，让学生认知财务共享服务的前沿趋势、理论与技术，深度理解“财务数字转型”的方法论与价值，掌握财务共享服务中心的规划与运营过程，以及通过团队组建、沙盘实战推演、角色扮演、电子发票、电子影像、电子档案、共享作业等当前财务领域相关的先进技术应用，能够开展基于共享服务下财务信息化的分析、优化设计与价值创新，从而培养学生在财务共享服务中心的规划、业财流程设计与优化、业务处理、运营管理等方面的核心能力。

本教材的基本内容是：（1）财务共享概述篇，主要对财务共享建设背景和建设路径进行阐述；（2）财务共享沙盘篇，介绍沙盘盘面规划，并以鸿途集团建设沙盘为例进行模拟练习；（3）财务共享软件篇，以 VBSE 财务共享教学软件为工具，通过对财务共享中心基础信息设置、费用报销共享业务处理、应收共享业务处理、应付共享业务处理、薪资发放共享业务处理、资金结算共享业务处理、固定资产共享业务处理、总账共享业务处理等实验操作，指导学生由易到难、由点到面地去完成企业财务共享中心的核心业务处理。

本教材由郑州商学院董红杰教授任主编，负责大纲的拟订、编写和总纂工作。具体编写分工如下：第 1 章、第 14 章由董红杰教授撰写；第 2 章、第 5 章、第 11 章、第 13 章由李芳老师撰写；第 3 章、第 4 章由周梦老师撰写；第 6 章、第 7 章由武佳莉老师撰写；第 9 章由周苗苗老师撰写；第 8 章、第 10 章由王佳宝老师撰写；第 12 章由赵忱喆老师撰写；第 15 章、附录由马婉莹老师撰写。

本教材从前期框架体系设计、大纲编写到后期的定稿，得到了郑州商学院和用友新道科技有限公司各级领导与专家的精心指导，主编及参编人员在编写本教材过程中深入领会 VBSE 财务共享实训的内在精髓，熟练掌握实训步骤并参阅了大量的相关资料。本教材的编写力求结构合理、内容完善和操作便捷，适用于开设财务共享实训课程的高等院校财经类专业师生。本教材是河南省虚拟仿真实验教学项目（教高［2019］672 号）的阶段性成果。

由于编者的时间和经验有限，教材中难免有疏漏之处，恳请读者批准指正。

郑州商学院会计学系列教材编委会

2020 年 5 月

目 录

第1篇

财务共享概述篇

第1章　财务共享概述

［学习目标］

理解财务共享服务中心的含义；

了解财务共享服务中心产生的内因和外因；

了解财务共享服务中心的五种模式；

掌握单中心模式的特征、适用范围。

1.1　财务共享的相关概念

1.1.1　共享服务的概念

共享服务＝以客户为中心＋服务收费商业经营

——1998年芭芭拉·奎因《分享服务：挖掘公司财富》

共享服务是一种将一部分现有的经营职能（business function）集中到一个新的半自主的业务单元的合作战略，设有专门的管理机构，目的是提高效率、创造价值、节约成本，以及提高对母公司内部客户的服务质量。

——2004年布莱恩·伯杰伦《服务共享精神》

1.1.2　财务共享服务中心的概念

财务共享服务中心（FSSC）是一个独立的运营主体。它的经营运作模式是通过信息化手段，把集团企业分散在各成员单位的同质化、重复性和易于标准化的财务工作剥离出来，通过规范其财务制度、流程再造等手段进行集中处理，进而实现降低集团企业运营成本，提高企业管理效率，以及为企业财务战略决策层提供数据支持等。这个集中处理的组织即被称为财务共享服务中心。

简单地讲，财务共享服务中心就是把成员单位的部分基础财务工作抽取出来集中处理，为成员单位提供财务相关服务。财务共享服务中心的概念示意如图1-1所示。

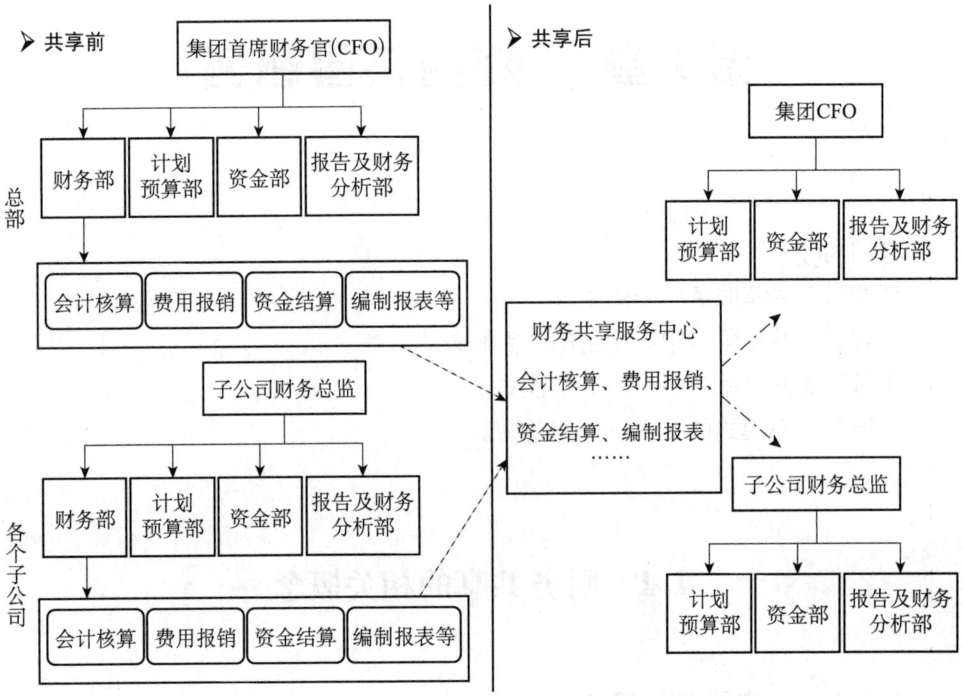

图1-1　财务共享服务中心的概念示意

1.1.3　财务共享服务中心的实质

财务共享服务中心的实质是依托信息技术，以财务业务流程处理为基础，以优化组织结构、规范工作流程、提升管理效率、降低运营成本和创造服务价值为目的，将不同地域、不同法人、同一时间范围内的会计业务上传到一个平台来统一报账、统一核算和报告，从而保证会计记录和报告的标准规范与结构统一。

财务共享服务的具体做法是将财务数据采集、处理、应用的责任清晰区分归属到三类组织，如图1-2所示。

采集：通过业财系统集成与报账实现，源数据的质量责任归属于采集它的业务发生部门。

处理：财务共享服务中心记账、审核、形成定制财务报告，并对这些财务数据的质量负责。

应用：财务管理岗位在财务决策分析中调用各类数据（包括财务共享服务中心提供的数据），并对其分析结论负责。

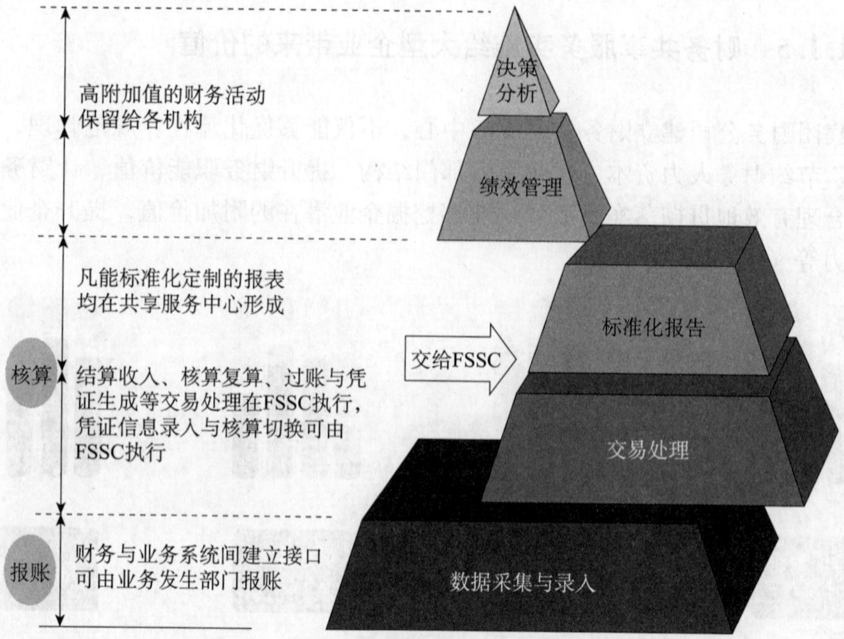

图 1－2　财务共享的实质

1.1.4　财务共享服务中心的定位

财务共享服务中心是集团的财务服务平台，是各成员单位的会计业务运作中心、财务管理中心和服务中心（见图 1－3）。

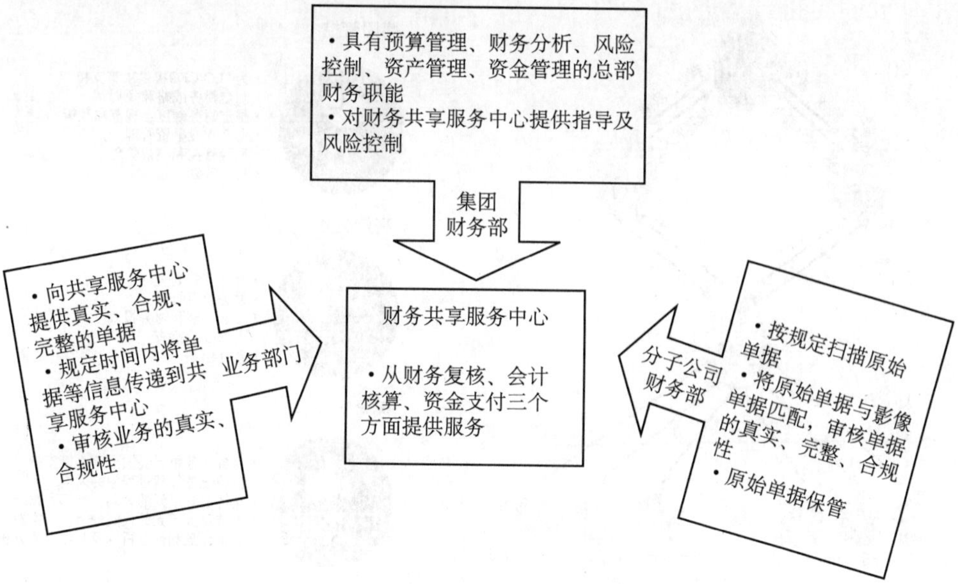

图 1－3　财务共享服务中心的定位

1.1.5 财务共享服务实施给大型企业带来的价值

集团财务公司建立财务共享服务中心，不仅能够优化流程、规范管理、加强管控、节约财务人力资本、优化财务部门结构、提升财务职能价值，让财务政策更加合理有效地贯彻落实，而且还能够挖掘企业潜在的附加价值，提升企业的决策能力等（见图1-4）。

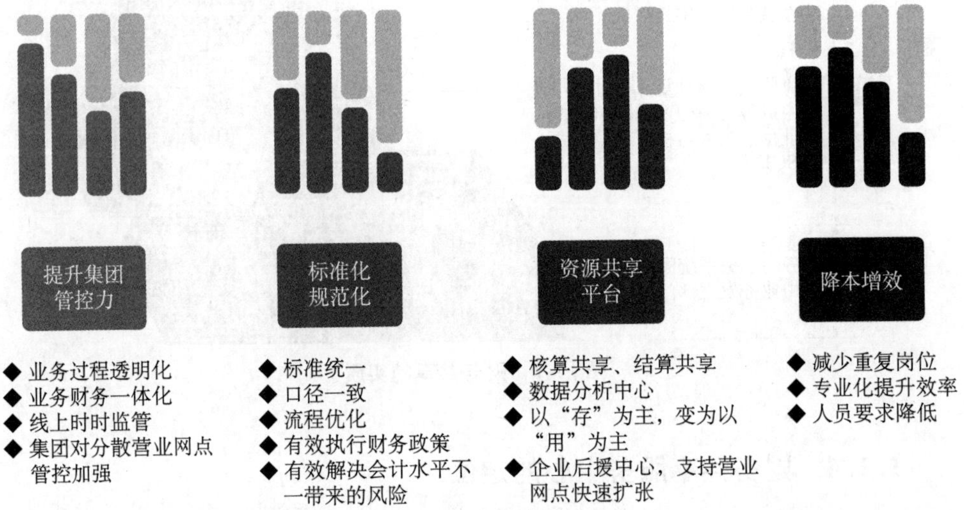

图1-4 财务共享服务中心的价值

（1）价值体现1——职责清晰、流程规范、有效管控，如图1-5所示。

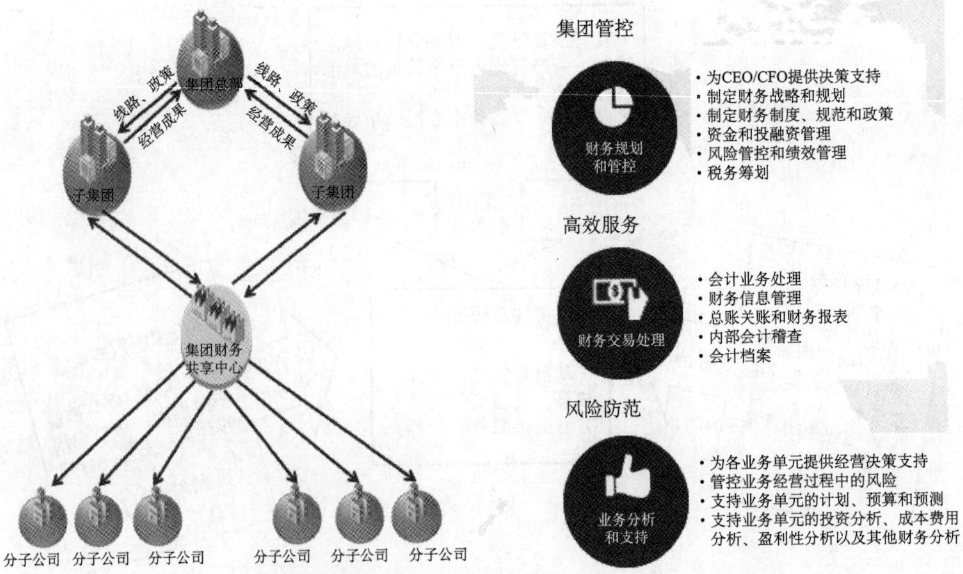

图1-5 价值体现1——职责清晰、流程规范、有效管控

（2）价值体现 2——适应形势、财务转型、决策支持，如图 1-6 所示。

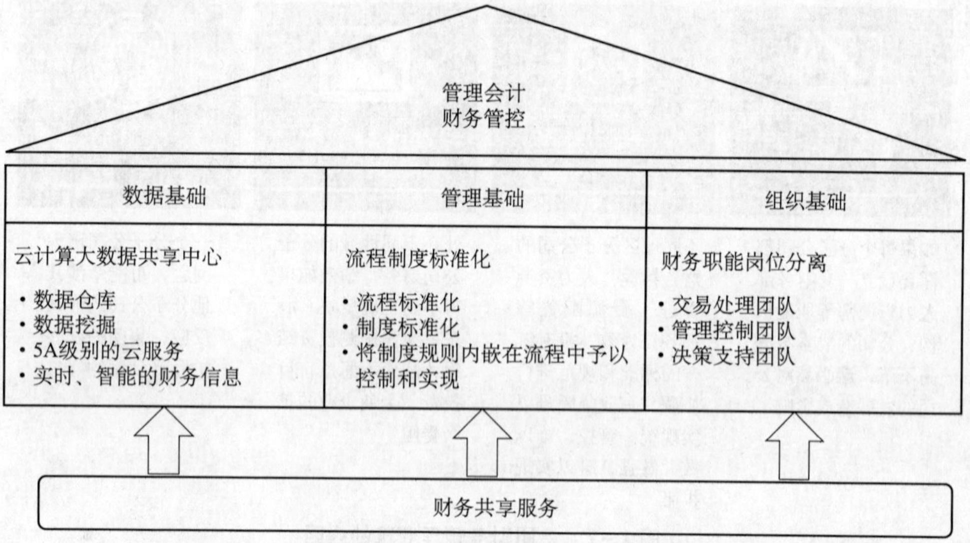

图 1-6　价值体现 2——适应形势、财务转型、决策支持

1.2　财务共享产生的背景

1.2.1　财务共享的产生

随着全球经济一体化的产生以及信息技术的飞速发展，集团企业所掌控的业务规模越来越大，内部部门结构越来越复杂，导致企业管控难度加大。为了在激烈的市场竞争中取得优势，获取更多市场份额，各类集团企业都在积极地寻求更加有效的管控模式以降低成本、创造收益。因此，财务共享模式应运而生，这给集团财务管理带来了颠覆性的变革。

集团财务管理变革受公司内部发展的需要和外部环境因素推动的双重影响，其财务共享服务中心建设的目标旨在提高财务的整体管理水平，为战略扩张和业务发展提供强有力的支撑，以及推进财务管理职能的全面转型。

1.2.2　集团财务管理变革的内因

随着集团企业的快速发展，传统的财务管理模式已经无法满足公司管理的需要，而且区域的差异性日益凸显，跨区域的财务管理成本不断增加，管理难度加大，财务风险不断增加，因此，企业降低成本、提高管控力度、降低风险的要求使得财务管理模式转型刻不容缓。共享服务模式可保障企业在全球范围内运用各种能力，使整个集团的运作能力比各分散部门独立运作更加有效。集团财务管理变革的内因如图 1－7 所示。

图 1－7　集团财务管理变革的内因

1.2.3　集团财务管理变革的外因

集团财务管理变革的外因如图 1－8 所示。

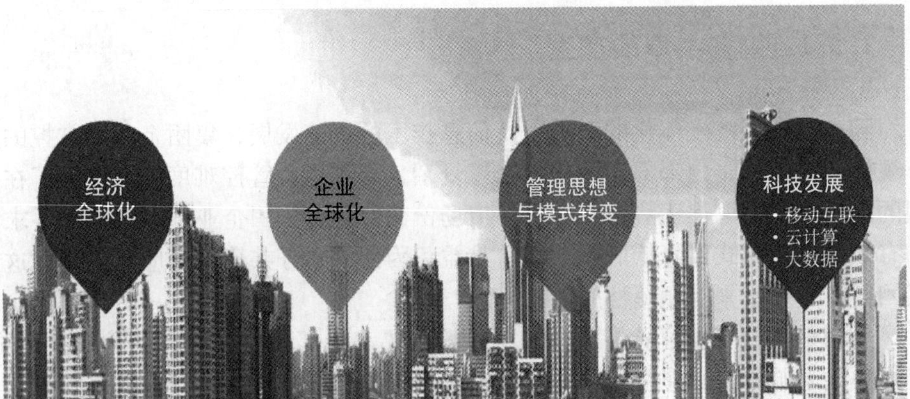

图 1－8　集团财务管理变革的外因

1.2.3.1　集团财务管理的新发展

随着互联网经济的发展，信息技术不断进步，财务共享依托互联网而存在，充分利用互联网信息技术平台，搭建财务共享系统，可实现数据采集前端化、核算处理自动化、财务档案无纸化、会计职能服务化、会计核算智能化。

（1）商业基础技术换代：互联网时代。在“互联网＋”时代，电子商务平台是财务共享服务中心搭建的基础，财务共享服务中心通过采用企业资源计划

（ERP）管理系统、办公自动化（OA）系统等，运用大数据技术、云计算技术进行数据统计和分析，应用智能票据识别光学字符识别（OCR）技术、人脸识别技术、语音识别技术，进行智能识别与匹配，运用财务机器人、移动互联网、电子档案等技术集合而成，从而建立了安全性及效率较高的财务共享服务平台，为企业的业务扩展和可持续发展提供了高质量的服务（见图1-9）。

图1-9　技术进步推动集团财务管理新发展

（2）财务相关政策制度颁布：促进转型升级。2004年8月28日，第十届全国人民代表大会常务委员会第十一次会议通过了《中华人民共和国电子签名法》，用于规范电子签名使用环境，确立其法律效力，对于电子合同的有效性提供了政策保障。

2015年11月30日，国家税务总局发布《关于推行通过增值税电子发票系统开具的增值税电子普通发票有关问题的公告》，决定自2015年12月1日起在全国范围推行增值税电子发票系统。

2016年8月29日，国家质量监督检验检疫总局与国家标准化管理委员会联合发布了新的国家标准《电子文件归档与电子档案管理规范》（以下简称2016年《规范》），并于2017年3月1日开始实施，该文件规定了电子文件的归档管理流程以及电子文件的存储载体和存储格式，对于规范我国电子文件的归档管理发挥着重要作用。

财务共享服务中心的建设，促进了管理会计和财务会计的相分离。2014年10月27日，财政部印发《关于全面推进管理会计体系建设的指导意见》。该意见分为全面推进管理会计体系建设的重要性和紧迫性，指导思想、基本原则和主要目标，主要任务和措施，工作要求4部分。其主要任务和措施是，推进管理会计理论体系建设；推进管理会计指引体系建设；推进管理会计人才队伍建设；推进面向管理会计的信息系统建设。

《企业会计信息化工作规范》第三十四条的内容，明确指出了大型企业要积极探索，建立财务共享服务中心。《企业会计信息化工作规范》的颁布，为集团公司建设财务共享服务中心，进行财务转型升级的工作，在政策上提供了支持。

财务政策与制度颁布促进企业转型升级如图1-10所示。

电子发票　电子票据　电子档案　电子合同　管理会计体系建设　营改增/收入准则系列政策准则调整

图1-10　财务政策与制度颁布促进企业转型升级

1.2.3.2 集团财务管理的新趋势

集团财务管理的新趋势如图 1－11 所示。财务共享服务中心通过将集团企业的现有资源进行重组以达到提高企业管理效率的目的，因此需要企业全员参与。同时，在移动互联网的运用下，财务共享服务中心具有终端多元化的特点，以满足不同的人员在不同的地点、不同的环境可以顺利地完成工作，能够提高企业的工作效率。

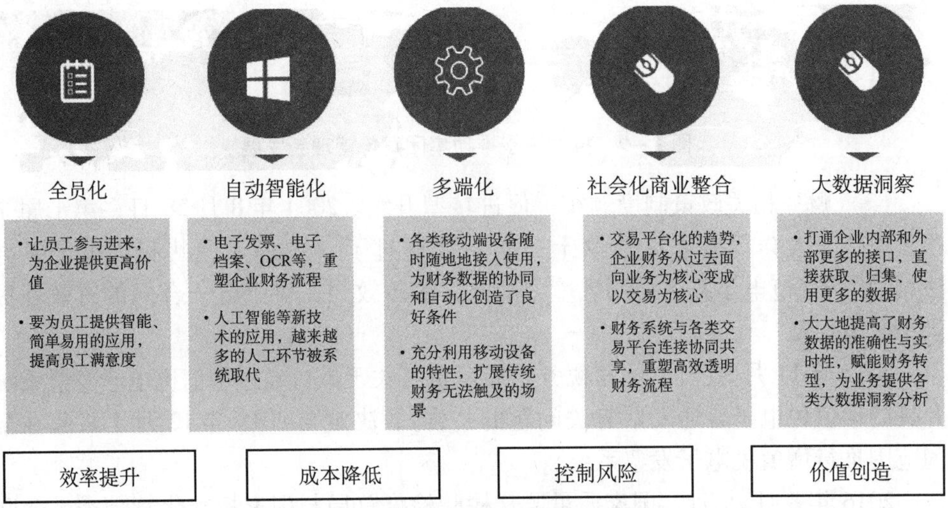

图 1－11 集团财务管理新趋势

1.2.3.3 企业互联网模式下的财务变革与创新

企业互联网模式下的财务变革与创新如图 1－12 所示。

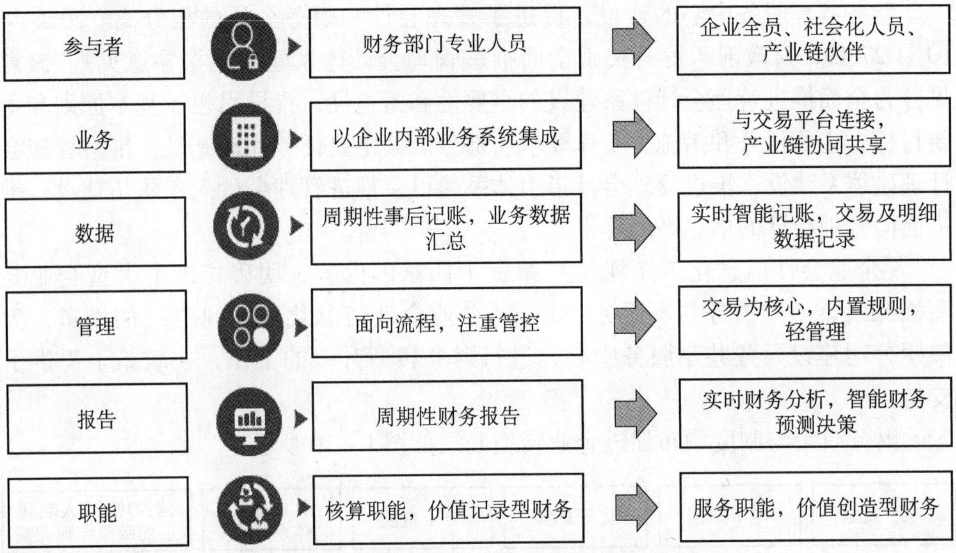

图 1－12 企业互联网模式下的财务变革与创新

1.3　财务共享中心的模式

财务共享服务中心建设是一次财务变革，难度大、风险高；不同企业根据不同的管理基础、业务重点、行业特点以及风险偏好来选择不同模式的财务共享中心。财务共享服务模式的选择奠定了整个项目的基本框架和大方向，对于财务共享业务基地的顺利设置及发展具有重大意义。

1.3.1　中国企业财务共享中心的模式

中国企业财务共享中心的模式如表 1－1 所示。

表 1－1　　中国企业财务共享中心的模式

类型	特征说明	典型案例	考虑因素	客户画像
多中心模式	• 多套作业系统，多个 FSSC，相互间没有关联及协作关系 • 一套作业系统，多个 FSSC，相互间没有关联及协作关系	• 中国铝业 • IBM、中国移动	管控力度：较弱； 地域分布：广； 业务独立性：强； 集中难度：大； 各中心业务差异性：大	多为超大型集团，有多个子集团，集团对于子集团是战略管控或财务管控。 1. 各子集团业务相同，按照行政区域管理； 2. 各子集团业务差异大，按照业务线管理
单中心模式	一套作业系统，一个 FSSC，内部组织按照先业务、后业态或地域设置	国家开发银行、陕西移动、中国国旅、信发集团、博天环境、天瑞集团	管控力度：强； 地域分布：广； 业务独立性：较弱； 主业明显，其他业态比例较小	集团体量规模小于上一类，管控力度强，多为运营管控。以单一集团较为常见
	一套作业系统或其他财务系统，一个 FSSC，内部组织按照先业态或地域、后业务设置	中兴通讯、北控水务	管控力度：强； 地域分布：广； 业务独立性：较弱； 多业态平行发展	
专业化中心	• 多中心模式下设专业化中心 • 单中心模式下设专业化分中心	• 运通公司 • 海尔集团	某类单一业务量足够大； 其余同多中心或单中心模式	可按多中心模式或单中心模式建 FSSC，对税务、资金等某类业务有独立管理需求
灾备中心	一套作业系统或财务系统，多个 FSSC，同时作业，同时备份	中国平安	考虑资料备份，预防自然灾害； 其余同多中心模式	企业对资料灾备安全要求极高； 其余同多中心模式
联邦模式	一套作业系统，多个 FSSC（按业态、区域）	TCL、鞍钢集团	各中心业务差异性：比较大； 人员集中难度：大； 业务统一难度：大	多为考虑实际情况后建设共享中心的过渡方案，将来一般会合并为一个

1.3.2 单中心模式——业态模式

定义：按照不同产业细分财务共享服务中心，共享服务中心（SSC）负责本产业单位财务共享业务处理。

适用条件：集团多业态并存，且每种业态内的业务单位多。

优点：可以根据产业单位的业务特点进行体系定义，体现产业业态的特点。

单中心模式——业态模式如图 1－13 所示。

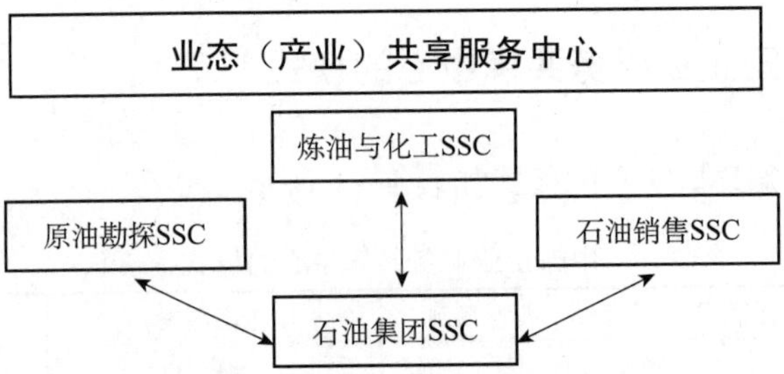

图 1－13 单中心模式——业态模式

1.3.3 单中心模式——区域模式

定义：在区域设置共享服务中心，负责该区域内不同产业单位财务共享业务处理。

适用条件：集团规模超大，区域内可服务的单位多。

优点：距离服务对象较近，业务响应快，便于沟通交流。

单中心模式——区域模式如图 1－14 所示。

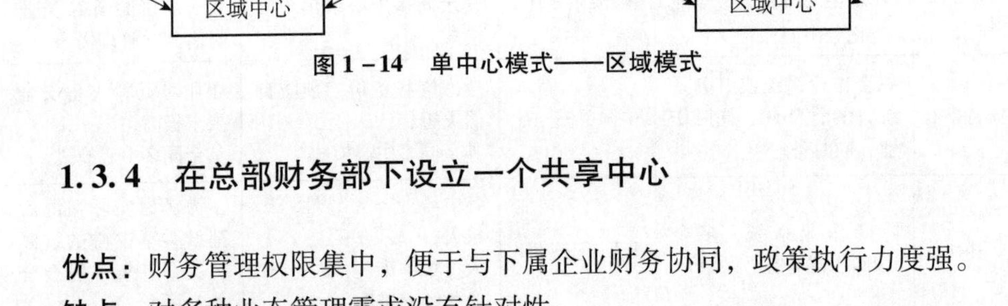

图 1－14 单中心模式——区域模式

1.3.4 在总部财务部下设立一个共享中心

优点：财务管理权限集中，便于与下属企业财务协同，政策执行力度强。

缺点：对多种业态管理需求没有针对性。

总部财务部下设财务共享服务中心，如图1－15所示。

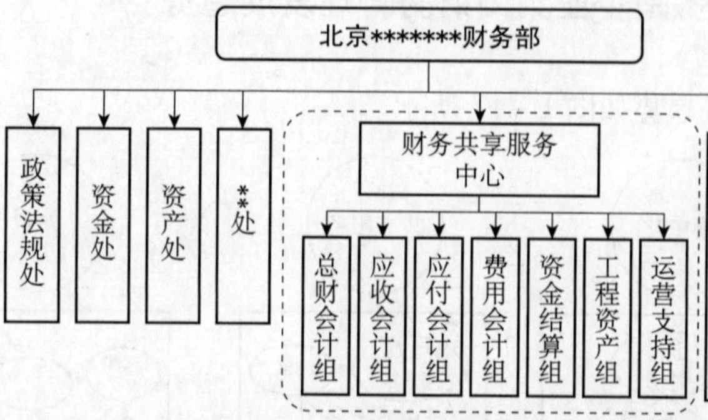

图1－15　总部财务部下设财务共享服务中心

1.3.5　多中心模式

联邦模式：在各集团财务部下按照业态建立共享中心。

优点：多种业态针对性强，贴近客户，便于进行专业服务和业务监督。

缺点：财务管理权限分散，多个共享中心协同性差。

多中心模式如图1－16所示。

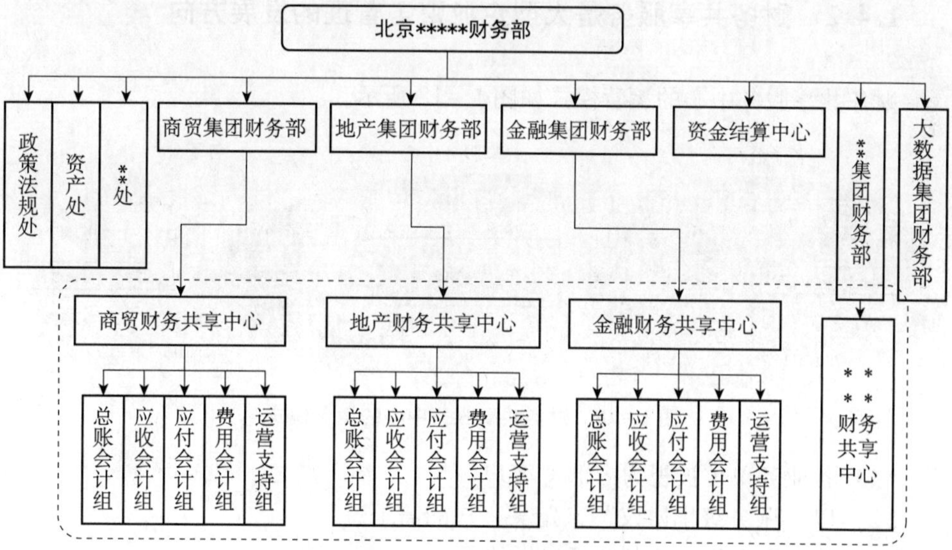

图1－16　多中心模式

1.4　财务共享中心的发展

财务共享服务是集团财务管理应对挑战而采取的集权管控模式的变革。

1.4.1 财务共享服务是企业集团财务管理发展趋势

企业集团财务管理发展趋势如图 1－17 所示。

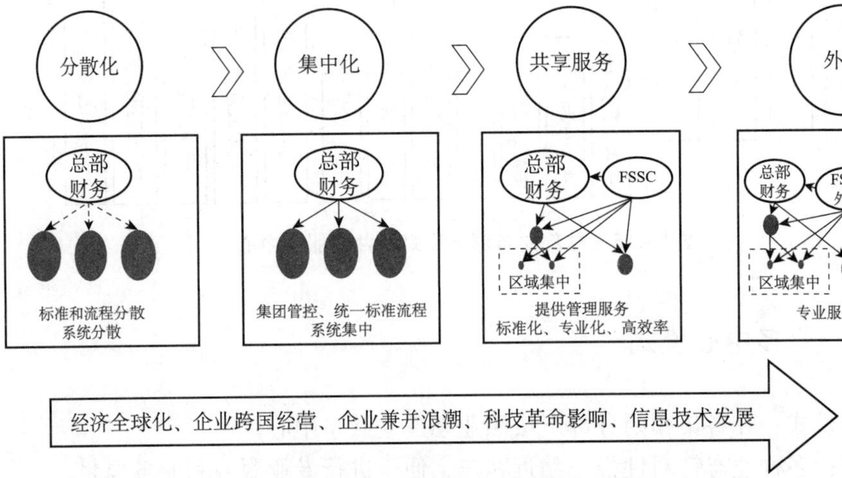

图 1－17 企业集团财务管理发展趋势

1.4.2 财务共享服务是大型企业财务管理的发展方向

财务共享服务中心的运营模式如图 1－18 所示。

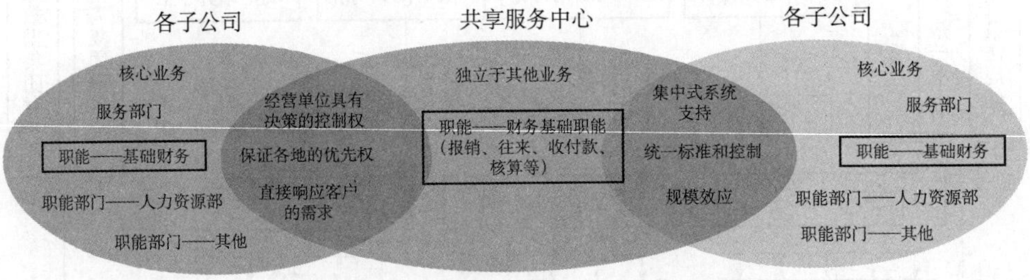

图 1－18 财务共享服务中心的运营模式

（1）各业务单位被视为内部“客户”；
（2）以“服务级别协议”来定义客户的需求；
（3）收入来自为各业务单元提供的服务。

备注：各子公司的基础财务工作均被剥离，全部由集团内独立的共享中心提供相关服务。各子公司可以聚焦主业，集中精力发展业务。

1.4.3 共享服务中心发展历程

共享服务中心在我国尚处于初级阶段，随着集团型企业的管控需求加强和互联网信息技术的更新换代，学者埃森哲总结，共享服务中心的发展和变化大致可以分为四个阶段，即单职能共享服务、多职能共享服务、全球化业务服务和综合性业务服务，不同的阶段有着不同的运营目标以及适应达成目标的运营特点（见图1－19）。

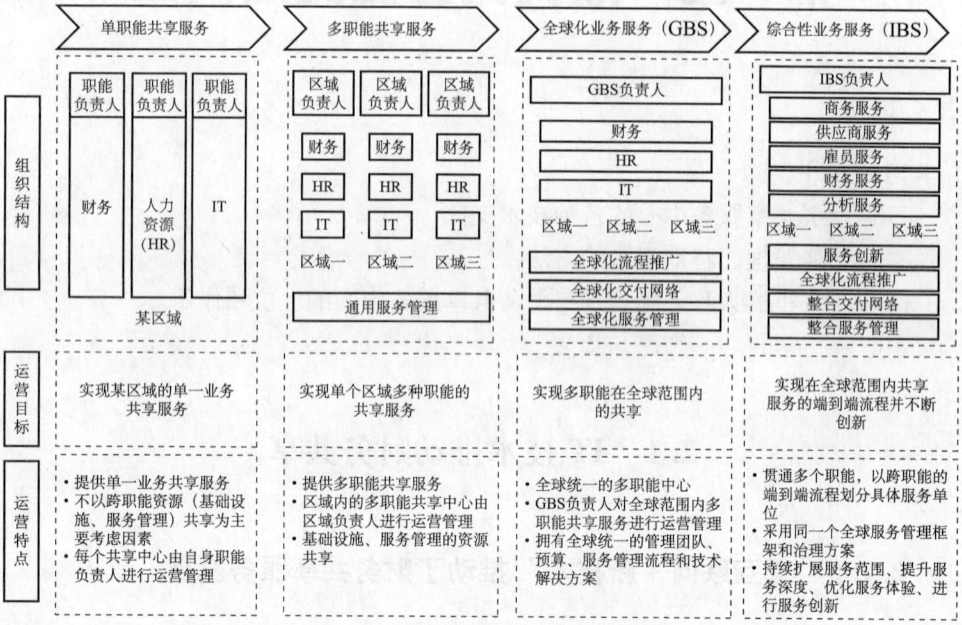

图1－19　共享服务中心发展历程

1.4.4　数据共享、云服务、全球化业务服务（GBS）是SSC趋势

财务共享服务中心发展趋势如图1－20所示。

领先的共享服务中心已经进行了自动化与智能化方面的探索。共享服务中心转型成大数据处理及分析中心，为企业实现价值创造

全球化业务布局，成本节约必然将促使SSC使用新兴技术、提高业务处理自动化与智能化，系统向低成本的云端部署

向更创新、更拓展的GBS（Global Business Service）模式发展，实现共享服务中心的全球化，是中国现有共享服务中心未来的发展趋势

图1－20　财务共享服务中心发展趋势

第 2 章　财务共享服务黑科技

［学习目标］

了解财务共享服务中心的各种技术支撑；

掌握影像管理、移动报账的方法；

了解小友机器人和人脸识别在财务共享服务中心的地位和作用。

2.1　IT 技术推动财务共享

2.1.1　“互联网 + 新技术”推动了财务共享服务发展

习近平主席在 G20 杭州峰会开幕式的讲话中明确指出，以互联网为核心的新一轮科技和产业革命蓄势待发，人工智能虚拟现实等新技术日新月异，虚拟经济与实体经济的结合，将给人们的生产方式和生活方式带来革命性变化。

会计作为商业语言，随着商业环境和科技革命的变化，财会行业也将发生革命性的变化，共享服务中心即是其中之一。随之而来，未来的财务工作和财务运作模式也将发生革命性的变化。“互联网 + 新技术”推动财务共享服务发展如图 2－1 所示。

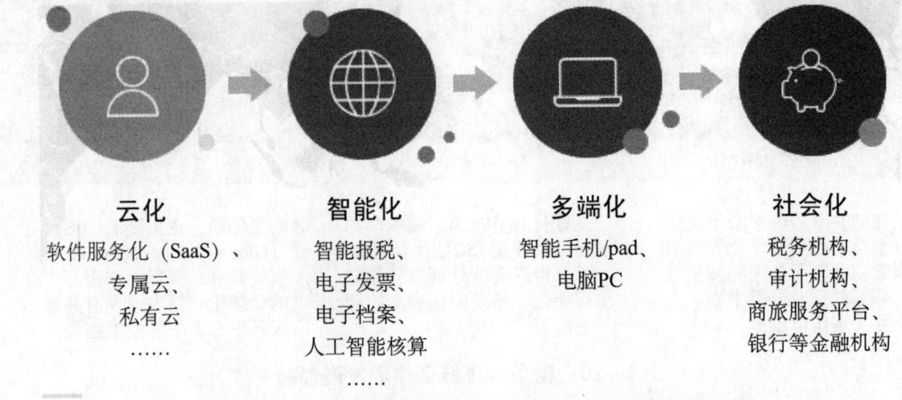

图 2－1　“互联网 + 新技术”推动财务共享服务发展

2.1.2　财务共享服务需要 IT 技术强有力支撑

信息系统的有效支撑是保证财务共享服务中心高效运转的必备条件，合理的信息系统平台规划设计能够有效地提升共享服务中心的工作效率，降低企业财务风险，加强企业的财务管控力度。用友财务共享服务中心主要包括两类 IT 平台：一类是消息平台；另一类是主数据平台（见图 2－2）。

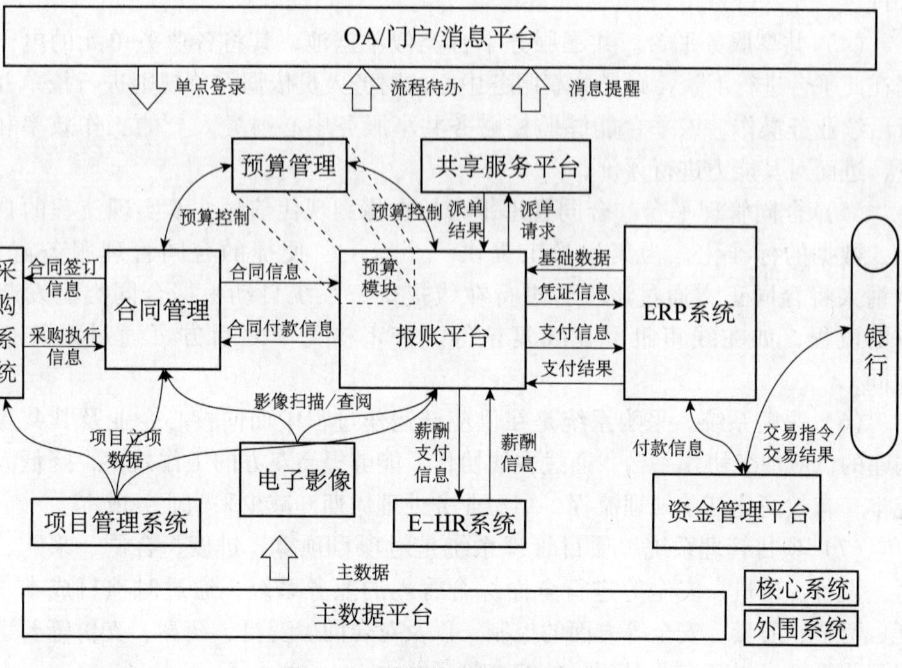

图 2－2　财务共享服务 IT 平台

2.1.2.1　消息平台

OA 系统是一种办公自动化系统，俗称无纸化办公系统，该系统主要面向企业的日常运作和管理，随着信息技术的不断发展，OA 系统成为企业不可或缺的核心应用系统。对于财务共享服务中心而言，通过 OA 系统可以与 ERP 系统进行数据集成、信息集成、门户集成，实现了企业内部沟通的简易化，使审批流程更具效率性和精准性。

2.1.2.2　主数据平台

主数据平台的统一是构建财务共享服务中心的重要内容，其主要包括影像系统平台、报账平台、资金管理平台、共享服务平台、合同管理、采购系统、项目管理系统、ERP 系统、E-HR 系统、预算管理等。

（1）影像系统。影像系统是纸质单据转化为电子单据的重要平台，也是保证财务共享服务中心开展审批业务、凭证生成及款项收付的重要入口。

(2) 报账平台。报账平台能够监控集团企业各项费用的支出业务，为集团企业明确梳理各项费用支出的制度及流程，为管理者准确、实时地提供费用预算执行、费用支出、报表统计等信息，实现完整的从报销到收付款申请与报账的流程监控。

(3) 资金管理平台。资金管理平台为集团企业的资金结算业务提供了统一的办理平台，通过参数设置，能够实现报账、结算、线上支付的一体化管理。

(4) 共享服务平台。共享服务平台类似单据池，其将各业务单元的电子单据在此平台进行汇聚，财务共享服务中心的财务人员依据派单规则进行抢单并进行后续业务操作。该平台能够监控财务共享服务中心财务人员的工作效率和质量，进而对其能力进行评价。

(5) 合同管理平台。合同管理平台旨在借助现代信息技术实现流程的自动化、数据的标准化，为集团员工提供一个统一、便捷的合同管理服务窗口。申请人将合同正文通过该平台进行在线提交，系统自动根据合同类型发起相应的流程，如在线审批、在线复核等，待审核完毕之后方可通过系统打印合同。

(6) 采购系统。采购系统是在供应链运作过程中面向核心企业及其共赢下构建的供应业务协作平台。通过在线协作，能够提高双方的工作效率，降低人工成本，有效简化订单处理流程，缩短业务处理周期，减少采购业务成本。

(7) 项目管理系统。项目管理系统是对项目预算、进度、合同、采购、材料、设备、质量、安全等进行全面综合管理的业务系统，通过对项目成本、进度、资金、质量、安全等方面的控制，以及对合同、变更、结算、支付等要素的流程化管理，提高企业对项目的综合管理能力。

(8) ERP 系统。ERP 系统包括采购管理、销售管理等，其是围绕核心企业，通过对信息流、物流、资金流的控制，从原材料采购开始，制成中间产品以及最终产品，最后由销售网络把产品送到消费者手中的将供应商、制造商、销售商直至最终用户连成一个整体的功能网链结构。通过该平台，管理者可以随时了解采购、销售等业务处理状态，并且及时做出相对应的改善措施以提高效率，增加企业的效益。

(9) E-HR 系统。E-HR 系统包括人事日常事务、薪酬、招聘、培训、考核，以及对组织和人员的管理，对企业人力资源管理的方方面面进行分析、规划、实施、调整，提高企业人力资源的管理水平。

(10) 预算管理。预算管理涉及从预算编制到预算分析整个管理过程，其实施效果的实现必须建立在严密的控制和管理基础之上。财务共享服务中心的数据基础依托于信息技术，可以有力地支持预算管理的编制、分析以及调整等环节的实施，并且为预算的控制与执行提供保障。例如，将预算的审批、控制以及执行过程融入应付、应收流程汇总，以对刚性预算进行控制，从而实现对成本费用控制的自动审批。通过对预算与执行之间的数量差异进行对比分析，实现对预算执行过程的总体把握。

2.1.3　财务共享服务中心 IT 应用架构示意

财务共享服务中心 IT 应用架构如图 2-3 所示。

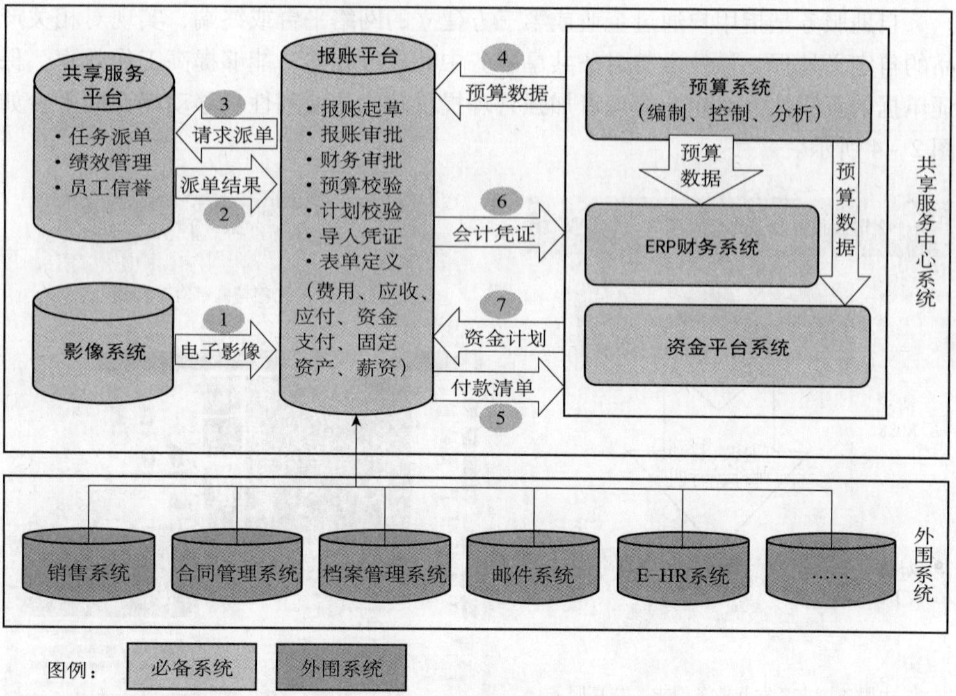

图 2-3　财务共享服务中心 IT 应用架构

财务共享服务中心 IT 应用主要包括必备系统和外围系统。必备系统主要包括影像系统、共享服务平台、报账平台、资金平台系统、预算系统和 ERP 财务系统等；外围系统主要包括销售系统、合同管理系统、档案管理系统、邮件系统和 E-HR 系统等。

以费用共享为例，当业务单位或者集团公司发生一笔费用报销业务时，业务单位或者集团公司的业务人员或者财务人员将纸质版的原始单据通过影像扫描系统扫描成电子单据，经过业务单位的业务经理及财务经理审核之后，该单据将会流传到报账平台；财务共享服务中心的费用审核人员将会依据派单规则进行请求派单；派单之后，财务共享服务中心的费用审核人员重点审核的是该电子单据与企业的财务预算标准是否一致；如果一致，则依据审批权限的设置，经过相关人员审批通过之后会上传到资金平台系统；与此同时财务共享服务中心的会计人员依据费用报销电子单据进行凭证生成上传到 ERP 财务系统；在资金平台系统，财务共享服务中心的出纳人员依据资金计划，针对审核通过后的费用报销电子单据通过银企直联系统进行款项支付；当所有业务流程结束之后，需要进行原始单据和记账凭证的归档。

2.1.4 财务共享关键技术

2.1.4.1 自助服务

自助服务是指用户通过企业或第三方建立的网络平台或终端，实现对相关产品的自定义处理。该技术与财务共享服务中心进行相连，能够提高工作效率，保证单据的真实性，对企业管理者加强管理提供较大的便利性。移动端自助平台如图 2－4 所示。

图 2－4 移动端自助平台

2.1.4.2 流程平台

工作流对于共享服务中心之所以重要，主要原因在于：首先，共享服务流程再造的特点就是标准化、自动化，以此来提高工作效率；其次，实现流程标准化、自动化的技术基础就是工作流；最后，通过工作流平台，将各项业务流程固化，并通过消息平台，实现自动任务驱动、任务找人。流程平台示意如图 2－5 所示。

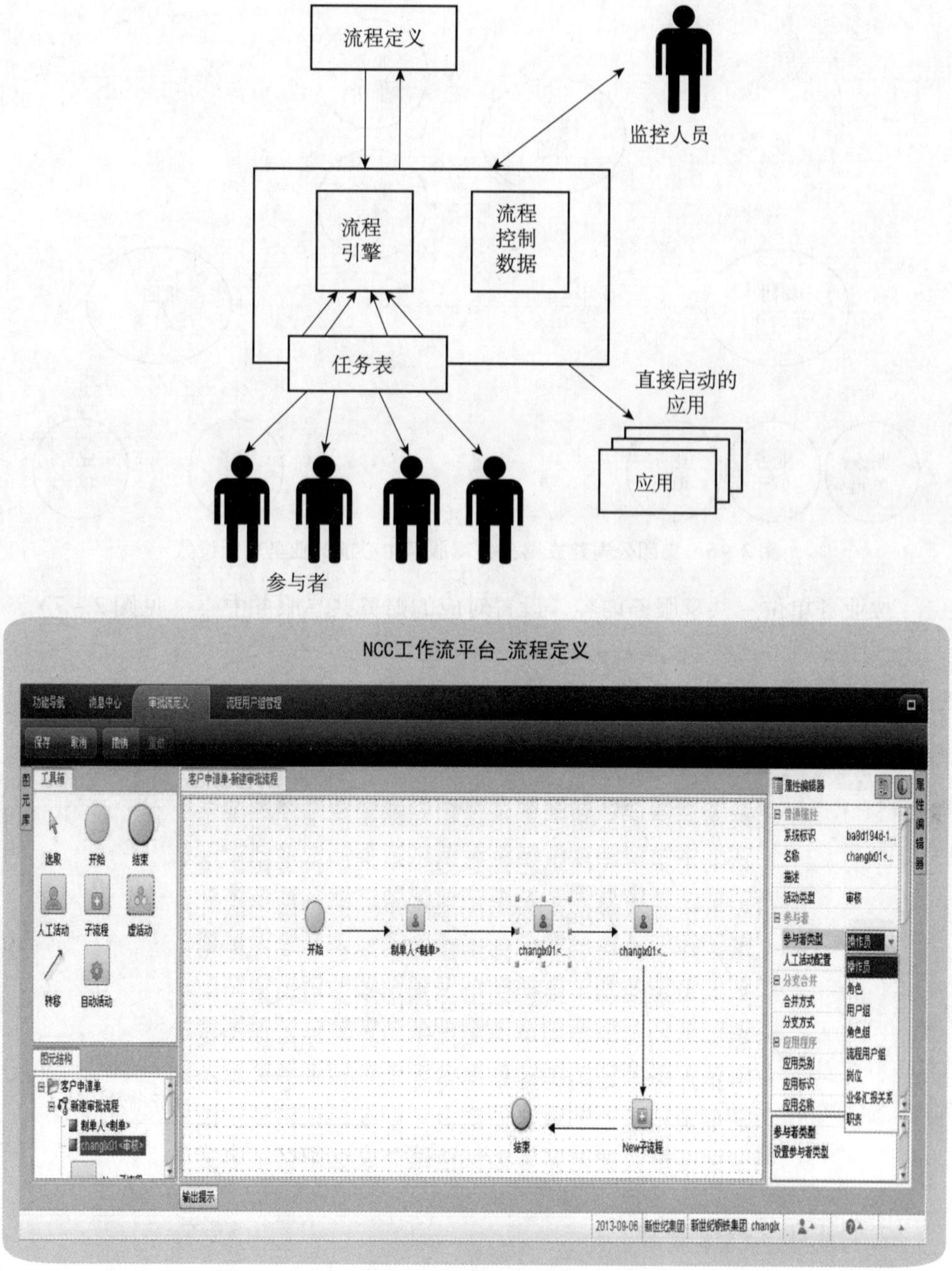

图 2－5　流程平台示意

2.1.4.3　动态组织建模

动态组织建模是建立共享服务中心的关键环节。建立共享服务的一个目的就是支撑企业快速发展，收购、兼并、重组、拆分等。通过动态组织建模，可以快速应对组织机构变化。通过服务委托关系设置，业务单位发起的请求，可以由对应的共享服务中心快速响应（见图 2－6）。

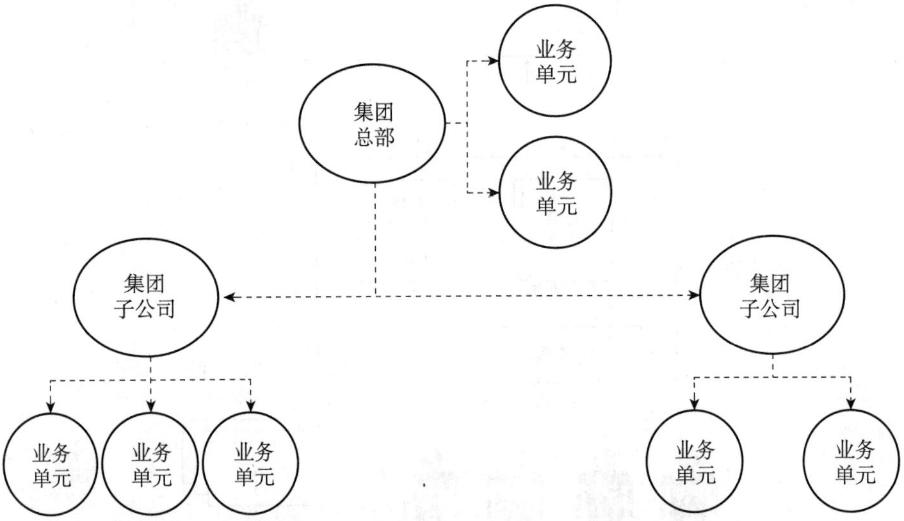

图2－6　集团公司建立财务共享服务中心前的业务单元设置

按业务单位＋共享服务内容，设置对应的财务共享服务中心（见图2－7）。

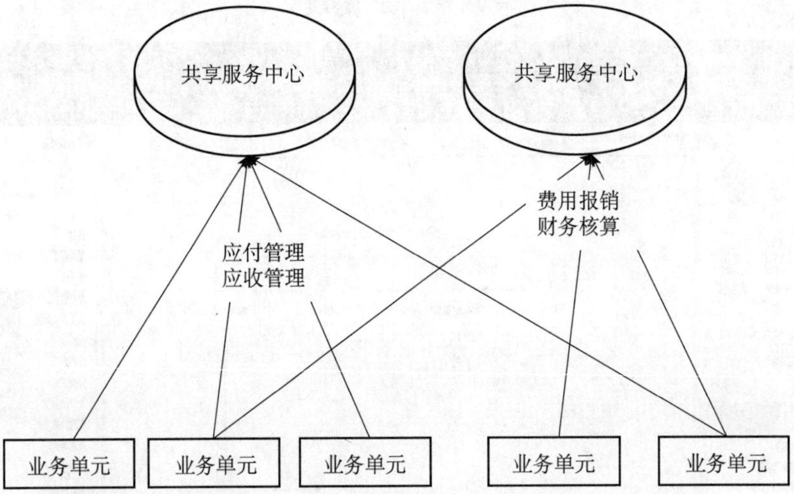

图2－7　集团公司建立财务共享服务中心后的业务单元设置

2.1.4.4　影像管理

影像是共享服务中心的重要技术之一。影像管理系统进行扫描设备的管理，统一分辨率设置及扫描规范，进行影像缓存及分时上传管理。由于所有纸质原始单据存放在业务单位处，需要业务单位的相关业务人员通过影像扫描等技术将纸质原始单据进行扫描上传，便于共享服务中心人员查看原始单据影像。影像技术的运用解决了业务单元与财务共享服务中心之间的原始单据流转问题、原始凭证调阅问题、离岸处理问题、业务处理的分工和效率问题。影像技术流程示意如图2－8所示。

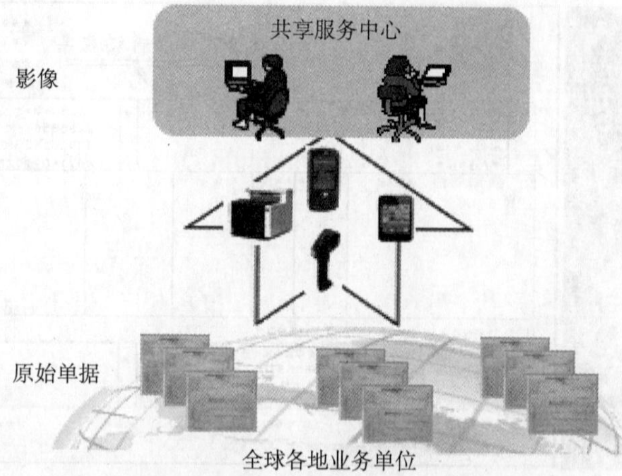

图 2-8　影像技术流程示意

影像管理包括以下两种方式。

一是与专业影像系统集成。首先，将扫描仪或高拍仪与财务共享服务中心系统进行链接；其次，进行纸质单据扫描，即影像采集；最后，进行影像传输，便于后续业务处理和信息调用（见图 2-9）。

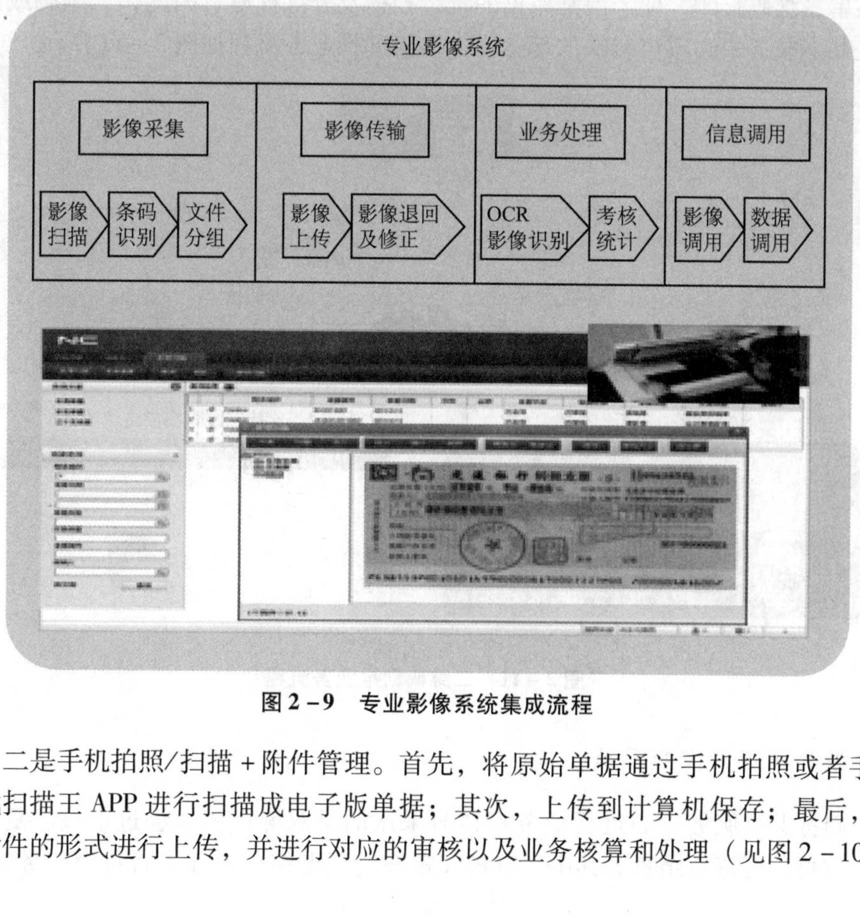

图 2-9　专业影像系统集成流程

二是手机拍照/扫描+附件管理。首先，将原始单据通过手机拍照或者手机下载扫描王 APP 进行扫描成电子版单据；其次，上传到计算机保存；最后，通过附件的形式进行上传，并进行对应的审核以及业务核算和处理（见图 2-10）。

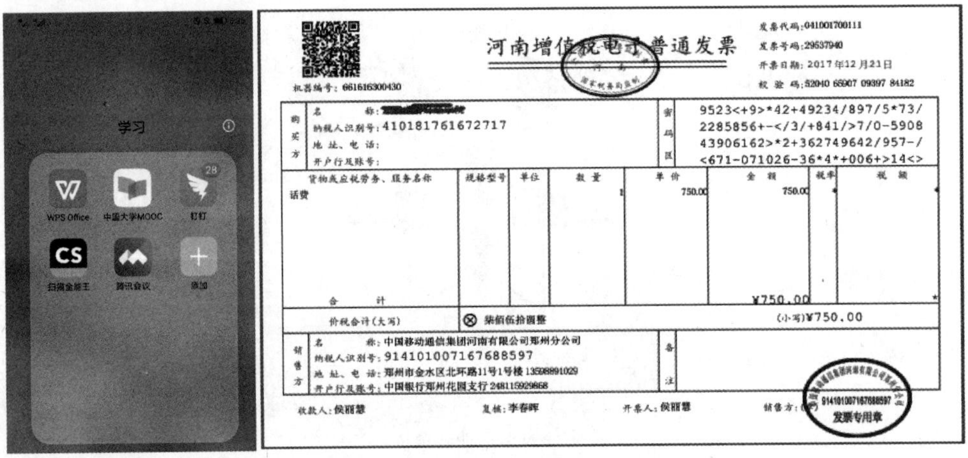

图 2－10　手机上传电子单据流程

2.1.4.5　二维码/条码

二维码或条码的识别可离线快速获知报销人、金额、原始单据数量等信息，单据在归档时能够借助二维码快速实现凭证及审批流程打印，相对于影像扫描，粘贴单二维码打印，便于混乱单据的批量扫描及分拣提醒。因此，二维码或条码也是共享服务中心不可或缺的部分。二维码助推业务流程如图 2－11 所示。

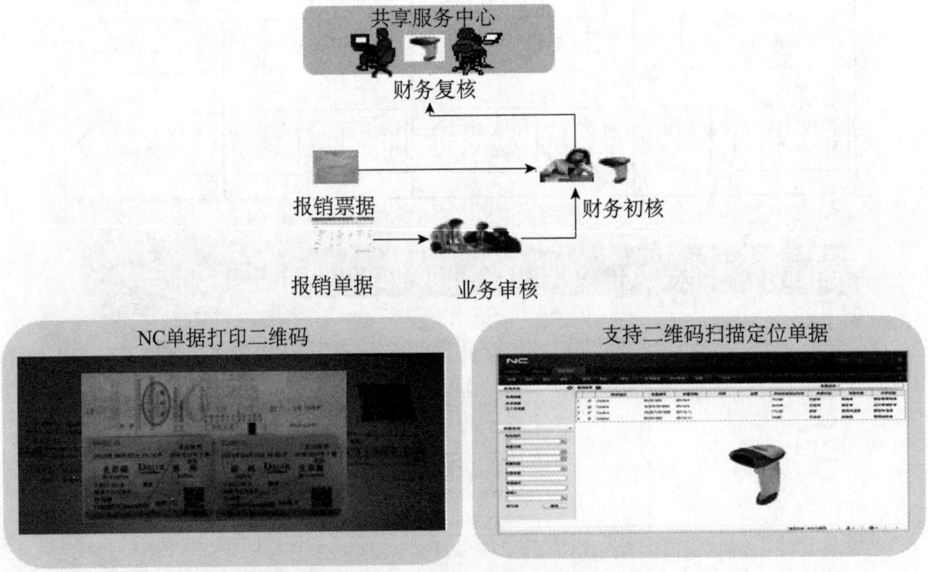

图 2－11　二维码助推业务流程

2.1.4.6　作业平台

财务共享服务中心进行业务审核时采用的是双屏模式，经过审核、复审之后，方可进行资金结算。其中，审核岗审核的要点在于业务是否符合财务制度、生成凭证的业务数据及影像文件是否完整等；复核岗复核的要点在于是否符合会计制证要求、是否符合内审要求等；资金结算岗支付结算的要点在于付款信息完整性以及是否符合企业当期资金计划等。审核作业平台示意如图 2－12 所示。

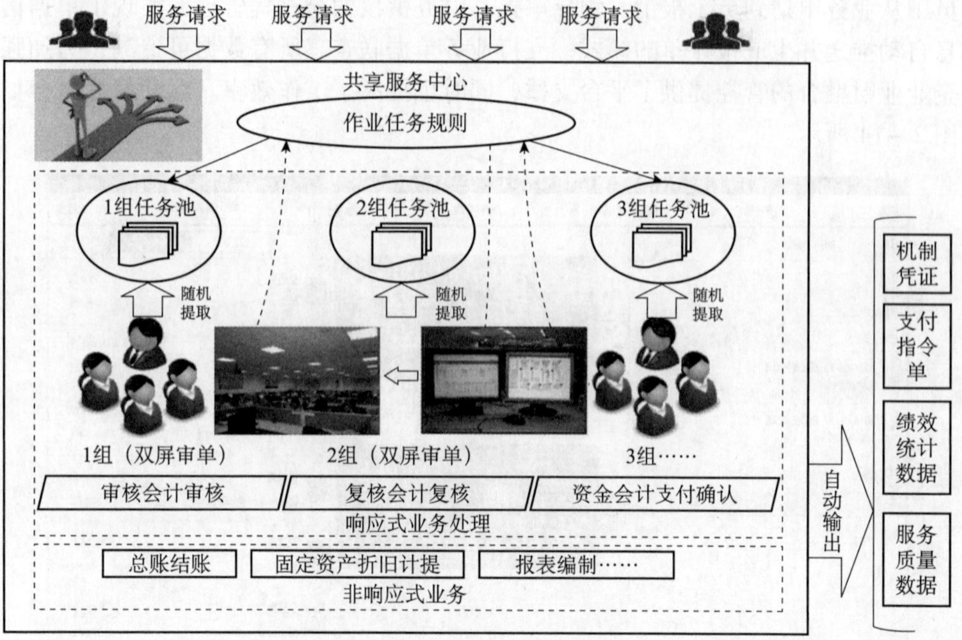

图 2－12　审核作业平台示意

2.1.4.7　国际化

财务共享服务中心产生的背景之一在于经济全球化，由于集团公司的业务单位全球布局，所以财务共享服务中心不仅需要多语言、多时区、多数据格式的支持，而且还需要符合当地的政策、法规。因此，国际化对于共享服务中心也非常重要。为了满足公司当地报告需要以及满足集团预算管控、统计分析的需要，集团公司一般选择多主币（见图 2－13）。

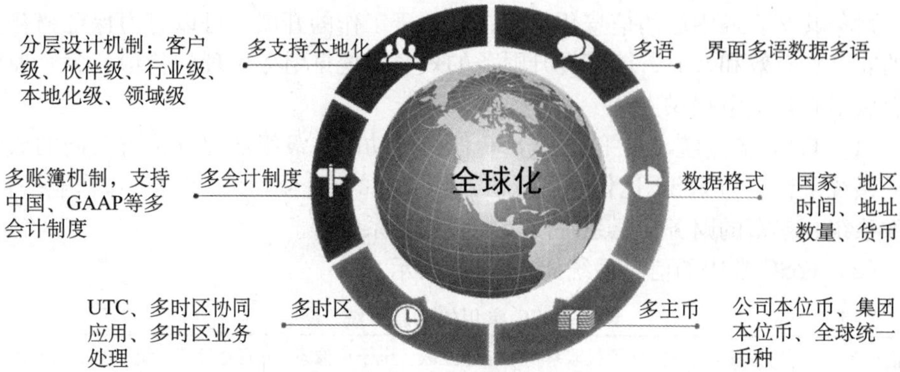

图 2－13　国际化的重要性

2.1.4.8 移动报账

移动报账平台作为财务共享服务中心采集数据的重要平台之一，其支持企业员工从业务申请到员工报销、领导审批、财务稽核的全过程管理，实现了单据信息自动推送并生成报账单的模式，支持业务单据联查、所有数据可追溯，为加强企业业财融合的管控提供了平台支撑，同时也提高了工作效率。移动报账平台如图 2－14 所示。

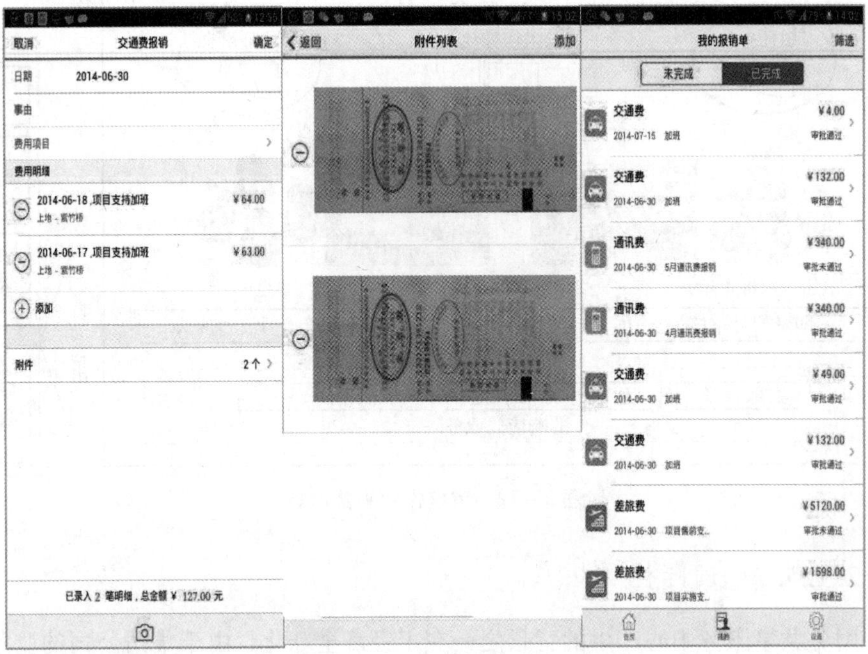

图 2－14 移动报账平台

2.1.5 信息技术是共享服务中心数字化转型的动力

财务共享服务中心的信息化建设，有助于工作的开展，可以有力保证财务数据的安全、有效和及时，能够提升财务的效率，挖掘财务管理的价值，为企业管理者做出有效决策提供支持。

（1）FSSC 的系统支持平台。FSSC 取得成功的关键组成部分是有共同的或相关的系统平台。为 FSSC 运作模式提供系统支持的有：网上报账、工作作业平台、影像系统、丰富的财务信息系统以及资金结算系统等。

（2）FSSC 常用的信息系统如表 2－1 所示。

表 2－1　　FSSC 常用的信息系统

信息系统	财务核算系统	电子报账系统	银企互联	电子影像系统	资金管理系统	电子档案系统
使用率（%）	100	100	77.4	75.8	69.0	52.4

2.2　用友 FSSC 的黑科技

2.2.1　互联网技术更新换代

移动互联网简单来说就是移动网络中的互联网信息技术的应用，移动互联技术的工作流程需要通过终端、软件和应用来实现。电脑、手机和 iPad 等是移动互联网的终端，软件是指企业依据自身需要而开发的信息技术软件，将软件与终端进行对接，方可实现移动互联。移动互联网的运用，具有便捷、多样、智能、个性化等优势，同时也能够实现数据的实时共享，使得信息的及时性和有效性得到保证。互联网技术如图 2－15 所示。

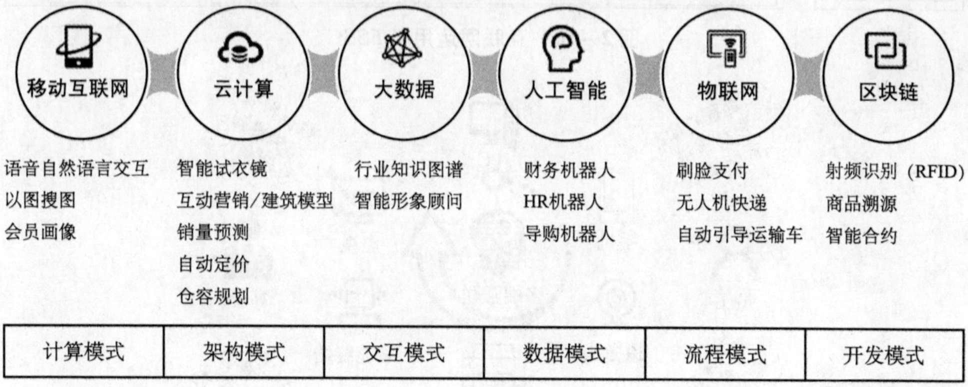

图 2－15　互联网技术

2.2.2　用友 FSSC 的黑科技内容

（1）用友 FSSC 的黑科技主要包括以下内容：

第一，人工智能（AI）、区块链（blockchain）、云计算（cloud computing）、大数据（big data）等新技术；

第二，基于社会化商业的新商业范式；

第三，建立连接、融合、共享、智能新特性的云平台，以智能报账、智能核算、智能共享为核心的财务服务场景。

（2）黑科技已经全面融入用友 FSSC 系统（见图 2－16）。

① 小友机器人——多端协同应用，如图 2－17 所示。财务共享服务中心能够应用财务机器人在既定的操作规则下做一些标准化的、重复率较高的、繁杂的业务工作，而且与人工智能的结合，能够实现票据的自动识别、智能核验、票据分类汇总以及实现凭证的自动生成等，既提高了工作效率和管理效率，也降低了人工成本。

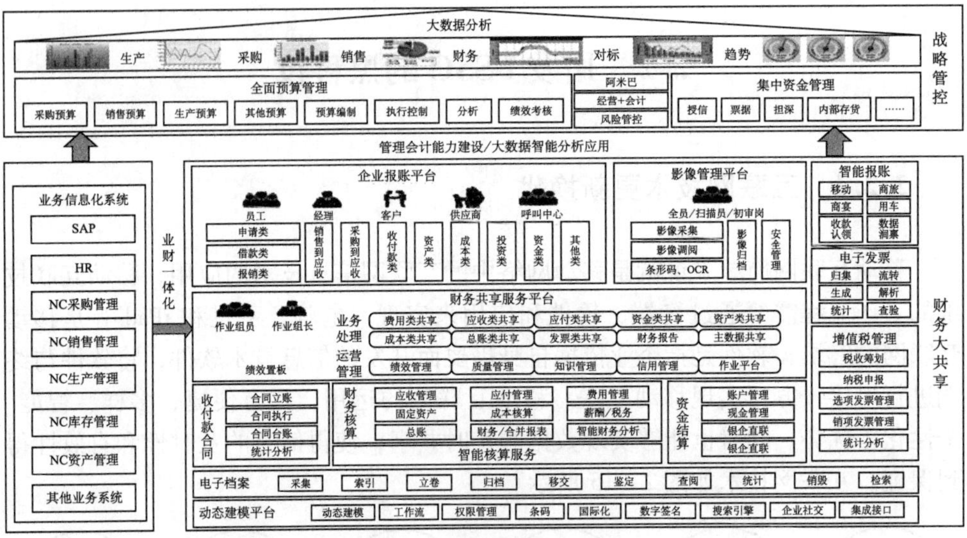

图 2-16　互联网运用于 FSSC

图 2-17　小友机器人的多端运用

② 人脸识别——移动端考勤打卡，如图 2-18 所示。人脸识别是对人的脸部特征信息进行身份认证的生物特征识别技术。近年来，人脸识别迅速成为市场热点。通过人脸识别技术，严格规范了员工的考勤管理，规避了传统考勤产品存在的代替打卡等弊端，对于提高集团企业的管理效益具有重要的作用。

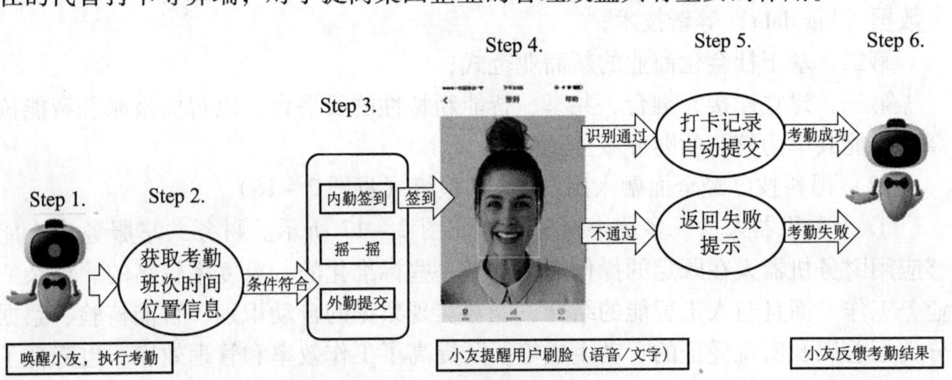

图 2-18　人脸识别考勤

③ 移动应用与 OCR 识别。一是用友报账与用友电子发票平台集成，实现了电子发票验伪、下载，下载后生成结构化的数据，并实现报账。二是支持发票拍照、扫描识别、验伪，通过后可生成记账信息。同时，发票影像能上传到共享服务影像系统。

第2篇

财务共享沙盘篇

第3章　沙盘简介

［学习目标］

了解沙盘的作用；

了解沙盘盘面类型和各类卡片使用方法；

掌握沙盘盘面战略规划区、组织规划区和流程规划区的设计方法；

掌握沙盘初始复盘和摆盘的方法。

3.1　沙盘概述

模拟沙盘各职能中心涵盖了企业运营的所有关键环节：战略规划、资金筹集、市场营销、产品研发、生产组织、物资采购、设备投资与改造、财务核算与管理等，将其作为设计主线，把企业运营所处的内外环境抽象为一系列的规则，由受训者组成小组而每一个小组的成员各司其职，共同完成对企业的经营。通过这种方式使学员对企业各个部门的职能有所了解，有利于提升团队凝聚力，掌握管理技巧，提高管理素质。

3.2　认知沙盘盘面和卡片

挂盘。适用于没有专门沙盘实训空间的院校。在学生机房的座位旁分组设置白板将磁性沙盘盘面垂直吸附在白板上，辅助以能在盘面上可靠固定的磁性卡片。

摆盘。适用于有专门沙盘实训空间的院校，沙盘实训桌面上没有干扰物，学生将摆盘盘面平铺在沙盘实训桌面上，辅助以质量足够大、不会被学生无意识挪动的卡片。

两种盘面除了材质不同外，在布局上也略有差别，但组成要素基本一致，以下内容以挂盘为例进行学习。该沙盘以财务共享中心构建方法论为依据，将盘面提炼为“3 区 9 要素”，具体包含战略规划区、流程规划区、组织规划区 3 个区域（见图 3－1）。

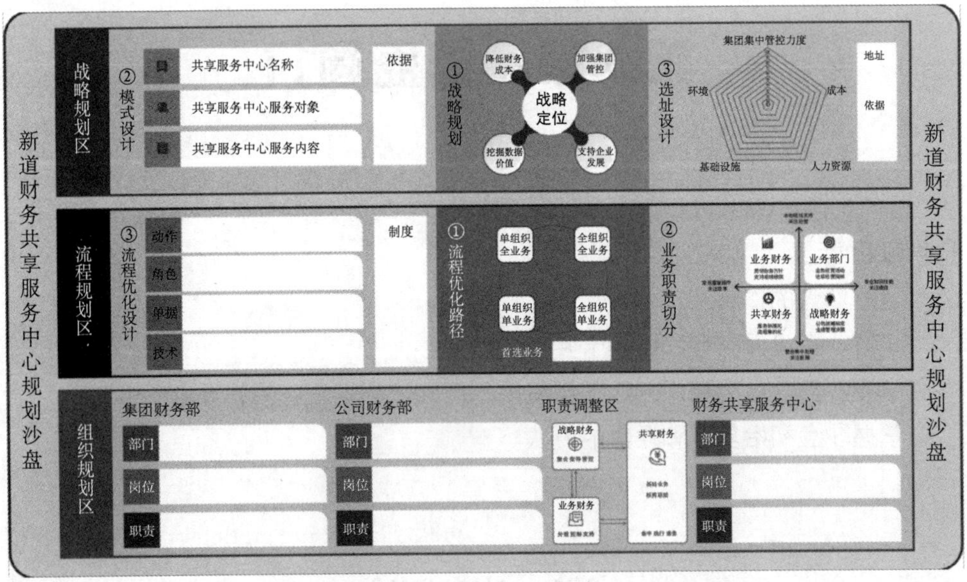

图 3－1　新道财务共享服务中心规划沙盘（挂盘）盘面

沙盘的 3 个规划区使用的卡片，用不同的分类色条来区分。战略规划区卡片分类色条为红色，组织规划区卡片分类色条为橙色，流程规划区卡片分类色条为蓝色。卡片的样式及其他信息，如图 3－2 所示。

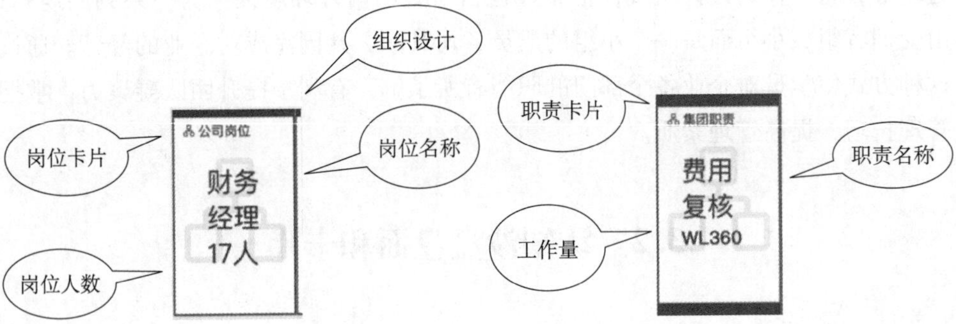

此卡片为组织设计使用岗位类卡片，表示板块公司财务部的17名财务经理岗

此卡片中WL360表示费用复核工作量为360笔/月；在公司职责中工作量使用EWL表示17家水泥公司财务应付核算工作平均工作量

图 3－2　新道财务共享服务中心规划沙盘卡片

3.3 初始摆盘

初始摆盘，就是将鸿途集团的现状信息在沙盘盘面上进行复盘。初始摆盘既是一个熟悉沙盘盘面和卡片的过程，更是一个复习和加深对案例企业现状理解的过程。

3.3.1 战略规划区

3.3.1.1 战略规划区初始状态摆盘

根据案例企业的现状数据填写表3-1的鸿途集团现状数据。

表3-1 鸿途集团现状数据

名称	年营业收入（亿元）	财务人员数量（人）	财务人员效率（万元/人）	财务管理人员数量（5级及以上）（人）	财务管理人员占比（%）
鸿途集团	160	300	5300	42	14
水泥板块					
旅游板块					
铸造板块					
煤焦化板块					
集团财务部					

注：①财务管理人员为财务总监、财务高级专家、财务处长/财务经理、财务专家等5级及以上财务人员。在鸿途集团的人力资源系统中，级别数量越小，级别越高。

②财务人员效率 = 年营业收入 / 财务人员数量。

3.3.1.2 战略规划区的目标及工作内容

目标：完成FSSC战略定位、FSSC模式、FSSC选址等要素的规划与设计。战略规划区的工作阶段及内容如表3-2所示。

表3-2 战略规划区的工作阶段及内容

盘面分区	工作阶段及内容		
	一、初始状态摆盘	二、推演设计摆盘	三、方案撰写
战略规划区	集团基础信息	战略目标；模式设计（服务对象，服务内容）；中心选址	完成该环节汇报方案撰写；统筹整体工作推进，组织最终汇报呈现

3.3.2 流程规划区

3.3.2.1 流程规划区初始状态摆盘

共享前财务核算流程初始摆盘：在流程优化设计区将共享前财务核算报账业务流程摆放完毕，包含动作、角色、单据卡片，如图3－3所示。

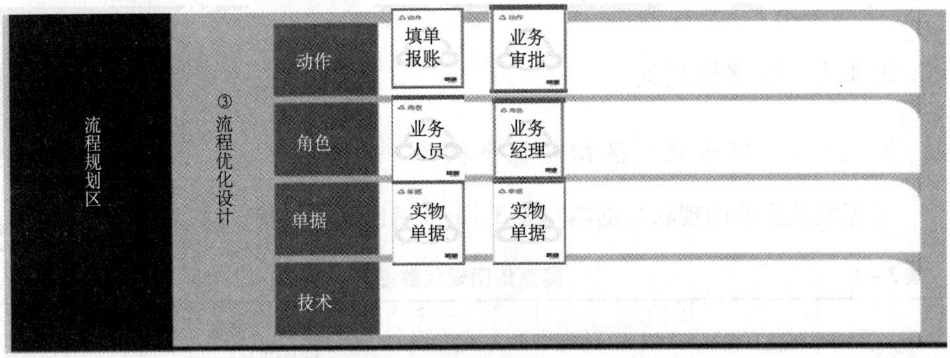

图3－3 初始状态摆盘示例——核算流程

3.3.2.2 流程规划区的目标及工作内容

目标：完成流程优化路径、业务职责切分、首选流程优化设计（含制度与技术）等要素的规划与设计。流程规划区的工作阶段及内容如表3－3所示。

表3－3 流程规划区的工作阶段及内容

盘面分区	工作阶段及内容		
	一、初始状态摆盘	二、推演设计摆盘	三、方案撰写
流程优化区	共享前流程设计区财务核算业务流程图	流程优化路径设计；业务职责切分；流程优化设计；信息系统与新技术应用	向其他成员讲解该区域工作内容，完成该环节汇报方案撰写

3.3.3 组织规划区

3.3.3.1 组织规划区初始状态摆盘

集团财务初始摆盘：根据案例资料，将共享前集团财务部组织结构进行摆盘，包含部门、角色、职责，统计现有财务角色的人数并写在角色卡片的括号内，如图3－4所示。

公司财务初始摆盘：在“公司财务部”区内，将水泥板块各公司财务组织现状包含部门、角色、职责全部卡片摆放完毕，统计现有财务角色的人数并写在角色卡片的括号内，如图3－4所示。

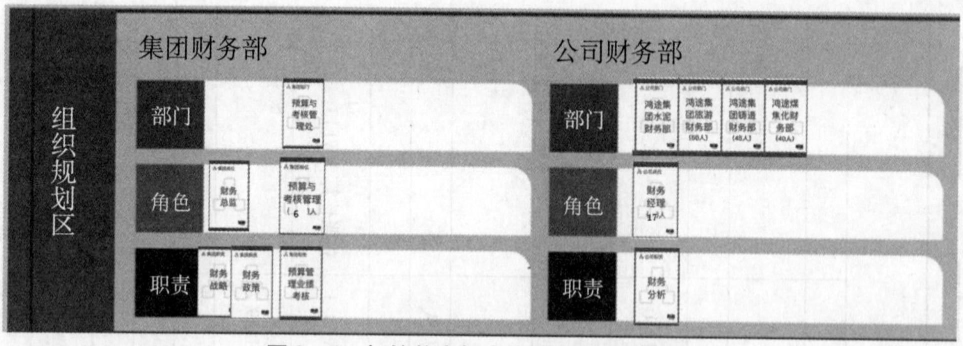

图3-4 初始状态摆盘示例——组织架构

3.3.3.2 组织规划区的目标及工作内容

目标：完成组织架构、职责调整、人员三定（定责、定岗、定编）等要素的规划与设计。组织规划区的工作阶段及内容如表3-4所示。

表3-4 组织规划区的工作阶段及内容

盘面分区	工作阶段及内容		
	一、初始状态摆盘	二、推演设计摆盘	三、方案撰写
组织设计区	共享前财务组织结构，包含集团财务部和板块公司财务部的部门、岗位、职责	FSSC组织设计；人员三定（定岗、定责、定编）设计	向其他成员讲解该区域工作内容，完成该环节汇报方案撰写

3.4 沙盘教学教具介绍

组长向教师申请盘面和卡片，分发给每个规划区的负责人，由后者对卡片进行清点。卡片清单详见表3-5～表3-7。

表3-5 战略规划区的教具

战略规划区：28个					小计（个）
职能定位	成本中心	利润中心	财务服务公司		3
建设模式	单中心	多中心—业态	多中心—区域	专长中心	4
服务对象	鸿途集团水泥有限公司	鸿途集团股份有限公司	金州鸿途煤焦化有限公司	鸿途集团万象商贸物流有限公司	12
	鸿途集团水泥中部区4家公司	鸿途集团铸造板块4家公司	鸿途集团水泥北部区12家公司	鸿途集团旅游板块3家公司	
	中国鸿途（香港）有限公司	金州市火电厂	金州鸿途实业有限公司	中原大福国际机场有限公司	
服务内容	费用共享	采购到应付共享	销售到应收共享	总账报表共享	6
	固定资产共享	资金结算共享			
选址设计	大连	郑州	天津		3

表 3-6 组织规划区的教具

组织规划区：80 个								小计（个）
集团部门	预算与考核管理处	税务与资金管理处	信息化与综合处	结算审核处	会计核算处	资产管理处		6
集团岗位	财务总监	预算与考核管理处（）人	税务与资金管理处（）人	信息化与综合处（）人	会计核算处长	核算会计		11
	出纳	资产会计	结算会计	资产管理处长	结算审核处长			
集团职责	财务战略	预算管理与业绩考核	纳税筹划与资金运作	信息化与财务监督	资产管理政策	费用复核 WL360		12
	费用核算 WL360	资产核算 WL25	资金支付 WL650	付款审核 WL650	付款复核 WL650	财务政策		
公司部门	鸿途集团水泥财务部	鸿途集团旅游财务部（50 人）	鸿途集团铸造财务部（45 人）	鸿途煤焦化财务部（40 人）				4
公司岗位	财务经理（）人	总账会计（）人	采购会计（）人	结算会计（）人	销售会计（）人	资产会计（）人		10
	税务会计（）人	预算会计（）人	出纳（）人	成本会计（）人				
公司职责	费用核算 EWL353	应收审核 EWL294	应收对账 EWL23.5	预算编制 EWL3	资产核算 EWL23.5	成本核算 EWL0.3	总账核算 EWL13	13
	财务分析	成本分析	税务筹划	应付核算 EWL353	应付对账 EWL29.4	收款付款 EWL639.7		
FSSC 部门	FSSC 部门 X 8							8
FSSC 岗位	FSSC 岗位 X 8							8
FSSC 职责	FSSC 职责 X 8							8

表 3-7

流程规划区的教具

流程规划区：132 个																小计（个）
单据	实物单据 X 6	实物档案 X 2	影像单据 X 4	电子档案												13
角色	业务人员	业务经理	分管副总裁	本地财务	财务经理	本地出纳	本地归档员	FSSC 财务审核岗	FSSC 财务复核岗	FSSC 出纳	FSSC 归档员	扫描员				12
动作	填单报账	业务审批 X 2	财务审核	财务复核	线下支付	录入凭证	本地纸质档案归档									17
	线上业务审批	影像扫描	本地财务初核	自动生成单据	自动生成凭证	线上集中结算	档案邮寄	纸质档案归档	电子档案归档							
技术	财务共享服务平台	资金结算系统	财务核算系统	商旅服务平台	影像管理系统	银企直联	电子档案	移动报账	企业报账平台	税务云	电子发票	财务机器人	采购云	业务系统	条码/二维码	15
制度与审核依据	费用制度：报销业务范围	费用制度：报销填报时间	费用制度：住宿标准	费用制度：出差补助	费用制度：出差借款	费用制度：报销支付时间	费用制度：报销支付银行	审核依据：影像与纸质原始凭证一致性	审核依据：业务真实性							26
	应收制度：应收入账依据	应收制度：应收入账要求	应收制度：应收信用等级	应收制度：结算银行账户	应收制度：结算方式	应收制度：应收账龄区间	应收制度：应收坏账比例	应收制度：应收结账日期								
	应付制度：应付对账日期	应付制度：应付对账方式	应付制度：应付入账步骤	应付制度：应付入账要求	应付制度：应付暂估入账	应付制度：结算银行账户	应付制度：应付付款流程	应付制度：应付付款时间	应付制度：结算方式							

续表

流程规划区：132 个																小计（个）
采购到付款（PTP 业务）	签订采购订单	审批采购订单	采购入库	录入采购发票	审批应付单	审核应付单	审核记账凭证	生成应付账龄分析表	审定采购财务政策	扫描发票上传	提交付款单	提交应付单	审批付款单	审核付款单	支付应付款	15
销售到收款（OTC 业务）	录入销售订单	审批销售订单	销售发货出库	录入销售发票	扫描发票上传	提交应收单	审核应收单	审核记账凭证	生成应收账龄分析表	录入收款单	扫描银行回单并上传	审核收款单	确认收款结算			13
固定资产业务	审核政策合规性	初步审核申请单	资产相关账务处理申请	资产相关账务处理	资产折旧入账	制定固定资产管理政策										6
费用业务	制定费用政策与制度	填制报销单	业务审批	本地初审报销凭证	审核报销凭证	报销支付	审核记账凭证	报表	分析							9
总账报表业务	预提需求审核	预提需求申请	月结关账	会计政策	月结申请	财务制度										6

第 4 章　沙盘案例企业——鸿途集团

［学习目标］

了解鸿途集团公司概况；

了解鸿途集团公司的战略目标；

理解鸿途集团公司 FSSC 的建设动因。

4.1　案例企业背景

4.1.1　企业简介

鸿途集团始创于 1987 年，经过 30 余年的发展，已成为集水泥、旅游、铸造为主体的多元化股份制企业。2018 年，鸿途集团以 160 亿元的营业收入进入 2018 年中国企业 500 强，位列第 380 位。各板块营业收入中水泥 80 亿元，旅游 32 亿元，铸造 24 亿元，煤焦化 22.4 亿元，其他 1.6 亿元。近三年来，集团提出“产业多元化、产品专业化、管理现代化、市场国际化”的总体发展战略，借助于现代化、信息化手段，全力打造“数字鸿途”。2019 年初，集团制定了营收提高 20% 的经营目标，即将实现 192 亿元的总营收。

鸿途集团水泥有限公司，是国家重点支持的前三家水泥企业（集团）之一，是工信部重点支持兼并重组的五大水泥企业之一，2011 年 12 月 23 日，鸿途水泥在港交所主板成功上市。目前，鸿途水泥总产能超 1.5 亿吨，旗下公司覆盖河南、辽宁、山东、安徽、山西、内蒙古、新疆、天津等省份。集团积极适应国家及行业政策的变化，通过先进的技术装备、合理的区域布局、充足的资源储备、规范的管理及品牌优势、致力于环境保护及可持续发展，集团得以实现快速发展，并维持及加强河南和辽宁两省的市场领导地位。

4.1.2　企业组织架构

鸿途集团组织架构如图 4－1 所示。

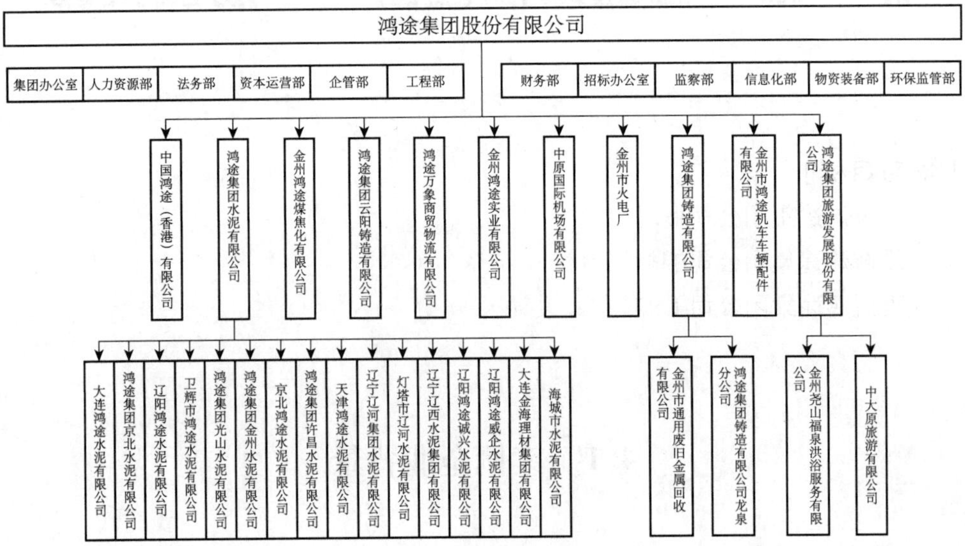

图 4－1　鸿途集团组织架构

4.2　案例企业概况

4.2.1　企业信息化现状

鸿途集团重视信息化建设，2013 年开始全面实施信息化，先后投入使用了多个业务系统。集团、各级子公司进行了不同程度的信息化建设，所涉应用系统如图 4－2 所示。

图 4－2　鸿途集团企业信息化现状

集团及各级子公司信息系统没有完全实现互联互通，数据标准不一致导致信息多口录入。

4.2.2　企业财务管理现状

2013 年，鸿途集团全面信息化后，ERP 使用用友 NC，在多年使用过程中给企业带来了管理效益，希望通过财务共享能够使企业的财务管理更上一个台阶，降低企业的财务管理成本，同时能够加快企业收购兼并时的财务运转。

4.3　案例企业战略目标

4.3.1　企业战略目标

总体目标：在战略指引下探索、实践新的财务管理模式。

鸿途集团坚持“产业多元化、产品专业化、管理现代化、市场国际化”的总体发展战略，借助现代化、信息化手段，全力打造数字鸿途。目前，水泥板块已在国内率先实现“物流自动化、生产可视化、资产标准化、成本精细化、客商电商化、办公移动化、财务一体化、决策可视化”的数字水泥，进一步延伸到数字铸造、数字焦化以及数字旅游等其他版块，如图 4－3 所示。

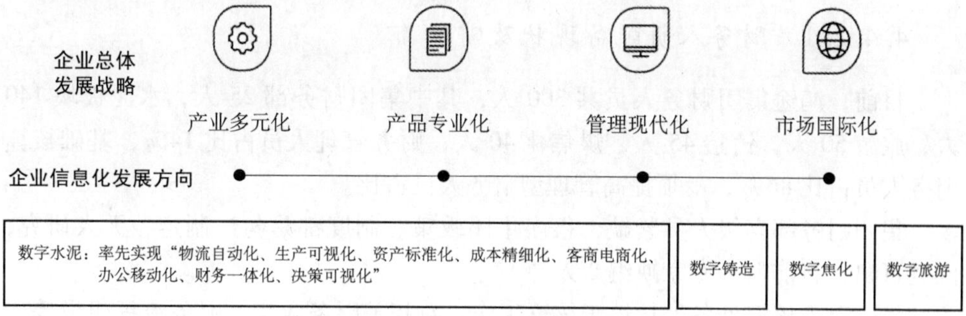

图 4－3　鸿途集团总体发展战略

4.3.2　企业财务战略目标

秉承“数字鸿途”的总体信息化发展方向，探索适合鸿途的新型财务管理模式。

4.4 案例企业 FSSC 建设动因

4.4.1 FSSC 建设动因之外部趋势

2013 年，财政部印发的《企业会计信息化工作规范》第三十四条规定：“分公司、子公司数量分布广的大型企业、企业集团应当探索利用信息技术促进会计工作的集中，逐步建立财务共享服务中心。”

2014 年，财政部发布的《关于全民推进管理会计体系建设的指导意见》中指出：“鼓励大型企业和企业集团充分利用专业化分工和信息技术优势，建立财务共享服务中心，加快会计职能从重核算到重管理决策的拓展。”

《2018 年中国共享服务领域调研报告》（ACCA 与中兴新云及上海财经大学联合发布，213 份有效问卷）指出：“规模百亿元以上的企业，有更强的动力建立财务共享服务中心。”

4.4.2 FSSC 建设动因之内在因素

当前，鸿途集团财务管理面临着巨大压力，各级财务组织定位模糊，集团财务人员整体聚焦基础核算工作，管理会计职能发挥有所不足。

4.4.2.1 财务人员配备现状及需求

目前，鸿途集团财务人员共 300 人，其中集团财务部 25 人，水泥板块 140 人，旅游 50 人，铸造 45 人，煤焦化 40 人；财务管理人员占比 14%，基础核算财务人员占比 86%，亟须提高管理型财务人员占比。

集团财务部高级人员紧缺，很多集团政策、制度都是匆忙制定，无人研究，问题百出，目前财务专家缺编 2 人。

集团财务核算处各处长忙于核算工作，对相关财务政策、财务流程建设等工作无暇顾及。

2018 年鸿途集团的营业收入为 160 亿元，其中水泥板块有 80 亿元。水泥板块特点：业态相同、人员分散、重复机构多。集团水泥业务规模进一步扩大，2019 年拟新建 1 家水泥板块公司。

4.4.2.2 战略财务与决策支持能力

集团财务部财务管理工作对于财务管控、决策分析、数据价值应用远远不足；公司财务人员能力和水平的工作重点为基础会计核算，在业务支持、财务监督、管理会计工作上能力水平不足以支撑。

4.4.2.3　财务管控体系建设

当前审批流程仍然有很多环节为人工审批控制，自动化不足，导致财务管控力度弱，风险高；下属企业普遍存在业务处理与财务控制界限模糊，分工不清，多环节重复现象。

4.4.2.4　财务会计基础工作

会计核算标准不统一、入账规则不统一，业务流程标准化、自动化程度低，监控点不足；财务人员专业能力不足，成本核算因成本会计能力差异造成成本分析质量差。

4.5　案例企业 FSSC 项目现状

秉承“数字鸿途”总体信息化战略，鸿途集团提出了“一个中心两个基本点”的财务共享服务中心建设战略定位，希望通过财务共享服务探索新型财务管理模式，同时确定了“统一规划、分段建设”的分阶段建设路径，共享一期先就水泥板块进行试点建设，上线成功后逐步推广至其他业态。

集团成立了“财务共享建设”小组，由集团财务部财务总监带队，从集团财务部、水泥财务部、集团人力抽调精兵强将，全面推进集团财务共享服务中心的规划建设工作，小组将利用财务共享建设沙盘对集团财务共享服务中心建设高阶设计方案进行推演，并最终形成建设汇报文件，向集团董事做整体汇报。

第5章　沙盘模拟实践

［学习目标］

掌握战略定位规划方法；

了解 FSSC 路径选择；

掌握财务共享规划中心模拟方法；

了解沙盘模拟报告总结的格式要求和评分规则。

5.1　战略定位及模式选择

5.1.1　规划方法

5.1.1.1　确定 FSSC 的战略定位

FSSC 战略定位有以下四个方面，企业需要根据自身的企业战略来进行优先排序和选择。

（1）加强集团管控。这种战略定位的财务共享服务中心更侧重于其管理职能，通过制定统一的流程制度、建设统一的管理信息系统，形成集团集中化和标准化管理模式，整合财务管理和风险控制资源，对集团下属公司实施财务全程化、实时性监控，提高集团的综合掌控能力、支撑集团公司的发展战略。

（2）降低财务成本。通过对基础性、事务性工作的集中处理，一个财务人员可以处理几个公司的相同岗位的业务，从而在业务量不变的同时减少了人员。使得原来成百上千人在不同的子公司完成的工作由一个财务共享服务中心完成，提高了财务核算的效率，降低了原先分散在各单位工作量的处理费用，节约了人工成本。

（3）支持企业发展。公司在新的地区建立子公司或收购其他公司，财务共享服务中心能马上为这些新建的子公司提供服务。同时，公司管理人员更集中精力于公司的核心业务，而将其他的辅助功能通过财务共享服务中心提供的服务完成。同时，使更多财务人员从会计核算中解脱出来，能够为公司业务部门的经营管理和高层领导的战略决策提供高质量的财务决策支持，促进核心业务发展。

（4）挖掘数据价值。随着企业体量的增大、层级的增多，管理决策的复杂性也越来越大，因此，财务需要发挥更多的管理职能，才能为决策层提供具有参考价值的决策分析数据和报表。财务核算也必须更加细致化和专业化，才能为企业提供更加具有管理价值的财务分析数据，而FSSC是企业集团集聚数据资源的最佳平台。

5.1.1.2　确定FSSC的建设目标

FSSC建设首先应该立足于财务本身，与公司财务管理战略目标保持一致，纵向服务于公司发展战略，横向匹配公司IT信息化建设战略规划，在此基础上明确FSSC战略定位，定义FSSC建设的短期目标、中期目标和长期目标（见表5-1）。

表5-1　**FSSC建设的目标**

类别	1~2年短期目标	3~5年中期目标	6~10年长期目标
公司发展战略	向平台化管理转型，提升效率	并购扩张，全球化	持续盈利，稳健增长
财务战略规划	从核算监督向管理型财务转型	搭建财务共享平台，支持业务扩张，并购整合	从管理型向价值提升型转变
IT信息化规划	达到企业级应用水平，业财税系统贯通	实现集团集成性应用，业财税系统一体化	升级到社会级应用，实现企业内外系统互联互通
FSSC战略定位	集团管控	集团管控兼财务服务	财务服务兼集团管控
FSSC建设目标	标准化建设，推动企业财务转型（责任中心）	财务内包服务，降本增效（成本中心）	协议收费，提供“财务内包+外包服务”（利润中心）

5.1.1.3　FSSC推进路径选择

由于财务共享服务的引入是一次财务革命，因此，在建设中，不同企业会采用不同的建设路径。一般表现为两种推进路径：先试点后推广，即从单业务或单组织试点，逐步推广到全业务或全组织；一次性建设，即一次性在全业务全组织范围建设FSSC。两种推进路径的比较以及选择建议见表5-2。

表5-2　**FSSC推进路径选择**

推进路径	先试点后推广	一次性建设
适用客户群	管控力度较弱，执行力适中的集团企业； 业务类型多样，业态较多，核算相对比较复杂，地域分布比较广的集团企业； 适用于稳定期的集团企业	管控力度较强，执行力比较高的集团企业； 业务类型不是很多样、不是很复杂，业态较少，核算相对比较简单的集团企业； 信息系统相对单一，不存在太多异构系统对接的问题

续表

推进路径	先试点后推广	一次性建设
优点	逐步推广，先点后面，易于控制风险； 试点期变动较小，不会造成大的震荡，有益于变革推进； 试点成功后可大规模快速复制	一鼓作气，能够造成大的声势引起高层高度重视，对项目推进有帮助； 不会产生多次实施，人员疲惫厌倦的负面情绪； 一次性建设完成共享信息系统，应用价值高
缺点	对于试点机构的选择要慎重，既要考虑业务的全面性，也要考虑执行力、机构分布、管理现状、信息化现状等实际问题； 业务在发展过程中，存在未知的可能性，试点完成推广时业务可能发生变化	需要做好全面可行的规划； 制订好科学严格的项目计划和管理制度，对项目管理及信息化基础要求高； 沟通面广，需要加强共享中心内部管理，建立呼叫中心等沟通渠道
选择建议	选择推进路径时，最好做项目可研分析。结合企业现状，进行必要性、可行性分析。选择最具有代表性的机构进行试点，并制订好相应的推进计划	

5.1.1.4 FSSC 的模式选择

FSSC 模式选择的考虑因素如图 5－1 所示。

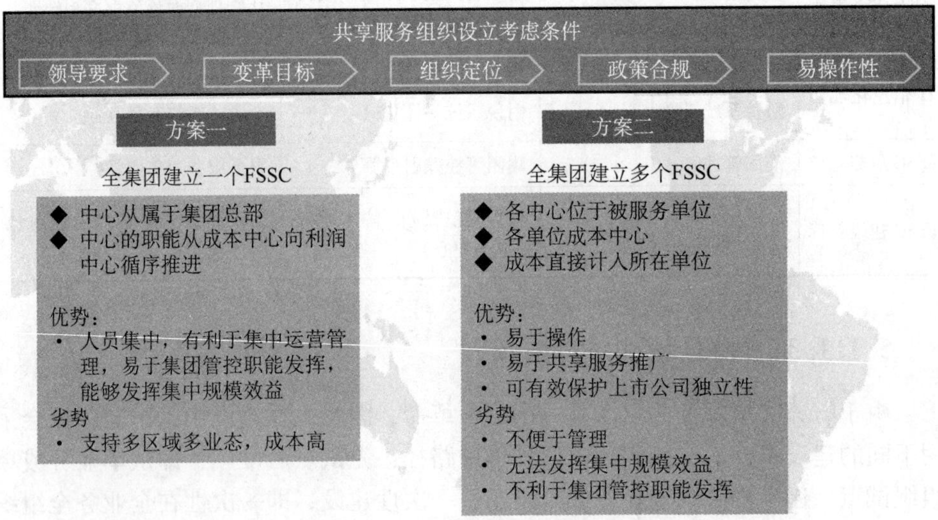

图 5－1　FSSC 模式选择的考虑因素

5.1.1.5 FSSC 的组织职能定位

从组织维度来看，共享中心可以经历三个阶段的发展（见图 5－2）。

（1）成本组织：隶属于财务组织，完成财务核算的工作，不进行独立考核。

（2）利润组织：建立内部模拟考核机制，和被服务组织之间需要进行内部结算。

（3）财务服务公司：提供市场化服务，不仅服务于集团内部，也对外承接业务，提供市场化服务。

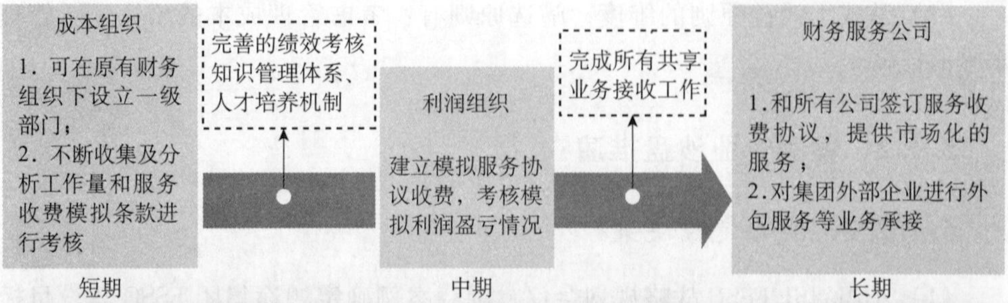

组织属性	组织特点	考虑因素
成本组织	只对集团内部提供服务，无额外收益	1. 集团的性质：是否上市、是否有上市意向或准备、是否属于金融公司； 2. 战略发展：财务共享中心长期战略发展规划是否考虑成为利润中心或财务公司
利润组织	对集团内部提供服务，并可以对外部提供部分服务，并获得收益	
财务服务公司	作为独立运营的公司，自负盈亏	

图5－2 共享中心组织定位的发展阶段

5.1.1.6 确定FSSC的服务内容

纳入共享中心的服务范围可参照《2018年中国共享服务领域调研报告》(见图5－3)；根据权威机构调查显示，80%的核算业务都能够纳入共享服务中心。

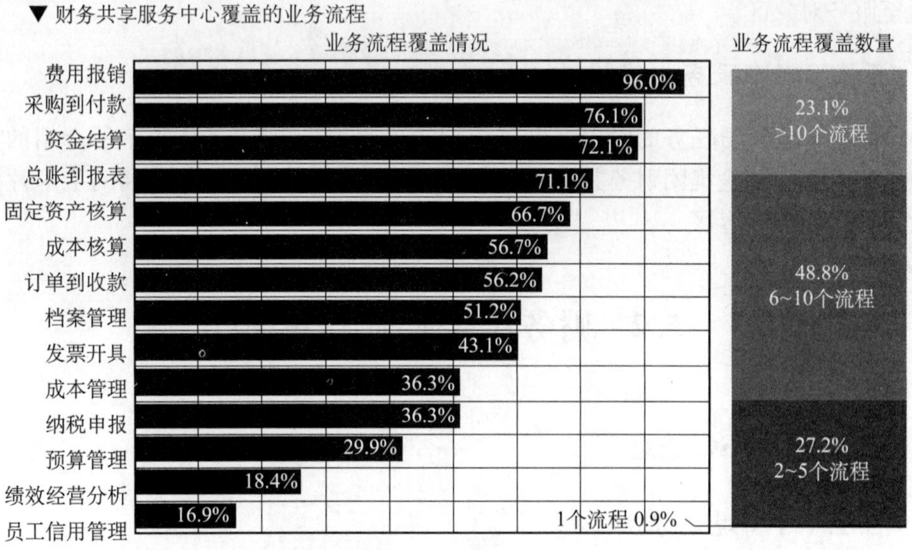

图5－3 调查结果：财务共享服务中心覆盖的业务流程

纳入共享服务中心业务的筛选原则如下所述。

(1) 从集中管控的维度，筛选原则有：集中管理的必要性，集中管控力度的要求，业务的重要程度，异地处理的业务。

(2) 从减少财务工作的维度，筛选原则有：占财务工作时间最长的业务，财务工作量最大的业务。

（3）从成本效益原则的维度，筛选原则有：考虑管理成本的增幅，对管理水平的提高。

5.1.2 案例企业沙盘推演

5.1.2.1 战略定位决策

（1）小组召开 FSSC 战略规划会议，围绕案例确定鸿途集团 FSSC 建设目标及职能定位。

（2）将小组确定的战略目标按照顺序标注出来，同时分解目标，将关键动作填写到便利贴上，并粘贴到对应目标下方。

（3）将确定的职能定位卡片摆放到战略定位区。

5.1.2.2 模式设计

分析案例企业管控方式及业态构成特点，选择合适的共享中心建设模式，将对应模式卡片摆放在中心名称区，并给出设计依据。

5.1.2.3 服务对象确定

根据共享中心模式及案例企业信息，确定共享中心服务对象，将对应卡片摆放至服务对象区。

5.1.2.4 服务内容设计

根据课程预习任务的输出结果《流程清单梳理》，以及 5.1.1 节所介绍的方法，确定纳入鸿途集团财务共享服务中心的服务内容即业务范围，将对应卡片摆放至沙盘服务内容区。

5.2 财务共享规划中心模拟

5.2.1 FSSC 选址

5.2.1.1 规划方法

确定财务共享中心所在地，需要考虑地区经济水平、公司运营模式等，选择的正确与否将直接影响能否充分共享及投资产出率，且制约业务执行情况。从国际经验来看，财务共享中心的办公地址选择，需要兼顾地区的政治、经济及公司的战略等因素，选址的结果将直接影响能否充分共享和投产比，且限制业务执行情况。这些选择从总体来看，受制于中心定位、运营模式、长远战略、企业规模大小等多个因素。具体的因素有：投入产出分析、高效益的人力数量、薪酬待遇、网络资源等基础设施、优惠政策等因素。

以上具体因素由总体因素决定，总体因素根据财务共享服务的战略定位确定。

（1）若战略定位主要是控制成本，将更多地考虑选址的成本因素，具体有人力成本等。其中，对于人力资源的成本要求也很低，不会过多投入。

（2）若战略定位主要是加强集团管控或提升业务服务质量，则人力成本可能就不是最重要的考量因素。

事实上，能够兼顾所有标准的办公地址基本不存在，故而在决策时应进行排序，选择其中最适合的即可。地震、飓风、洪水等自然灾害都有可能引起业务中断，必须在选址时也加以考虑。

实际操作时可以先确定几个备选城市，然后按照如表5-3所示的FSSC选址决策评分表对每个备选城市进行数据资料收集、分项评分、加权汇总得到综合评分，以综合评分作为最终选址决策的重要依据。而因素的选取、权重的设计，均受到FSSC战略定位的重大影响。

表5-3　　FSSC选址决策评分表

因素	方向	权重（%）	影响因子	备选城市××		
				数据资料来源	评分	得分
成本	▲人力成本：考虑当地薪资水平、现有财务人员的搬迁安置成本等	7	薪酬	1. 政府相关网站； 2. 权威机构报告； 3. 招聘网站相关岗位薪资水平		
		5	房价	1. 政府相关网站； 2. 权威机构报告； 3. 房屋中介公司网站		
	▲交通成本：考虑人员业务沟通的往返差旅成本、单据运输或邮寄成本等	2	铁路	1. 政府相关网站； 2. 权威机构报告		
		2	公路	1. 政府相关网站； 2. 权威机构报告		
		2	机场	1. 政府相关网站； 2. 权威机构报告		
	▲办公成本：考虑办公固定成本，如办公大楼购买成本或办公室租金	7	房价或房租	1. 政府相关网站； 2. 权威机构报告； 3. 房屋中介公司网站		
人力资源	▲人员技能及知识水平：可通过市场调查、公开数据等渠道获得相关信息； ▲人才供给及流动性等：人才供给不足或人员流动性大会造成FSSC用人困难。例如，强生在苏州建立FSSC时就曾因为人员招聘困难，严重影响其业务的开展	3	财务培训机构数量	1. 政府相关网站； 2. 权威机构报告		
		10	财经类院校数量	1. 政府相关网站； 2. 权威机构报告		
		2	城市人口	1. 政府相关网站； 2. 权威机构报告		

续表

因素	方向	权重（%）	影响因子	备选城市× ×		
				数据资料来源	评分	得分
基础设施	▲IT、通信设备的可靠性：FSSC的有效运营非常依赖强大技术的支撑，这就要求畅通、安全、稳定的主干网络； ▲通信成本：较高的通信成本会抬高FSSC的运营成本，尤其是在一些通信网络不发达的地区	8	5G试点城市	1. 政府相关网站； 2. 权威机构报告； 3. 设备服务商报告		
		2	信息化试点城市	1. 政府相关网站； 2. 权威机构报告； 3. 设备服务商报告		
	▲国际便利度：与国外市场联系是否方便也是众多有海外业务的公司需要考虑的因素	2	世界五百强在所在城市设立机构的数量	1. 政府相关网站； 2. 权威机构报告		
		1	吸引外商投资的额度	1. 政府相关网站； 2. 权威机构报告		
	▲基础设施质量：考虑当地的高校、道路及其他配套设施的发展情况	1	配套的教育资源	1. 政府相关网站； 2. 权威机构报告； 3. 高校官网		
		1	配套的医疗资源	1. 政府相关网站； 2. 权威机构报告		
环境	▲政府政策：如税收政策、发票管理政策、数据安全要求等	4	税收及优惠政策（购买土地、引进人才、购房等）	1. 政府相关网站； 2. 权威机构报告		
		4	所在城市政府政策是否支持金融、生产服务业发展	“十三五”规划		
	▲发展能力：如市场潜力。部分跨国企业选择将其FSSC建立在中国，就是看重中国巨大的市场容量； ▲城市竞争程度、人文环境等，在竞争较为激烈、压力比较大的城市，人员的稳定性会受到影响	4	城市发展能力	1. 政府相关网站； 2. 权威机构报告		
	▲客户群体集中度：目标市场区域	3	面向客户服务	1. 政府相关网站； 2. 权威机构报告		
集团管控力度	▲与总部（或区域总部）的沟通便利程度	20	选址在总部所在地			
	▲总部（或区域总部）的影响，如战略发展定位	10	选址在主管单位所在地/创始人祖籍所在地/客户所在地			

5.2.1.2　案例企业沙盘推演

根据案例企业鸿途集团的业务版图，鸿途集团的业务主要集中在中原地区和辽宁省。因此，集团初选了郑州、大连和天津这3个候选地点。

（1）每个小组的战略规划区负责人登录教学平台，在“快捷入口 > > 下载中心 > > xlsx”处下载“财务共享选址的决策评分表”（即财务共享选址的决策分析表）模板。

（2）团队通过各种渠道自行收集3个候选地点的相关信息，并在“财务共享选址的决策评分表”中进行分析和评分。

在“财务共享选址的决策评分表”中，将分析结果使用雷达图在沙盘选址区域画出来，并将最终确定的财务共享服务中心选定的城市卡片放置于沙盘盘面对应区域。

5.2.2　FSSC 组织和人员规划

5.2.2.1　规划方法

（1）财务组织的总体结构。大型集团企业基于共享服务中心的财务管理体系建设蓝图，如图5－4所示。

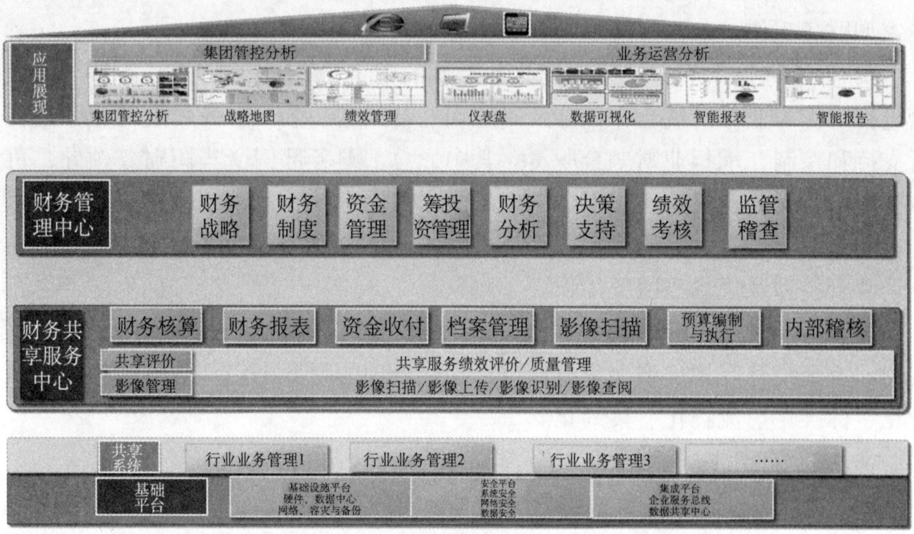

图5－4　大型集团财务管理体系建设蓝图

（2）职责调整。当基于财务共享的财务组织向三角财务组织转换后，势必要对相关岗位和职责进行调整，即依据三角财务组织转型，明确划分战略财务、共享财务与业务财务职能的边界。

总体上的做法，是通过适当的财务工作专业分层、分工，形成三角财务组织：战略财务、业务财务、共享财务，如图 5 -5 所示。

图 5 -5　共享模式下的三角财务组织及其职责划分

① 战略财务。集团财务部作为战略财务负责集团运营监控和决策支持，行使对下属企业财务管理职能，包括制定和监督财务会计政策、支撑集团投资决策、进行风险控制，对集团税务筹划、全面预算、成本进行统筹管理等管控型、专家型财务工作。

② 业务财务。各业务版块或业务单元的财务部门作为业务财务参与到业务全过程，作为业务前端合作伙伴及时发现经营问题，基于财务角度对业务过程进行支持和控制，承担业财融合职责。其中，总部财务部门受集团财务领导，负责本公司及下属分支机构一般财务监督、成本费用审核、总部纳税筹划、经营财务分析与决策支持；分支机构财务部负责财务业务监督控制、决策支撑和高附加值的运营管控型及现场型财务工作。

③ 共享财务。财务共享中心负责集团各公司及分支机构的会计基础核算、费用、资金结算等规模型、重复性可标准化处理的财务工作。共享财务要做到专业化、标准化、流程化、集约化。

5.2.2.2　FSSC 人员三定

所谓人员三定，是指建立财务共享服务中心后，全集团财务人员的定责、定岗、定编。

（1）定责。将从事标准化工作的会计核算人员分离出来，调整到财务共享中心，将财务核算工作和财务管理工作分开，使会计核算工作集中后按专业岗位进行分工作业，实现由财务共享中心集中处理基础性核算服务，有效控制成本与风险。

（2）定岗。财务共享服务中心岗位设置的原则及设置模式如图 5－6 所示。

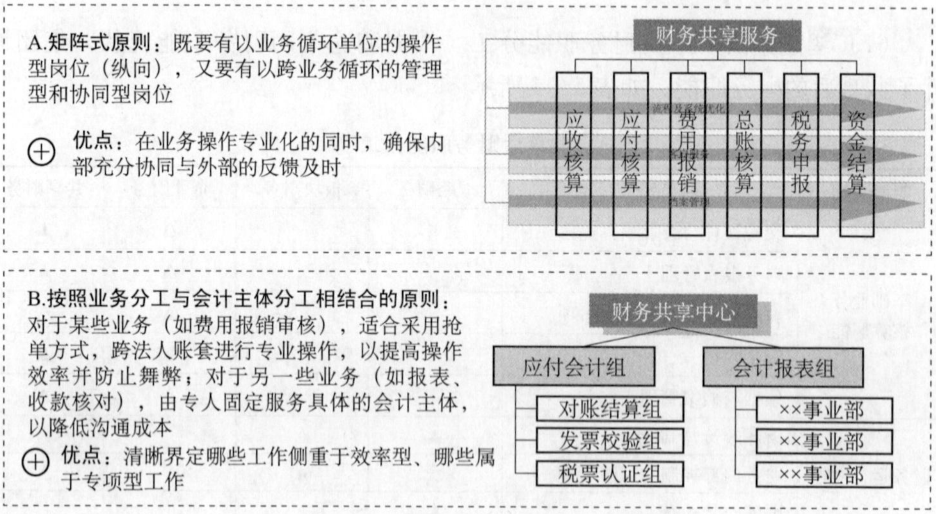

图 5－6　财务共享服务中心岗位设置模式

集团财务部、原板块及业务单位财务部的岗位中，如果职责保留则岗位保留；否则将取消相应岗位，人员待转岗。

（3）定编。财务共享中心岗位人员配置测算方法有 3 种：业务分析法、对标评测法与数据测算法。

业务分析法：业务分析法是基于对业务性质的特点，并结合现有管理人员及业务人员经验，进行分析评估，最终确定人员需求数量的方法。

对标评测法：对标评测法是对于原先没有岗位设置，无经验值参考、无法进行数据测算的业务，则选取相近口径其他单位的业务进行对标，并在此基础上进行估测。

数据测算法：又称工时法。数据测算法是在业务量和工作效率（人均业务量）确定的基础上，确定人员需求数量的方法。此方法适用于能够提取到可靠业务量，并能够对单笔业务量所用时间进行测量的项目。

5.2.3　案例企业沙盘推演

5.2.3.1　设定部门

（1）依据战略规划—模式—服务内容，设置鸿途集团财务共享服务中心的交易类部门，将部门名称写在部门卡片上（或用即时贴书写并粘贴在部门卡片上），并放置于沙盘对应区。

（2）鸿途集团财务共享服务中心除交易类部门外另需设置运营管理部，将该部门名称写在部门卡片上（或用即时贴书写并粘贴在部门卡片上），并放置于沙盘对应区。

5.2.3.2 职责调整

（1）鸿途集团共享后财务职能分工。根据鸿途集团财务职能现状，集团设计了共享后的财务职能，如表5-4所示。

表5-4 共享后财务职能分工

职能类别	职能细分	战略财务	板块财务	企业财务	共享财务
基础业务核算职能	交易处理与会计核算			△	▲
	财务报表管理			△	▲
	薪酬税务及财务其他事项			▲	△
	资金收付			△	▲
	票据与档案管理			△	▲
财务运行监控	财务政策与制度	▲	△		
	财务内部控制与风险管理	△	▲		△
	财务监督检查	▲	▲		
价值创造	投筹资管理	▲	△	△	
	资金运作	▲	△		
	纳税筹划	▲	△		
决策支持	财务战略	▲			
	全面预算管理	▲	△	△	
	业绩考核与报告	▲	△	▲	
	公司经济运行监控	▲	△	▲	
	财务状况分析	▲	△	▲	

注：主导职能▲，辅助职能△。企业财务及板块财务统称为公司财务。

（2）职责分类调整。

依据鸿途集团共享后的财务职能分工，将当前集团财务、公司财务职责卡片逐一进行职责类型判断，将规模型职责纳入职责调整区、管控型职责纳入战略财务、经营型职责纳入业务财务。

对调整区职责卡片合并同类，与共享中心下设部门比对，将可纳入中心的职责卡片摆放到对应部门下方职责区。

职责调整后，将财务关系卡片摆放到三角财务组织转型区，标注战略财务、业务财务、中心财务之间的关系。

5.2.3.3 人员三定

（1）定责。在上一步骤完成的情况下，对于共享后职责为0的原集团或板块（企业）财务人员全部撤到调整区，等待优化调岗。

（2）定岗。

① 鸿途集团共享前财务岗位职级现状如下。

i）共享前集团财务部岗位职责信息（25人）如表5-5所示。

表 5 – 5　　共享前集团财务部岗位职责信息

	处室	岗位	级别	职责
1		财务总监	M3	财务战略、财务政策
2	预算与考核管理处	预算与考核管理（6 人）	M4、M5	预算管理、业绩考核
3	税务与资金管理处	税务与资金管理（4 人）	M4、M5	纳税筹划、资金运作
4	信息化与综合处	信息化与综合（7 人）	M4、M6	信息化与财务监督
5	结算审核处	处长	M4	付款复核
6		会计	M6	付款审核
7		出纳	M7	资金支付
8	会计核算处	处长	M4	费用复核
9		会计	M6	费用核算
10	资产管理处	处长	M4	资产管理政策
11		会计	M6	资产核算

ii）共享前水泥板块各公司财务岗位职责信息（140 人）如表 5 – 6 所示。

表 5 – 6　　共享前水泥板块各公司财务岗位职责信息

	岗位名称	工作内容	级别	设置此岗位人员公司数
1	财务经理	财务分析	M4	17
2	总账会计	总账核算	M6	17
3	采购会计	应付审核、应付对账	M6	17
4	结算会计	费用核算	M6	17
5	销售会计	应收审核、应收对账	M6	17
6	资产会计	资产核算	M6	15
7	成本会计	成本分析、成本核算	M6	9
8	税务会计	税务筹划	M6	8
9	出纳	收款付款	M7	15
10	预算会计	预算编制	M6	8

② 鸿途集团共享后财务岗位职级薪酬设计如表 5 – 7 所示。鸿途集团在同时考虑共享后的职责分工、财务人员职级薪酬现状后，设计了共享后财务岗位职级和薪酬水平。

表 5－7　　　　共享后财务岗位职级薪酬设计

集团职级	战略财务职级序列		板块财务职级序列		共享财务职级序列		年薪（万元）
	经营管理序列 M	专业技术序列 P	经营管理序列 M	专业技术序列 P	经营管理序列 M	专业技术序列 P	
3 级	财务总监/部长	首席专家					20
4 级	集团财务处长	高级专家	财务经理/部长	高级专家	总经理/主任	高级专家	18
5 级	集团财务主管	专家	财务处长	专家	共享财务处长	专家	15
6 级	集团财务主办	助理专家	主管	助理专家	主管	助理专家	12
7 级	业务员		主办		主办		10
8 级					业务员		8

注：3～5 级为财务管理人员。

（3）定编。

① 定编方法。

i）集团财务。战略财务全面向管控指导型高端财务人员转型，拟增 2 名财务专家。

ii）业务财务。共享后，水泥公司业务财务全面向业财融合的管理会计及成本管控专家转型，初期每家公司（包含拟新建公司）保留 3 名财务编制，包含财务经理 1 人，专家 2 人。

iii）共享中心财务。鸿途集团财务共享中心人员包含管理人员、业务人员、运营人员，其中管理人员包含中心主任及各处长。业务交易处理人员采用工时法定编；运营人员采用对标评测法定编；管理人员采用业务分析法定编。

② 数据调研。

i）鸿途集团财务工作总量调研结果。

a. 集团财务部月度工作量统计如表 5－8 所示。

表 5－8　　　　集团财务部月度工作量统计　　　　单位：单/月

应收核算	应收对账（月度发生业务的客户数量）	应付审核	应付复核	应付对账（月度发生业务的供应商数量）	费用核算
300	28	350	350	30	360
费用复核	资产核算	成本核算	总账报表	资金结算	
360	25	0.3	15	650	

b. 中部地区鸿途水泥相关财务工作月度工作量明细如表 5－9 所示。

表5-9　　中部地区鸿途水泥相关财务工作月度工作量明细　　单位：单/月

公司名称	应收核算	应收对账（月度发生业务的客户数量）	应付审核	应付复核	应付对账（月度发生业务的供应商数量）	费用核算	费用复核	资产核算	成本核算	总账报表	资金结算
鸿途集团水泥有限公司	500	40	600	600	50	600	600	40	0.5	26	1087
卫辉市鸿途水泥有限公司	400	32	480	480	40	480	480	32	0.4	21	870
鸿途集团光山水泥有限公司	400	32	480	480	40	480	480	32	0.4	21	870
京北鸿途水泥有限公司	150	12	180	180	15	180	180	12	0.2	8	326
鸿途集团许昌水泥有限公司	225	18	270	270	25	270	270	18	0.225	12	490

c. 北部地区鸿途水泥相关财务工作月度工作量明细如表5-10所示。

表5-10　　北部地区鸿途水泥相关财务工作月度工作量明细　　单位：单/月

公司名称	应收核算	应收对账（月度发生业务的客户数量）	应付审核	应付复核	应付对账（月度发生业务的供应商数量）	费用核算	费用复核	资产核算	成本核算	总账报表	资金结算
大连鸿途水泥有限公司	475	36	540	540	45	540	540	36	0.45	24	988
鸿途集团京北水泥有限公司	350	28	420	420	35	420	420	28	0.35	18	760
辽阳鸿途水泥有限公司	300	28	350	350	30	360	360	25	0.3	15	650
鸿途集团金州水泥有限公司	500	40	670	670	50	660	660	40	0.5	26	1182
天津鸿途水泥有限公司	250	20	300	300	25	300	300	20	0.25	13	543
辽宁辽河集团水泥有限公司	300	22	330	330	28	330	330	22	0.275	15	607
灯塔市辽河水泥有限公司	200	16	240	240	20	240	240	16	0.2	11	435
辽宁辽西水泥集团有限公司	125	10	150	150	13	150	150	10	0.125	7	272

续表

公司名称	应收核算	应收对账（月度发生业务的客户数量）	应付审核	应付复核	应付对账（月度发生业务的供应商数量）	费用核算	费用复核	资产核算	成本核算	总账报表	资金结算
辽阳鸿途诚兴水泥有限公司	175	14	210	210	18	210	210	15	0.175	9	380
辽阳鸿途威企水泥有限公司	175	14	210	210	18	210	210	16	0.175	9	380
大连金海建材集团有限公司	200	16	240	240	20	240	240	16	0.2	11	435
海城市水泥有限公司	275	22	330	330	28	330	330	22	0.275	14	600

假设：2019 年拟新建水泥公司纳入中心各项工作月度工作量按 17 家平均工作量估算，即等于卡片中平均工作量（EWL）。

ii）同行业标杆企业调研结果。

a. 财务共享服务中心各岗位人均业务量如表 5－11 所示。

表 5－11　财务共享服务中心各岗位人均业务量

序号	业务类型	人均业务量（笔/月）
1	应收核算	1000
2	应收对账（月度发生业务的客户数量）	2000
3	应付核算	800
4	应付复核	2000
5	应付对账（月度发生业务的供应商数量）	16000
6	费用核算	1000
7	费用复核	2000
8	资产核算	500
9	存货成本核算	80
10	成本分析	160
11	总账报表	80
12	资金结算（收付款）	2000
13	单据归档	7000

b. 财务共享服务中心定岗示例如表 5－12 所示。

表 5－12　财务共享服务中心定岗

部门	岗位	测算方法			全面上线		需求人数（人）
		业务分析法	工时法	对标评测法	总工作量	人均工作量	
中心领导	主任	√					1
销售核算处	处长	√					1
应收审核岗			√		5500	1000	6

续表

部门	岗位	测算方法			全面上线		需求人数
		业务分析法	工时法	对标评测法	总工作量	人均工作量	
……	……	……	……	……	……	……	42
经营管理处	处长	√					1
呼叫服务岗				√			1
票据综合岗			√				1
质量稽核岗				√			1

注：该标杆企业共享中心交易处理人员规模为 50 人，运营组为 4 人，可支撑中心日常运营工作开展。

③ 定编计算。

第一步，登录教学系统，从“快捷入口 > > 下载中心 > > xlsx”下载“共享中心人员测算表”；

第二步，根据上述调研结果，采用指定的人员测算方法，计算并完成财务人员定岗设定；

第三步，将岗位名称及人数填写到岗位卡片上并摆放到沙盘对应位置。

④人员定岗。

i）职责为 0 的岗位，原岗位人员需要转岗。

ii）转岗方向：对待岗财务人员基于其能力、经验竞聘上岗，可以转岗方向包含战略财务（财务专家）、业务财务（财务经理、财务专家）、共享中心财务（中心主任、部门负责人、主办、运营岗）、业务（营销人员）。

iii）内部优先：优先考虑内部转岗。将新岗位名称、人数填写到即时贴上并粘贴到原岗位卡片上。

iv）外部招聘：财务管理人员（财务经理、财务专家、高级专家、处长、中心主任）外部招聘薪酬较内部转岗上调 10%；将新招聘岗位名称、人数填写到即时贴上并粘贴到空白岗位卡片上。

v）辞退原则：人员辞退按照法规，需要给予 N + 1 赔偿（N 为工作年限）。

根据上述计算结果，填写 2019 年鸿途集团共享后各板块财务人员数量测算表，如表 5 – 13 所示。

表 5 – 13　　共享后各板块财务人员数量测算

板块名称	财务人数	新招聘人数	转岗人数	优化人数
战略财务部				
水泥公司财务部				
共享中心财务部				
旅游板块财务部				
铸造板块财务部				
煤焦化板块财务部				
合计				

5.2.3.4 价值分析

小组讨论财务共享过程中组织优化设计为企业带来的价值，使用即时贴贴到沙盘盘面上的价值分析区。

5.2.4 FSSC流程规划

5.2.4.1 规划方法

（1）流程优化路径。所谓流程优化路径，是指企业采取怎样的计划，将财务共享的业务范围和组织范围逐步扩大。流程优化路径的选择，要考虑以下因素。

① 对现有业务、组织和人员的影响。

② 人力资源和技能的就绪度。

③ 财务共享的实施周期。

④ 项目推进难度。

⑤ 系统和基础设施就绪度。

假设：

“1”代表单一业务、单一组织实施共享；

“2”代表单一业务、全组织实施共享；

“3”代表全业务、单一组织实施共享；

“4”代表全业务、全组织实施共享。

则常见的流程优化路径选择如表5-14所示。

表5-14 常见的流程优化路径选择

路径选择	概要描述
3-4	从单一公司开始试点，将全部业务纳入共享服务中心进行试点； 等试点公司全部业务稳定运行后，再扩展到全部公司
2-4	从全部公司的某一业务纳入共享服务中心进行试点； 等试点业务稳定运行后，再逐步将其他业务纳入共享服务中心
1-3-4	先将单一公司的某一业务纳入共享服务中心进行试点； 等试点业务稳定运行后，再将试点公司的所有业务纳入共享服务中心，再扩大范围将其他子公司纳入共享服务中心
1-2-4	先将单一公司的某一业务纳入共享服务中心进行试点； 等试点业务稳定运行后，将这项试点业务推广到所有子公司，再逐步将其他业务纳入共享服务中心

5.2.4.2 业务职责切分

FSSC流程梳理和优化的核心是对于财务共享服务中心产生业务交互的流程

进行重新评估与再造。借助财务共享服务中心所带来的组织和业务交互模式变革，改善企业在成本、质量服务与响应速度方面的绩效。

（1）职责切分工作步骤。

① 流程梳理分类。基于各成员单位的业务模式，对财务核算流程进行梳理分类，整理会计核算流程并逐级细分。

② 流程节点拆分。拆分至每个流程节点，对不同组织的同质流程每个节点的业务规则进行对比分析。

③ 属地分析。对每个流程节点的归属地、岗位和职责进行识别，分析其属地、岗位和职责的合理性以及将其纳入共享的可行性。

④ 关键问题分析。结合财务共享需要，平衡流程效率和风险，根据流程清单梳理结果，对差异和问题进行总结分析，识别影响流程的关键因素和影响共享实施的关键问题。

⑤ 信息系统分析。根据流程中的信息传递分析每个流程环节的系统支撑是否到位和合理，结合财务共享服务项目目标，识别系统功能的改进方向。

（2）可纳入财务共享服务中心的业务选择。

通过一系列包括“复杂、风险和专业程度”“规模经济收益”“与业务紧密程度”“技术可行性”“经济可行性”的特质分析，可以确定组织内适合建立共享服务的财务工作/流程。如图5－7所示，企业现有的流程通过该滤镜层层过滤，可以找出适合共享的流程。

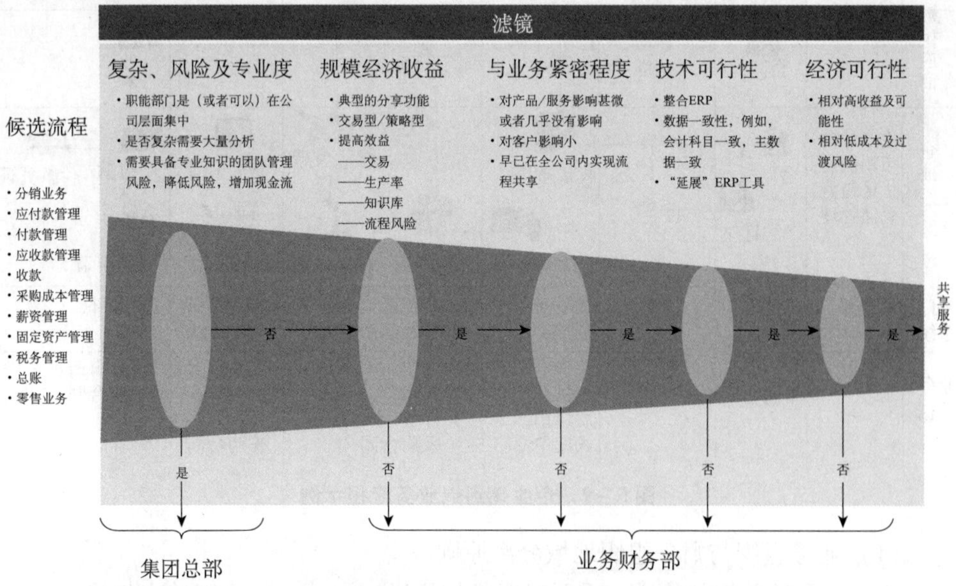

图5－7　流程是否适合纳入共享范围的滤镜

财务共享流程设计，需要结合财务共享业务范围（如费用共享、核算共享、资金共享、报表共享等）进行梳理，建议需要重点设计的流程如图5－8所示。

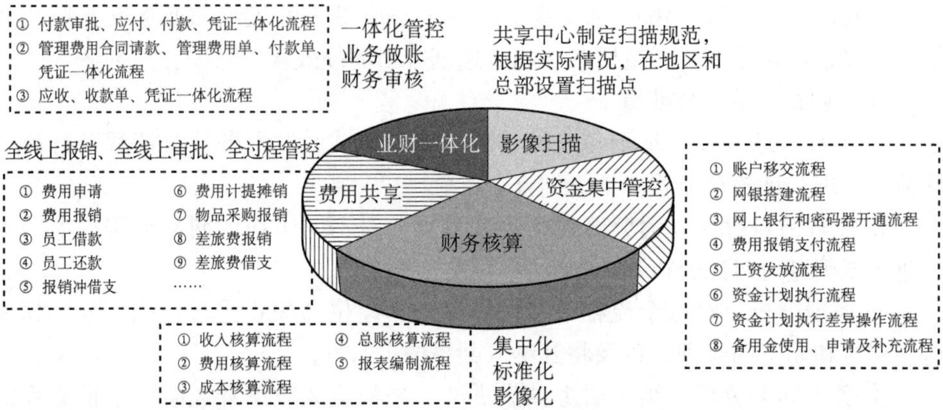

图 5-8　财务共享需要重点设计的流程

5.2.4.3　端到端业务流程设计原则

“端”指企业外部的输入点或输出点，这些外部的输入点或输出点包括客户、市场、外部政府或机构以及企业的利益相关者。“端到端流程”指以客户、市场、外部政府或机构及企业利益相关者为输入点或输出点的，一系列连贯、有序的活动的组合。

图 5-9 是一个企业端到端业务流程的示例。

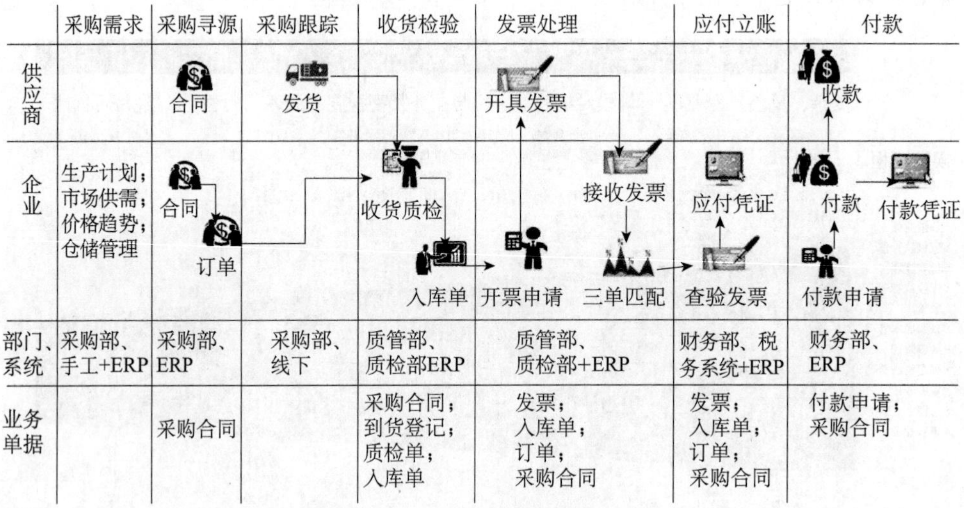

图 5-9　企业端到端业务流程示例

（1）业务组织与财务组织地域分离原则。

第一，原始单据的传递：需要对影像扫描进行设计，包括制单人扫描、专岗扫描。

第二，原始单据的归档：需要对档案管理进行设计，包括本地归档、共享中心归档、电子档案、纸质档案等。

第三，内控的管理要求：由于地域分离带来的对内控的管理设计。

（2）跨业务组织流程的标准化原则：业务形态不同、信息系统差异、审批流程差异、业务环节差异、主数据差异等的标准化。

（3）信息系统的现状与集成原则：业务系统与FSSC系统一体化与异构化。

（4）新技术应用原则：共享服务模式是在信息技术支持下的管理变革，实现业务财务、流程财务的有效协同，推动财务管理向更高价值领域迈进。

5.2.5 案例企业沙盘推演

5.2.5.1 流程优化路径规划

在沙盘上用彩笔标注出流程优化路径（1~4），确定首选流程优化业务，写在沙盘盘面上如图5-10所示的对应位置。

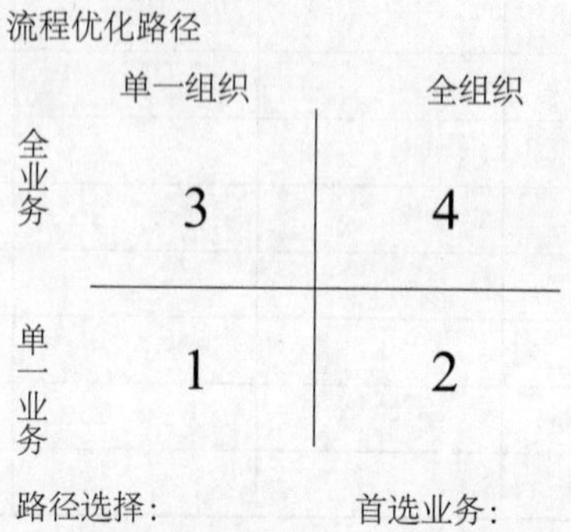

图5-10 流程优化路径及首选业务沙盘区

5.2.5.2 业务职责切分

对不同业务流程进行职责切分，将某一业务卡片（如费用）按照矩阵进行切分，在沙盘盘面上将动作卡片与部门匹配（见图5-11）。

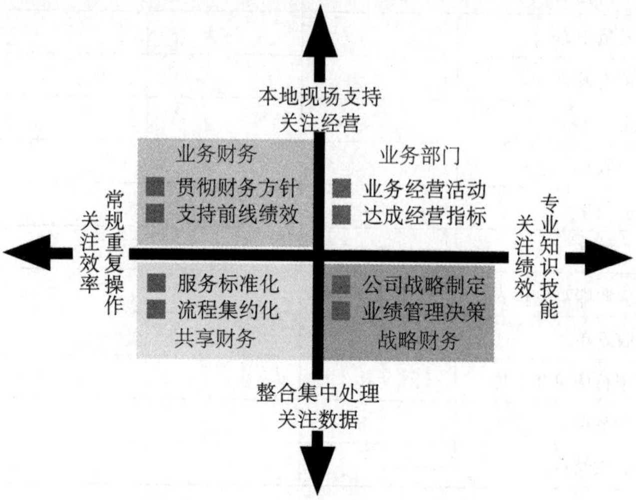

图5-11 沙盘的业务职责切分区

另外，将业务职责切分结果在业务职责切分表中标注。

（1）采购到应付（PTP）业务（见表5－15）。

表5－15　　采购到应付（PTP）业务职责切分表

业务流程：动作	公司业务部门	公司业务财务	共享中心财务	战略财务
签订采购订单	√			
PTP业务：审批采购订单				
PTP业务：采购入库				
PTP业务：录入采购发票				
PTP业务：审批应付单				
PTP业务：审核应付单				
PTP业务：审核记账凭证				
PTP业务：生成应付账龄分析表				
PTP业务：审定采购财务政策				
PTP业务：扫描发票上传				
PTP业务：提交付款单				
PTP业务：提交应付单				
PTP业务：审批付款单				
PTP业务：审核付款单				
PTP业务：支付应付款				

（2）销售到应收（OTC）业务（见表5－16）。

表5－16　　销售到应收（OTC）业务职责切分表

业务流程：动作	公司业务部门	公司业务财务	共享中心财务	战略财务
OTC业务：录入销售订单				
OTC业务：审批销售订单				
OTC业务：销售发货出库				
OTC业务：录入销售发票				
OTC业务：扫描发票上传				
OTC业务：提交应收单				
OTC业务：审核应收单				
OTC业务：审核记账凭证				
OTC业务：生成应收账龄分析表				
OTC业务：录入收款单				
OTC业务：扫描银行回单并上传				
OTC业务：审核收款单				
OTC业务：确认收款结算				

（3）费用报销业务（见表5－17）。

表5－17　费用报销业务职责切分表

业务流程：动作	公司业务部门	公司业务财务	共享中心财务	战略财务
费用业务：制定费用政策与制度				
费用业务：填制报销单				
费用业务：业务审批				
费用业务：本地初审报销凭证				
费用业务：审核报销凭证				
费用业务：报销支付				
费用业务：审核记账凭证				
费用业务：报表				
费用业务：分析				

（4）固定资产业务（见表5－18）。

表5－18　固定资产业务职责切分表

业务流程：动作	公司业务部门	公司业务财务	共享中心财务	战略财务
固定资产业务：审核政策合规性				
固定资产业务：初步审核申请单				
固定资产业务：资产相关账务处理申请				
固定资产业务：资产相关账务处理				
固定资产业务：资产折旧入账				
固定资产业务：制定固定资产管理政策				

（5）总账报表业务（见表5－19）。

表5－19　总账报表业务职责切分表

业务流程：动作	公司业务部门	公司业务财务	共享中心财务	战略财务
总账报表业务：预提需求审核				
总账报表业务：预提需求申请				
总账报表业务：月结关账				
总账报表业务：会计政策				
总账报表业务：月结申请				
总账报表业务：财务制度				

5.2.5.3　流程优化设计——动作、角色、单据

对初始状态摆盘所摆的财务核算流程，做共享后流程优化设计，注意扫描设

置、档案管理等，将优化后的财务核算流程（业务动作、角色及单据）用卡片摆出。

5.2.5.4 价值分析

小组讨论财务共享过程中流程优化设计为企业带来的价值，使用即时贴贴到价值分析区。

5.3 沙盘模拟方案呈现及点评

5.3.1 沙盘呈现

以小组为单位，由每组学员代表对本组的沙盘模拟结果进行课堂展示，对沙盘盘面的每个环节进行讲解和说明。

5.3.2 沙盘展示点评

由教师对每组学生的沙盘模拟实验结果进行点评，并进行打分，作为最终成绩中沙盘呈现的分数，同时，对每组学生沙盘模拟中存在的问题进行总结和分析。

5.4 沙盘模拟总结报告

沙盘模拟实验总结是学生们在完成了财务共享中心的建设规划方案之后进行的，是沙盘模拟实验的最后一个阶段。总结报告主要是对沙盘模拟战略规划、流程规划、组织规划的总结，能够清晰地阐述小组在战略规划区选择的战略定位及模式选择，流程规划区的流程优化路径以及业务责任划分的设计，组织规划区中的部门、岗位、职责的调整依据，并分析财务共享服务中心规划的预期效果。以小组为单位整理总结报告，并提交给教师。

5.4.1 小组成员及分工

总结报告的第一部分介绍小组成员的分工，每个学生分别在鸿途集团和鸿途水泥业务单位的不同岗位角色。小组讨论决定每个成员分别扮演的角色，以及在团队合作中负责的实验任务，将结果填入表 5－20。

表 5-20　小组成员及分工

序号	学生姓名	角色分工	实验任务分工
1			
2			
3			
4			
5			
6			
7			
8			

5.4.2　财务共享中心构建规划总结

学生从“快捷入口 > > 下载中心”，下载 PPT 模板“财务共享服务中心高阶方案设计汇报模板”，然后进行分工撰写、组长汇总。

(1) 战略定位总结。

最终选择：

____

____

选择依据：

____

____

(2) 战略模式选择总结。

最终选择：

____

____

选择依据：

____

____

(3) 战略选址设计总结。

最终选择

____

____

选择依据：

____

____

(4) 流程优化路径总结。

最终选择:

______

______

选择依据:

______

______

(5) 职责调整总结。

最终选择:

______

______

选择依据:

______

______

5.5 沙盘模拟评分

该教学活动是让每个组的学生上传本组撰写的总结报告，由教师发起学生互评或教师评价，从而实现财务共享服务规划与设计教学项目的阶段性考核。

【注意】只有组长登录教学平台后才可以上传规划方案。

教学平台上具体的教学交互过程如下:

首先，学生上传作业（见图5-12）。

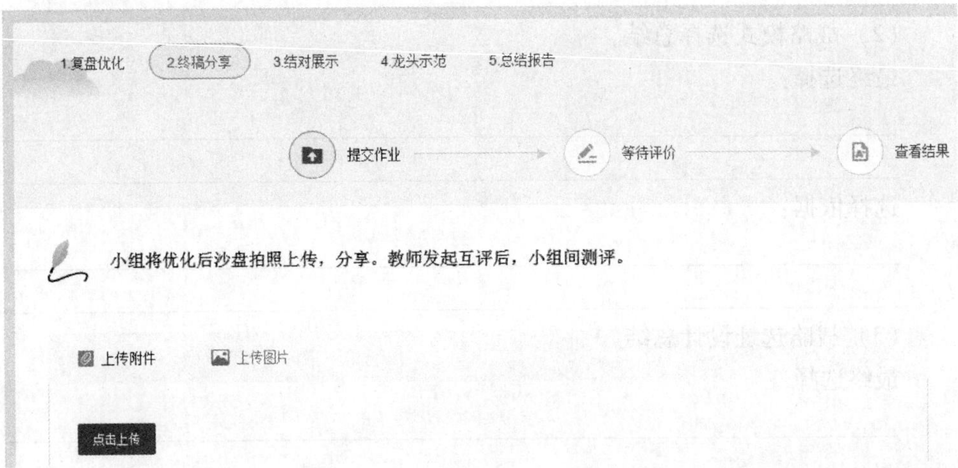

图5-12 学生上传方案终稿的入口

其次，教师发起作业评价。

(1) 教师进入“作业评价菜单”，查看所有作业，找到相应的作业（见

图5－13）。图5－13中的作业状态为“未完成”，说明教师尚未发起评价或尚未结束评价。只要教师没有结束评价，学生就可以继续上传作业。

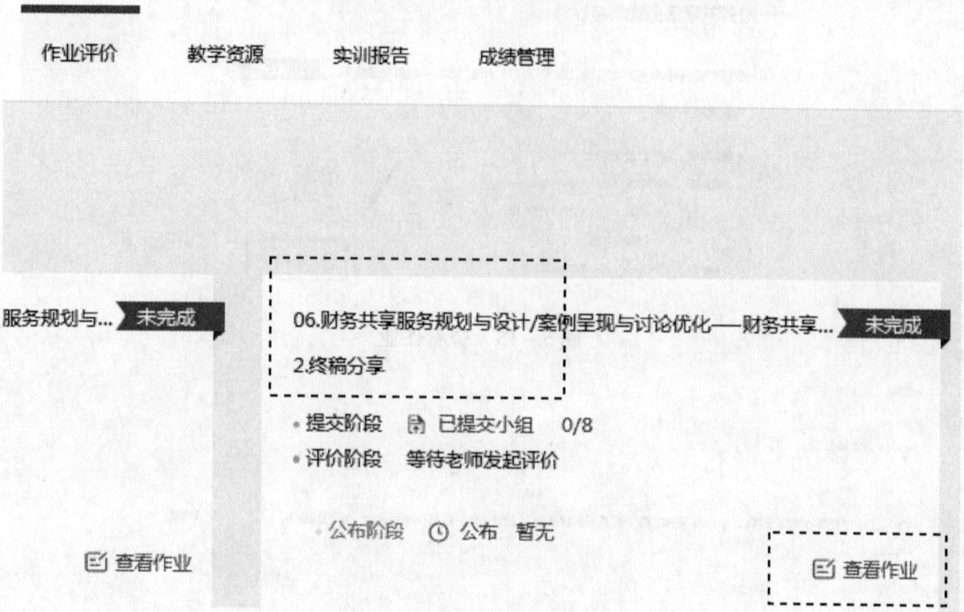

图5－13 教师查看作业情况

（2）教师点击图5－14中的“查看作业”链接，查看此次作业各个小组的提交详情，并点击“点评”按钮发起评价，系统将询问教师是否发起学生互评（见图5－14）。以下我们用发起学生互评为例讲解后续交互动作。

① 查看作业。分未完成、已完成展示和已推送任务的作业信息。

② 发起评价。点击“查看作业”按钮进入详情页，点击“点评”按钮发起评价。弹框提示“是否发起学生互评”，选择“是”学生互评，选择“否”则教师评价（见图5－15、图5－16、图5－17），老师可以操作。

图5－14 作业提交详情

图 5-15　查看作业

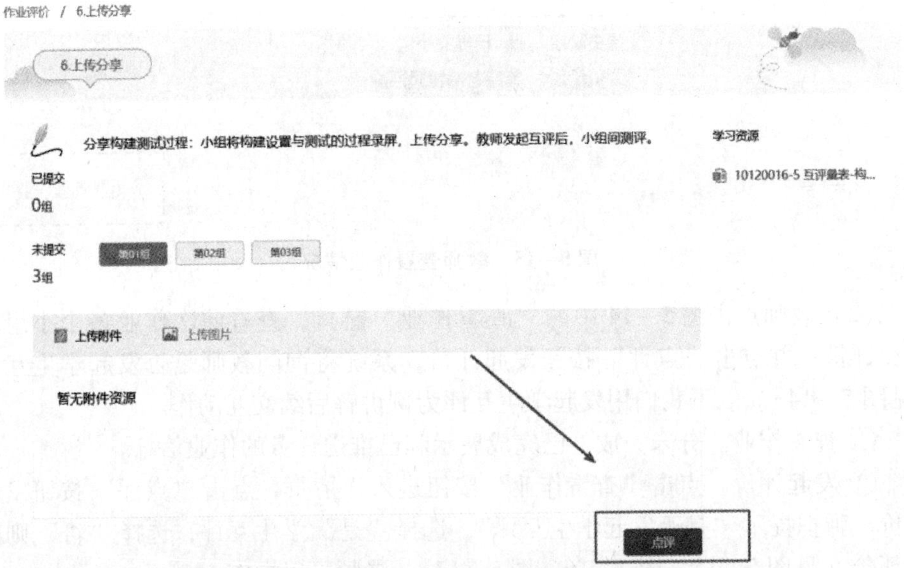

图 5-16　作业点评

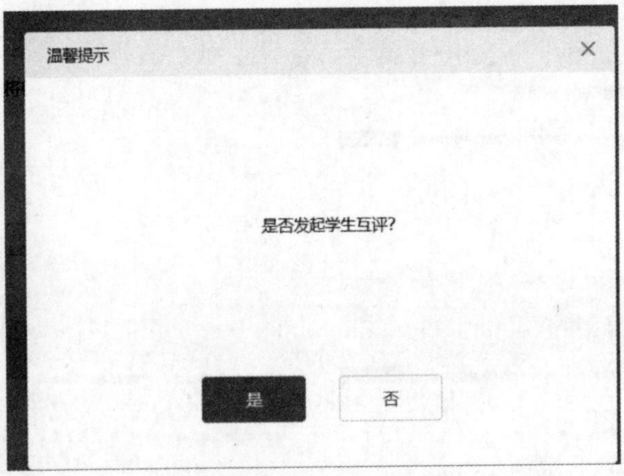

图 5-17　学生互评

③ 结束评价。发起评价方式是学生互评时，需点击“结束互评”结束互评，学生和教师才能看见得分（见图5－18、图5－19）。发起评价方式是教师评价时，老师评价完所有小组即表示结束此次作业评价。

图5－18　结束互评

图5－19　查看分数

（3）学生通过“课程作业”菜单，或在作业活动的学习界面，将收到系统随机派发的匿名小组作业。学生可根据学习界面的“互评量表—财务共享沙盘”教学资源查看评分标准，进行在线评分（见图 5－20）。

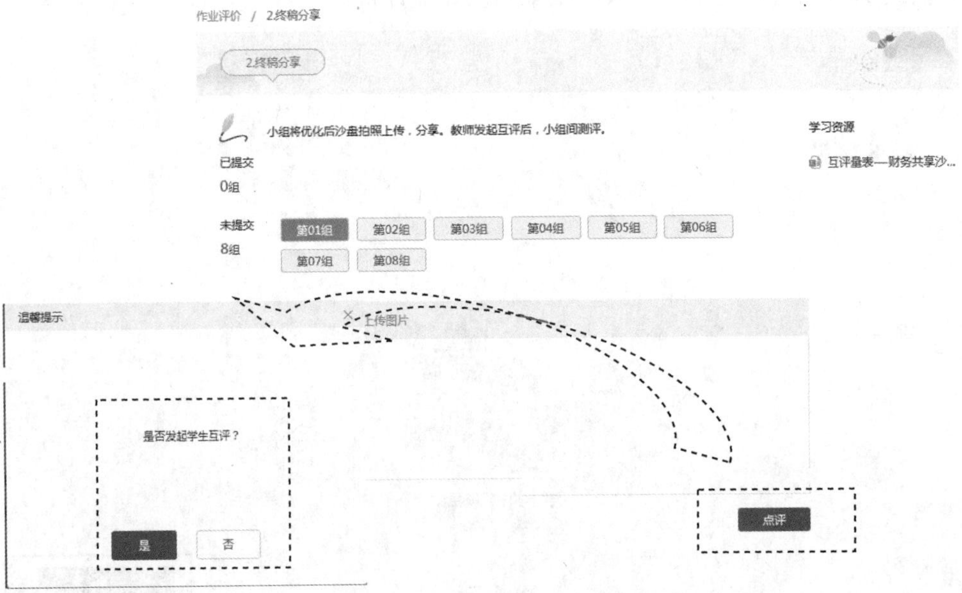

图 5－20　教师发起作业评价

教师可以控制结束评价的时机，在教师结束评价前，此次作业的评分工作尚未完成，所以还无法看到最终成绩。当教师结束评价后，学生可以看到本组作业的受评得分（但看不到评价人信息），教师可以查看每组作业平均得分情况、详细得分及评分人信息。

第3篇

财务共享软件篇

第6章 认知课程

[学习目标]

了解财务共享实训课程目标；

了解财务共享实践教学平台系统操作步骤；

了解团队组建中组长和成员的权利与义务；

掌握 FSSC 构建测试的内容和操作步骤。

6.1 课程介绍

6.1.1 课程目标

本课程以培养学生专通结合的综合实践能力、研究思维、前瞻与创新思维为主要目标，让学生认知财务共享服务的前沿趋势、理论与技术，深度理解“财务数字转型”的方法与价值，掌握财务共享服务中心的规划与运营过程及电子发票、电子影像、电子档案、共享作业等云会计的相关技术应用，能够开展基于共享服务下财务信息化的分析、优化设计与价值创新，从而培养学生在财务共享服务中心的规划、业财流程设计与优化、业务处理、运营管理等方面的核心能力。课程目标示意如图6－1所示。

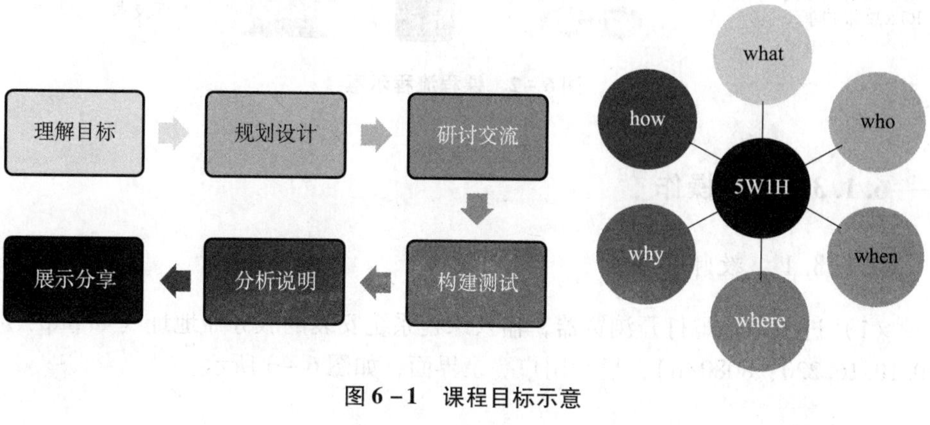

图6－1 课程目标示意

6.1.2 课程简介

本课程共设置了五个环节：课前准备、认知财务共享服务、共享服务中心规划与设计、端到端业财流程共享服务、共享服务中心运营与绩效。在课前准备阶段，由教师向学生布置预习作业，了解教学案例现在的业务情况，学习财务共享服务的知识，了解拥有财务共享服务企业的典型案例，初步掌握财务共享的相关知识及特点。在认知财务共享服务阶段，向学生介绍本次课程的主要环节，进行团队组建，形成以小组为单位作业的案例公司，并向学生讲解财务共享服务和本课程用友软件所使用到的技术。在共享服务中心规划与设计阶段，主要从战略定位、组织岗位的选择、服务中心地址选择、业务流程的确定、运营管理的修改、IT 技术的配套支持等方面展开，此阶段主要置于沙盘篇予以练习。在端到端业财流程共享服务阶段包括费用共享业务、采购管理—应付共享、销售管理—应收共享、资金结算共享、固定资产共享、总账共享等业务的操作与练习。在共享服务中心运营与绩效阶段包括财务共享作业绩效、财务共享作业稽核、课程总结等模块（见图 6 –2）。

图 6 –2　课程流程示意

6.1.3 系统操作

6.1.3.1　教师系统

（1）进入系统。打开浏览器，输入课程系统安装的服务器地址（如 http：//10.10.16.220：8080/rt），显示用户登录界面，如图 6 –3 所示。

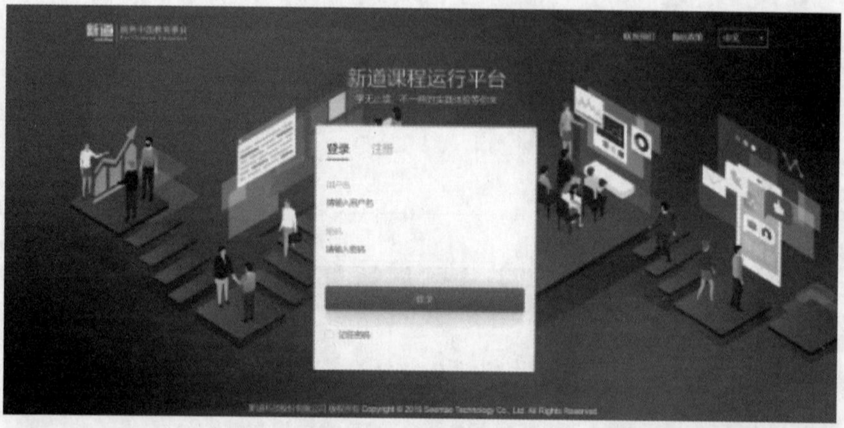

图6－3　教师登录端口

（2）注册账号。在用户登录界面，点击“注册”，进入注册账号页面（见图6－4），填写完信息，点击【注册】按钮，注册成功后方可进行登录。

图6－4　注册

登录注册完成的账号，点击“申请教师权限”，在产品序列码中输入产品序列码，并点击“提交”即可获取教师权限（见图6－5、图6－6）。

图6－5　申请教师权限

图 6-6　输入产品序列码

(3) 创建教学班。

① 登录获取了教师权限的教师账号，点击“创建教学班”按钮出现如图 6-7 所示的界面。

图 6-7　创建教学班级

② 选择或输入教学班级信息，如图 6-8 所示。

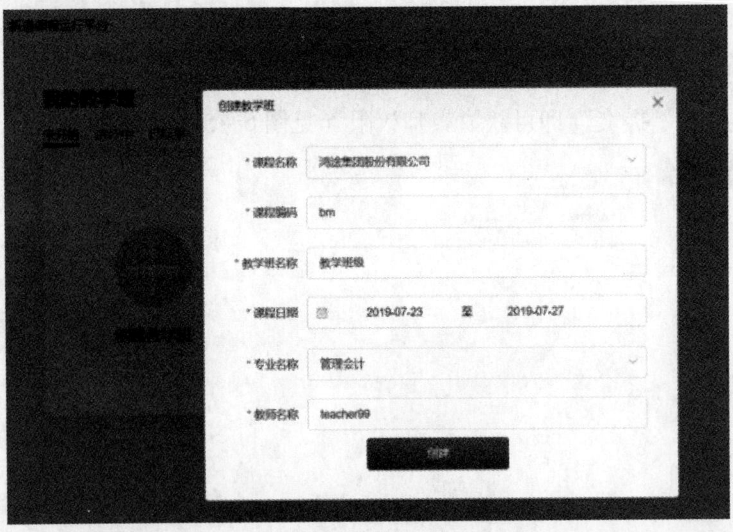

图 6-8　输入教学班级信息

课程名称：只能选择，由学校管理员账号维护；
课程编码：自定义课程编码；
教学班名称：自定义班级名称；
课程日期：开始时间必须大于等于当前时间；
专业名称：只能选择，由学校管理员账号维护；
助教：选填项目，一般不填写。
点击“创建”，提示创建成功显示已创建的班级（见图 6－9）。

图 6－9　班级创建成功

③ 开始日期如果是当前日期，班级创建成功后会显示在“进行中”，大于当前日期会显示在“未开始”。

（4）进入班级。

登录教师账号，找到要进入的班级，点击“进入班级”按钮，即可进入班级，如图 6－10 所示。

图 6－10　进入班级

（5）课前准备。

① 导入学生信息。进入班级之后，首先导入学生信息。点击下载模板，填写必要内容之后点击导入（见图 6－11、图 6－12）。

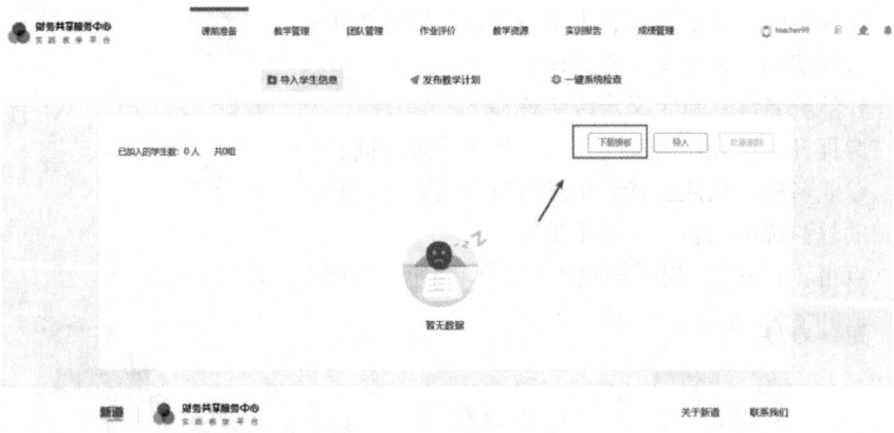

图 6 - 11 下载模板

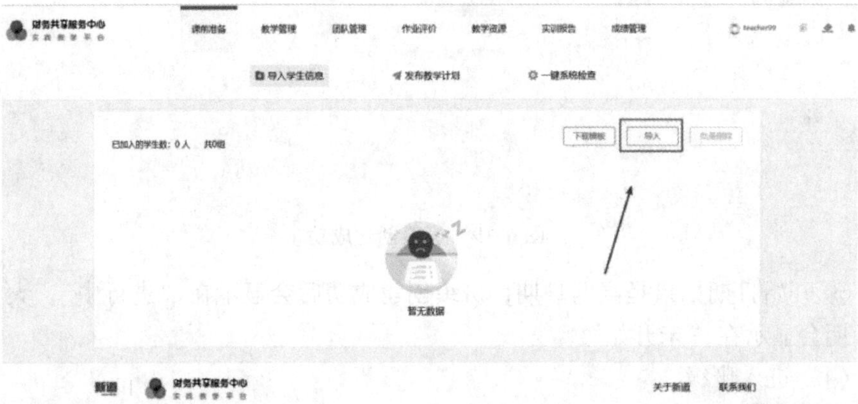

图 6 - 12 导入信息

② 发布教学计划。点击教学大纲。选择课程模式，集中授课模式或者教学周授课模式（见图 6 - 13）。

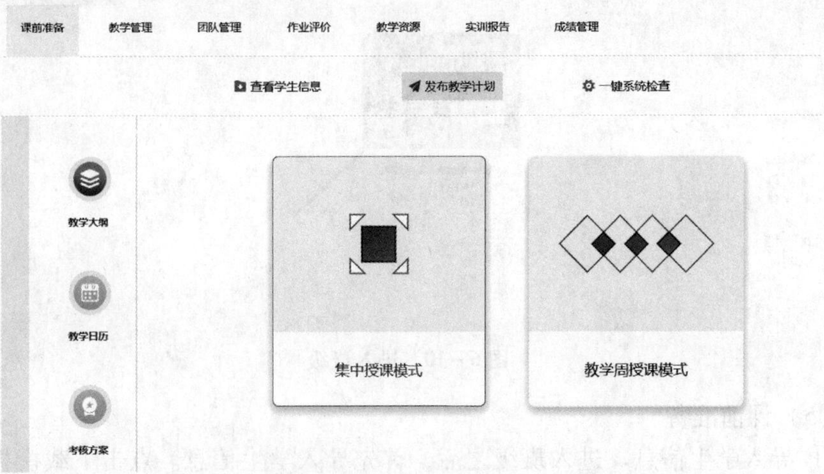

图 6 - 13 选择课程模式

i）集中授课模式。

a. 设置完开始时间、上课天数、上课教室和是否跳过周末后，点击下一步，如图6－14所示。

图6－14 设置上课天数、上课教室

b. 编辑课程内容。根据上课时间和目标对课程任务进行编辑。删除教学活动：鼠标悬停课程活动以后则出现删除按钮，如图6－15所示。

图6－15 删除教学活动

c. 新增教学活动。点击“新增教学活动”可在对应章节下新增教学活动，如图6－16和图6－17所示。

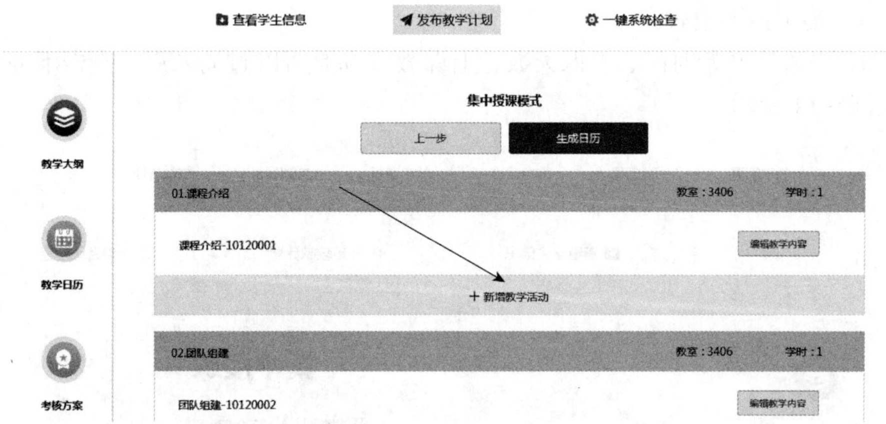

图 6－16　新增教学活动

图 6－17　录入新增教学活动信息

d. 生成教学日历。设置完教学内容后，在最下方点击“生成日历”，如图 6－18 所示。

图 6－18　生成教学日历

ii）教学周授课模式。

a. 设置教学周基本信息，如图 6－19 所示。

学年：只能选择，由学校管理员账号维护；

学期：只能选择，由学校管理员账号维护；

起始周、结束周：选择学年学期之后选择起始周和结束周；

上课教室：自定义；

上课时间：自定义；

设置完之后点击“下一步”。

图 6－19　教学周授课模式

b. 编辑课程内容。

编辑教学大纲：点击“编辑教学大纲”按钮，可对每个章节进行教室和学时的设置，如图 6－20 所示。

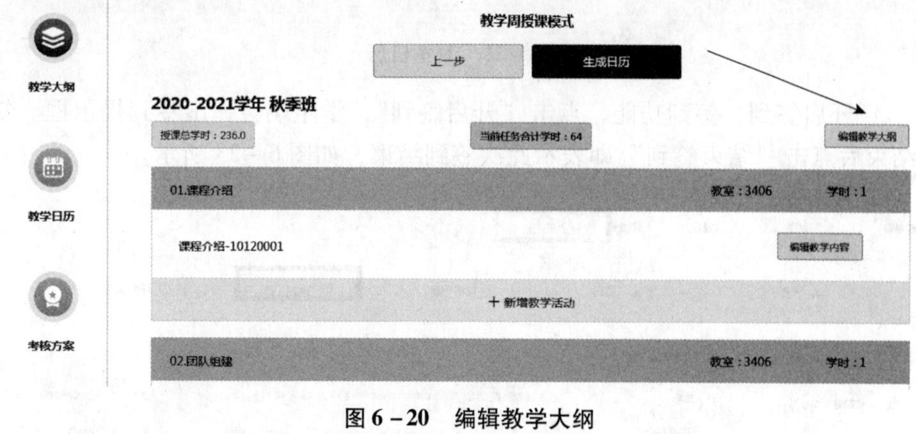

图 6－20　编辑教学大纲

其他操作与集中授课模式相同。

内容编辑完成之后，确保授课总学时大于等于任务合计学时即可点击“生成教学日历”，如图 6－21 所示。

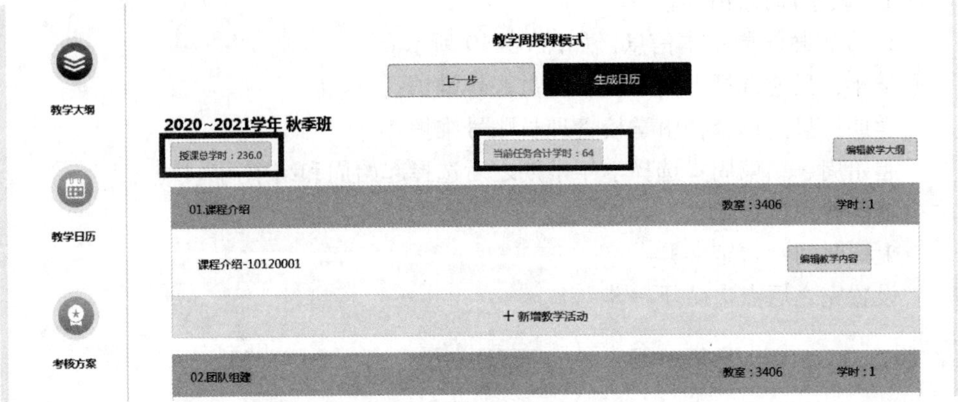

图 6－21 生成教学日历

③ 教学日历。展示课前准备生成的教学日历，如图 6－22 所示。

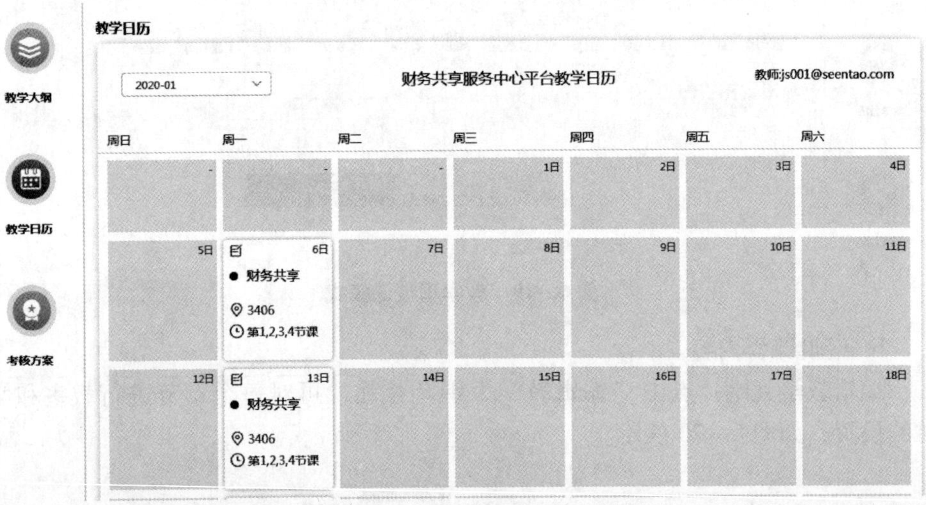

图 6－22 教学日历

④ 开启签到。签到功能，点击“开启签到”，学生端会弹出签到提示框。签到结束后点击“结束签到”即表示此次签到结束，如图 6－23 所示。

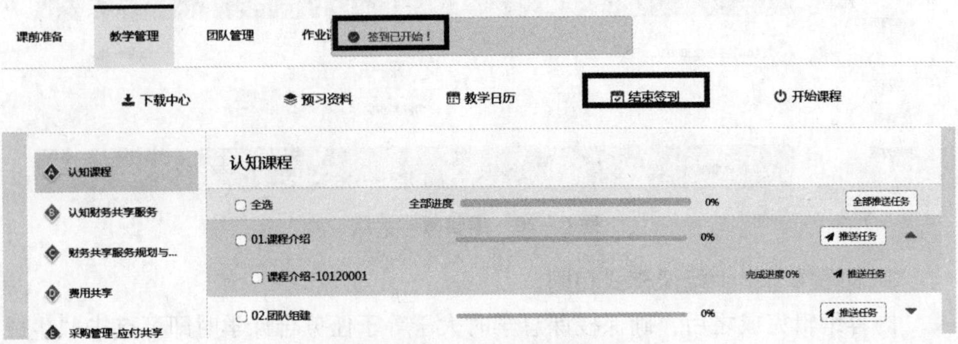

图 6－23 开启签到功能

⑤ 开始上课。点击“开始上课”，提示开始上课成功。

【注】开始上课之后才能推送任务。

⑥ 推送任务。点击教学管理，出现全部任务列表。勾选要推送的任务，点击推送或全部推送按钮，提示推送成功（见图6-24）。

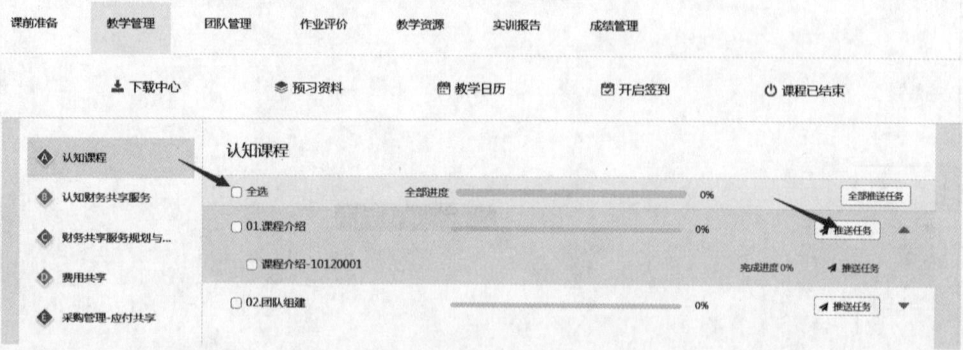

图6-24　推送任务

6.1.3.2　学生登录系统操作

（1）打开谷歌（Chrome）浏览器，输入本校的教学系统安装网址。具体网址由教师告知学生，每个学校服务器的安装地址都不同。

（2）输入用户名，默认密码111111，点击“登录”。学生的用户名默认是学生的学号，以教师导入学生名单时所使用的用户名单为准。登录界面如图6-25所示。

图6-25　登录界面

6.1.3.3　修改密码

点击【账户管理】>>【修改密码】，进行密码修改，如图6-26所示。

图 6-26　修改密码

6.1.3.4　进入班级

找到教学班，系统根据创建班级时的设置，自动审核通过学生的申请或者等待由老师手工审核通过。申请通过以后，在“我的教学班”会显示出可进入的班级，点击即可进入班级（见图 6-27）。

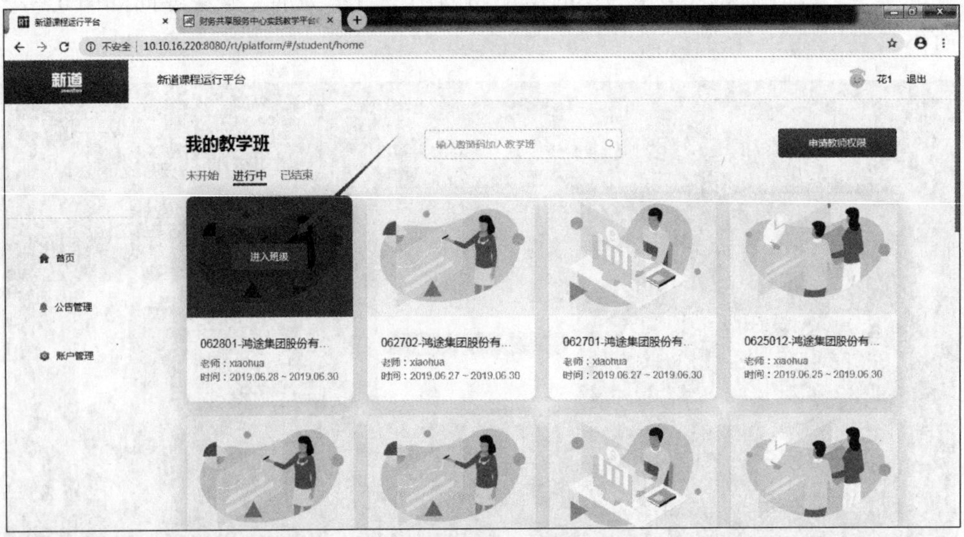

图 6-27　进入班级

6.1.3.5　帮助

进入班级首页，点击【快捷入口】>>【帮助】，了解系统操作详情（见图 6-28）。

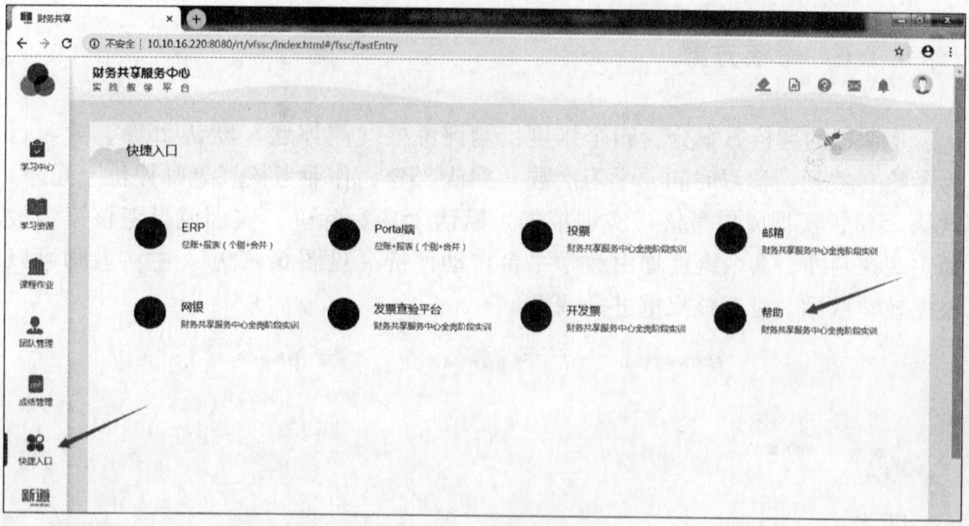

图 6－28　帮助快捷入口

6.1.4　如何按组隔离数据

每个组的学习数据，是用系统中一个独立的数据空间来存放的。为了让不同组的同学能够以互不影响的方式操作教学平台，对于一些可能会产生冲突的数据，用以下这些规则进行区隔。

企业名称、客户供应商名称、员工姓名等以及合同编号、供应商编码等，不同组别的同学在后面要加上组别标识。

（1）非固定长度的数据，除第 1 组同学外，其余各组同学在系统教学资源中给定的数据后面分别增加组号 2、3、…、10、11、…，如“鸿途集团”（属于第 1 组）、“鸿途集团 2”（属于第 2 组）。

（2）固定长度的数据（如“发票号码”固定为 8 位），则各组（含第 1 组）同学将系统教学资源中给定的数据后 2 位分别替换为组号 01、02、…、10、11、…，如“08239701”（属于第 1 组）、“08239715”（属于第 15 组）。

6.1.5　作业提交

问题：在课程开班前预习项目的资料中，建设财务共享服务中心的案例企业有什么特征和共同点（如在企业规模方面、企业所属行业方面，等等）？

学生需要分组进行讨论，并形成一个文档（如 Word 或 PPT），通过教学系统上传。

6.1.6 考核方案

本课程的考核方案分为四个维度：测评考核（测评题）默认25%，学习行为考核（签到、学习时间、学习次数）默认25%，作业考核（老师评价、互评）默认25%，实训成果考核（实训报告）默认25%，除了“实训成果考核”为教师主观评判外，其余维度均由教学平台自动评价（见图6－29）。主讲教师可以根据教学目标，对考核权重进行调整。

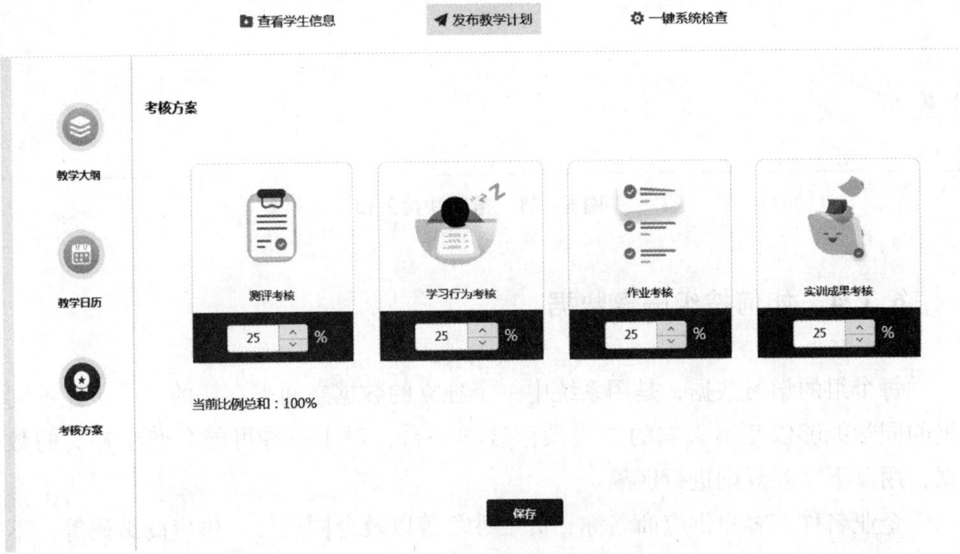

图6－29　考核方案

6.2 团队组建

6.2.1 组长的权利和义务

6.2.1.1 组长的主要义务

（1）分配组员职责分工，完成本团队的课内、课外任务。

（2）帮助组员学习进步，解决组员学习困难。

（3）协助教师组织课堂上的研讨和分享活动。

6.2.1.2 组长的主要权利

（1）招聘心仪的组员。

（2）有额外加分（例如，如果没有被弹劾，结课时80分起评）。

6.2.1.3　设置组长

查看班级里的全部小组、小组信息和未分组成员，将鼠标悬停到小组成员的头像上可以增删组员，设置组长（见图6－30）。

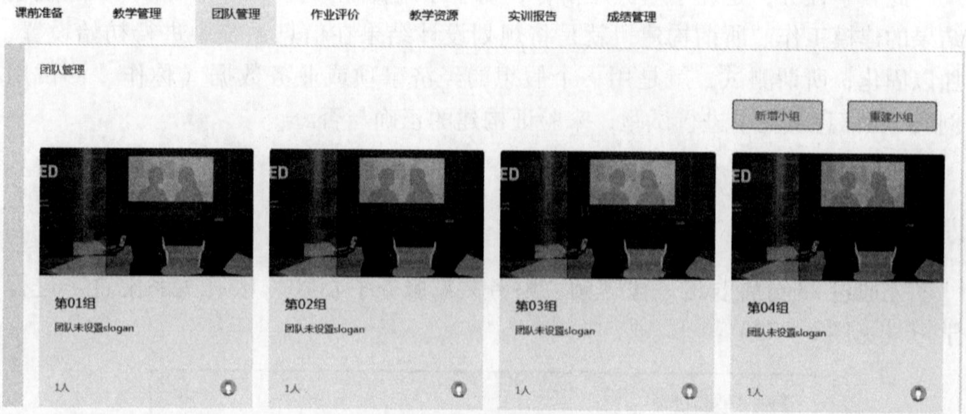

图6－30　设置组长

重建小组：重置班级小组，选择组长后点击确认生成小组，如图6－31所示。

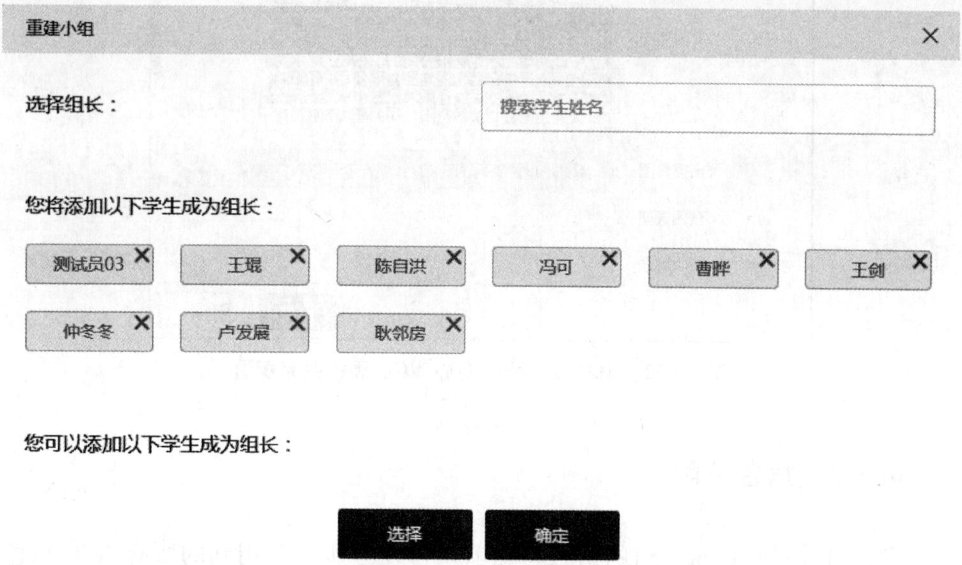

图6－31　重建小组

6.2.2　组员的义务

组员在组长的授权下执行相应的操作，超权限的业务将无法进行。

6.3 FSSC 构建测试

此教学任务，是让学生分工协作，每个小组都在用友 NCC 中完成 FSSC 规划结果的建模工作。所谓构建，就是将规划设计结果在信息系统中进行初始设置、加以固化；所谓测试，就是用一个假想的经济事项或业务数据（称作“测试用例”）在信息系统中进行试跑，来验证构建的正确与否。

6.3.1 FSSC 建模学习

先通过 23 分钟长的一段视频“财务共享服务中心 NCC 委托关系配置”进行学习（见图 6－32）。

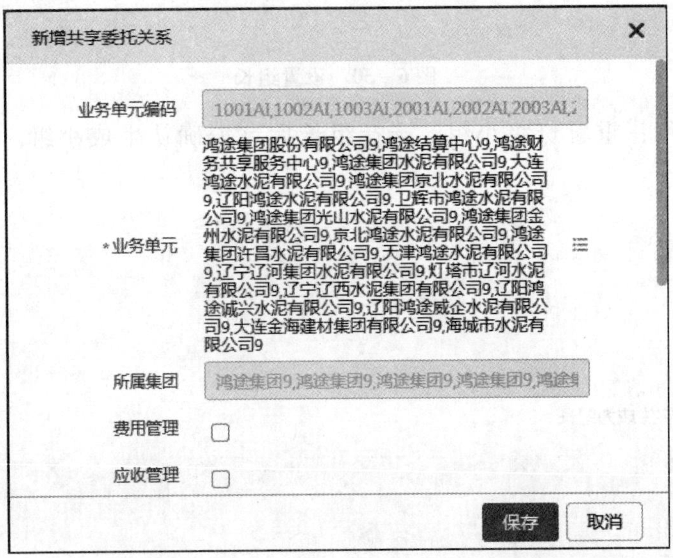

图 6－32 财务共享服务中心 NCC 委托关系配置

6.3.2 角色分配

角色分配，是指每个组的组长将当前学习任务所需要用到的所有 NCC 角色分配给本组学生，本组学生便可用所分配的角色进入 NCC，独自或与具有其他角色权限的同组同学协同完成 NCC 相关的操作任务。特别注意：角色分配只能由本组的组长登录后操作。

小贴士：如何能够知道某个小组的组长是谁？教师可以使用“团队管理”界面，找到一个小组并将鼠标悬停在该组 slogan 下方的人头图标处，便可列出该组的成员清单及组长（见图 6－33）。

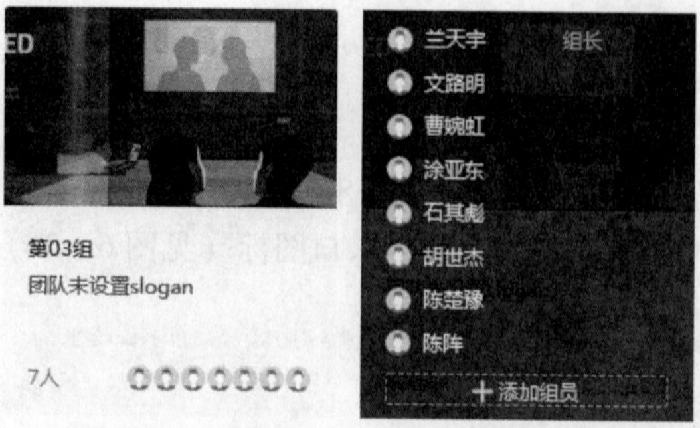

图 6－33　教师查询某一小组的组长和组员

组长登录后，点击“分配角色”学习活动，系统会列出所有的当前任务所需 NCC 角色（岗位）、本小组全部成员（见图 6－34）。将岗位鼠标拖拽至指定区域，并点击“完成设置”按钮保存分配结果。从该图中可知，FSSC 建模只有系统管理员一个角色有权限。

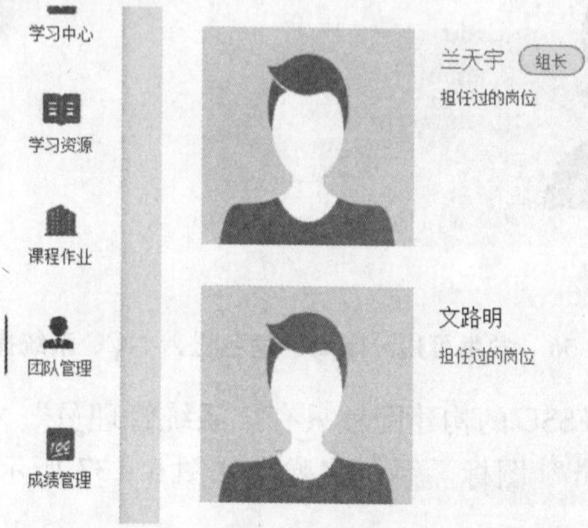

图 6－34　学生查询本组的组长和组员

特别注意：组长如果没有点击“完成设置”按钮，系统将不会保存角色分配结果（见图 6－35）。

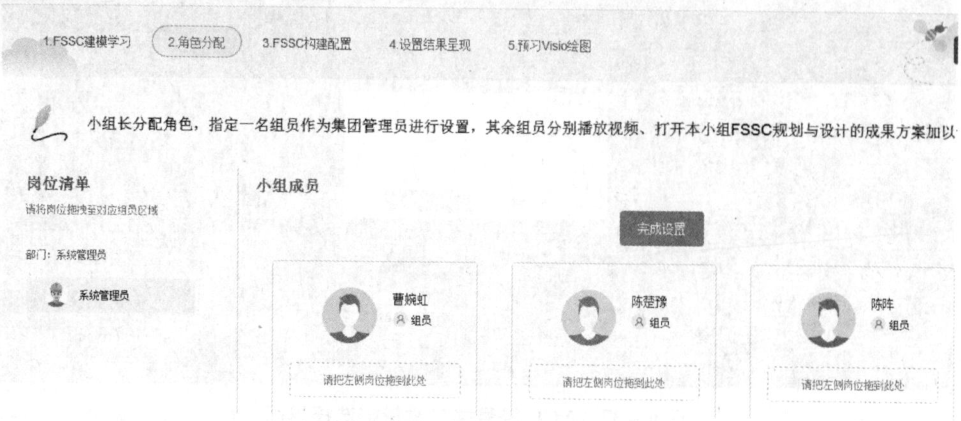

图 6－35　组长分配 NCC 角色（岗位）

6.3.3 FSSC 构建配置

分配到 NCC 角色的学生，将在“FSSC 构建配置”教学活动中看到以某个分配到的 NCC 角色进入 NCC 系统操作的入口图标（见图 6－36）。

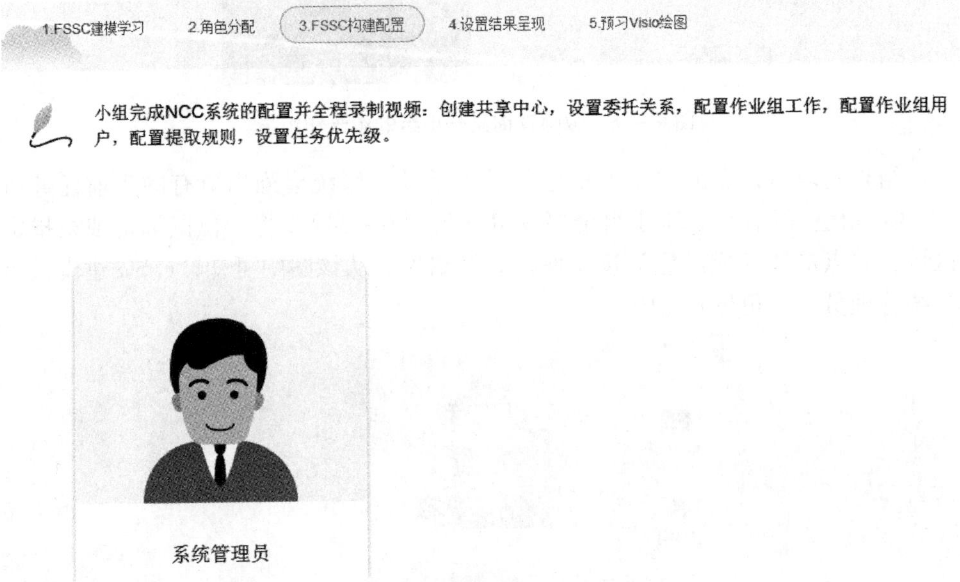

图 6－36　学生可用分配到的角色进入 NCC 系统操作

因为在 NCC 中，FSSC 的构建配置只有“系统管理员”才有权限操作，因此学生点击“系统管理员”图标。系统将弹出如图 6－37 所示的 NCC 轻量端与重量端选择界面。

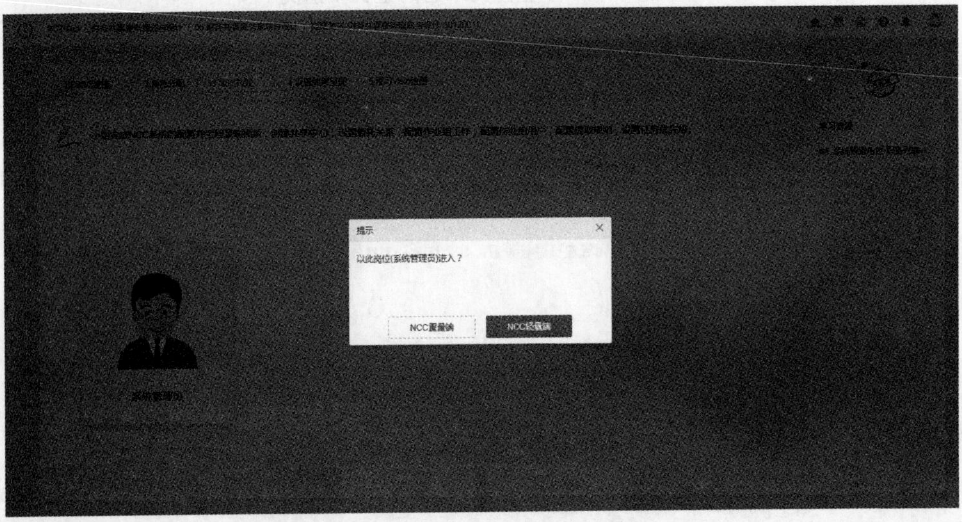

图 6－37　NCC 轻量端与重量端选择界面

学生如何知道该选择哪一个？我们在当前教学任务的第一个教学活动下，都会挂一个学习资源文件“本课程所涉及的 NCC 功能菜单”（见图 6-38）。打开该资源后，可以发现“共享服务＞＞作业平台”下 6 个操作菜单全部都是在 NCC“轻量端”。

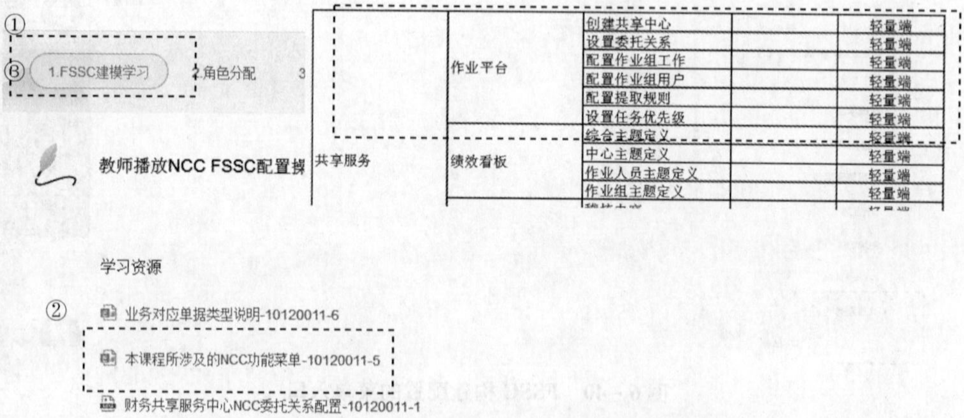

图 6-38 NCC 轻量端与重量端选择所需的学习资源

获得系统管理员授权的学生，选择进入 NCC 轻量端后，可以看到如图 6-39 所示的界面。说明 FSSC 构建配置需要配置以下 6 个方面的内容：创建共享中心，设置委托关系，配置作业组工作，配置作业组用户，配置提取规则，设置任务优先级。

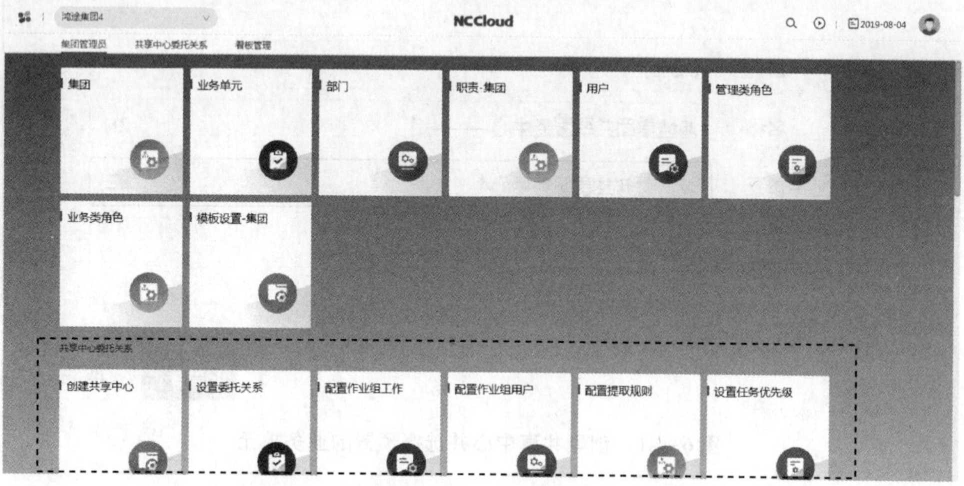

图 6-39 系统管理员登录 NCC 轻量端后的桌面

如果桌面上没有这 6 个图标入口，也可以通过菜单找到入口（见图 6-40）。详细的 FSSC 构建配置过程，可以参照操作视频，边看边操作。

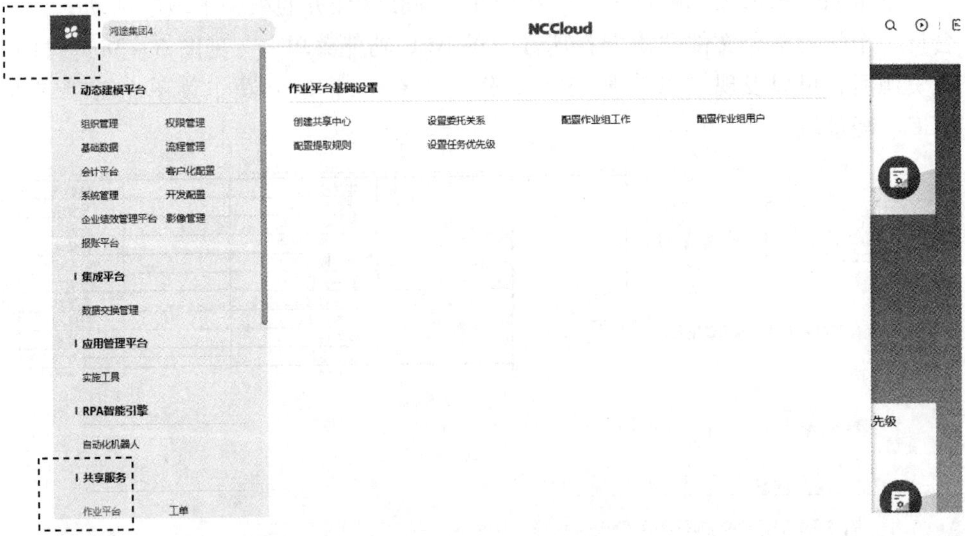

图 6－40　FSSC 构建配置的菜单入口

6.3.4　创建共享中心

创建共享中心并选择预置的业务单元，如图 6－41 所示。

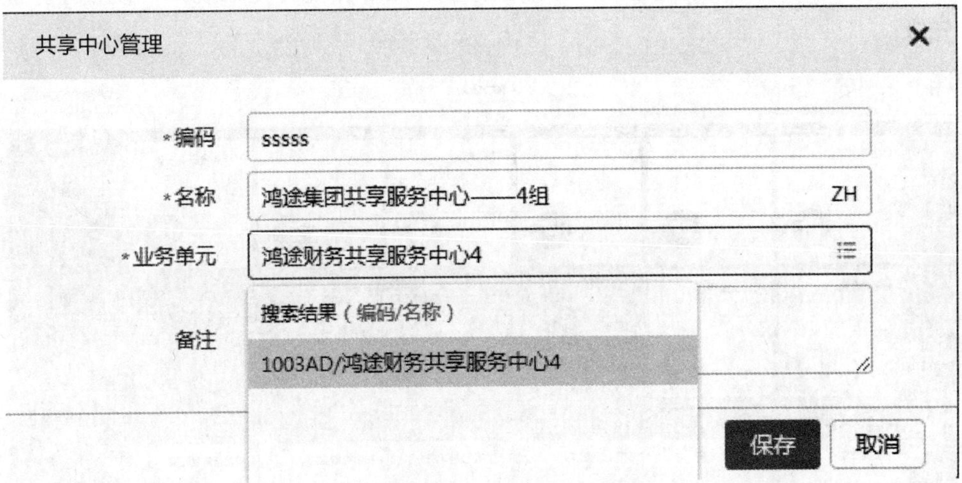

图 6－41　创建共享中心并选择预置的业务单元

【注意】

（1）因为我们一个班级有多个小组在同一个系统中学习，为此我们要把每个小组的数据加以隔离，避免相互影响。末尾带数字（如 4）的，表示在实训时只有该组能看到和使用这些数据；末尾不带数字的，表示是第 1 组实训所用的数据。

（2）有些编码类的数据，可能全班都不能重复。如果我们照着老师录屏上或其他来源的数据输入编码，可能会冲突从而无法输入成功。建议我们用以下的数据隔离规则：每个小组在这些编码数据的后面增加一下本小组的组号，确保每个小组的编码数据不完全相同。

6.3.5 设置委托关系

设置共享中心的服务对象和服务内容。注意共享中心和委托关系都可以停用和启用。

（1）服务对象。鸿途集团财务共享中心，拟服务于鸿途集团水泥有限公司及其下属的16家子公司。

（2）服务范围。即财务共享中心提供的业务服务范围。根据本课程后续的内容，可以设置除“工单”外的所有服务范围。

6.3.6 配置作业组工作

6.3.6.1 创建作业组

根据沙盘模拟时所设计的财务共享服务中心部门进行设置。如果某个作业组还需要复审，则需要再设置初审和复审两个下级分组。

为了满足本课程后续学习项目的需要，我们要设置的作业组至少包括如表6-1所示的4种。

表6-1 创建作业组

编码	作业组名称	作业组职责
01	应付组	处理应付付款类单据（假设不需要复核环节）
02	应收组	处理应收收款类单据
03	费用组	处理费用报销类单据
04	档案综合组	处理收付款合同

6.3.6.2 设置作业组规则

（1）设置规则名称。规则名称，可以在作业组后面加上“规则”二字便可。

（2）设置共享环节。如果是单级审核或两级审核的初审作业组，则共享环节选“共享审核”；如果是复审作业组，则共享环节选“共享复核”。

（3）设置单据类型，如表6-2所示。

表6-2 单据类型

作业组	单据类型
应付组	应付单
	付款单
	主付款结算单

续表

作业组	单据类型
应收组	应收单
	收款单
	主收款结算单
费用组	主报销单
档案综合组	收款合同
	付款合同
	供应商申请单

(4) 设置交易类型和单位范围。“交易类型”不做设置，即默认一个单据类型下面的全部交易类型都交由同样的作业组处理。“单位范围”，选择鸿途集团水泥板块的所有业务单位。

6.3.7 配置作业组用户

6.3.7.1 增加组员

可根据表6-3增加组员，便于后续进行端到端流程的NCC测试。

表6-3　　增加组员

用户编码	用户名称	作业组	角色
z0 * * 001	张春艳	应付组	应付初审岗角色
z0 * * 002	王希	应收组	应收审核岗角色
z0 * * 003	龚紫琪	费用组	费用初审岗角色
z0 * * 006	丁军	档案综合组	档案综合岗角色

6.3.7.2 配置提取规则

新增提取规则，如图6-42所示。

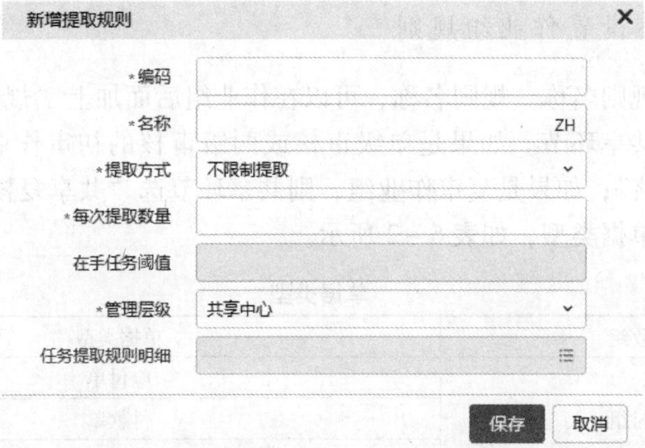

图6-42　NCC FSSC新增提取规则界面

各个属性含义如下所述。

(1) 提取方式：对作业人员提取任务时的控制方式，支持以下三种控制方式。

不限制提取，即作业人员可以无限次的提取任务；

处理完毕后提取，即作业人员必须把当前任务处理完后才能提取下一次任务；

阈值限制，即当作业人员当前在手任务数量不大于阈值的时候，可再次提取。

(2) 每次提取任务量：作业人员每次可以提取到手的最大任务数。

(3) 在手任务量阈值：该字段与提取方式配合使用，当提取方式限制选择“阈值限制”的时候，限制在手任务量必填，且必须为正整数；当提取方式限制选择其他两种方式的时候，限制在手任务量不可用。

(4) 管理层级：该提取规则的使用范围，支持以下两种级次。

共享服务组织，适用于整个共享服务中心内的所有岗位；

岗位，适用于该规则所包含的岗位。

如果两个层级都定义了，优先匹配岗位级。

【注意】

(1) 创建共享服务组织业务单元时，系统会自动创建一条共享服务组织级的提取规则。

(2) 一个共享服务组织只能定义一条共享服务组织级提取规则。

(3) 每个共享服务都必须定义相应的提取规则，当某岗位的作业人员匹配不到提取规则时，他在作业平台将无法提取任务。

6.3.8 设置任务优先级

设置在同一作业任务池中，用友 NCC 允许设置任务提取的优先级，保障重要紧急的任务能被优先提取。

(1) 按末级作业组设置优先级规则。

(2) 支持设置优先级的条件范围，如收款单优先级高、金额大的优先级高等。

(3) 支持设置晋级模式：不晋级、按天晋级、按小时晋级、按分钟晋级。

(4) 按优先级规则列表的序号顺序排优先级，第“1”行为最高优先级。支持调整优先级顺序。

第 7 章　费用共享业务

［学习目标］

了解费用的几种不同的类型；

了解费用报销时所需的原始票据；

了解费用报销的总体流程；

掌握 FSSC 模式下差旅费报销的操作流程；

掌握 FSSC 模式下专项费用报销的操作流程。

7.1　费用共享相关知识

7.1.1　业务概述

费用报销业务在财务会计核算中占比较大，工作量大、审批流程复杂、耗时耗力，对财务管控意义重大。建设基于大数据的财务共享费用报销模块，改造费用业务报销流程，提高费用管控质量，控制财务风险，降低财务人力成本，对新形势下会计职能的转变尤为重要。

财务共享费用报销系统通过统一报销制度，规范报销流程，解决了集团各个分支机构报销标准及业务流程不一致的问题。通过这种集中式的费用报销流程，实现费用标准、业务审批、会计核算的统一集中管理，很好地满足了企业集团内部对各个分支机构报销业务的需求。

7.1.2　费用报销的内容

费用报销包括公司各部门日常发生的人员费用、办公费用的报销。

（1）员工费用主要包含差旅费、业务招待费、日常费用、福利费等。

（2）办公费用主要包含会务费、会议培训费、咨询费等。

费用报销的总体过程如图 7－1 所示。

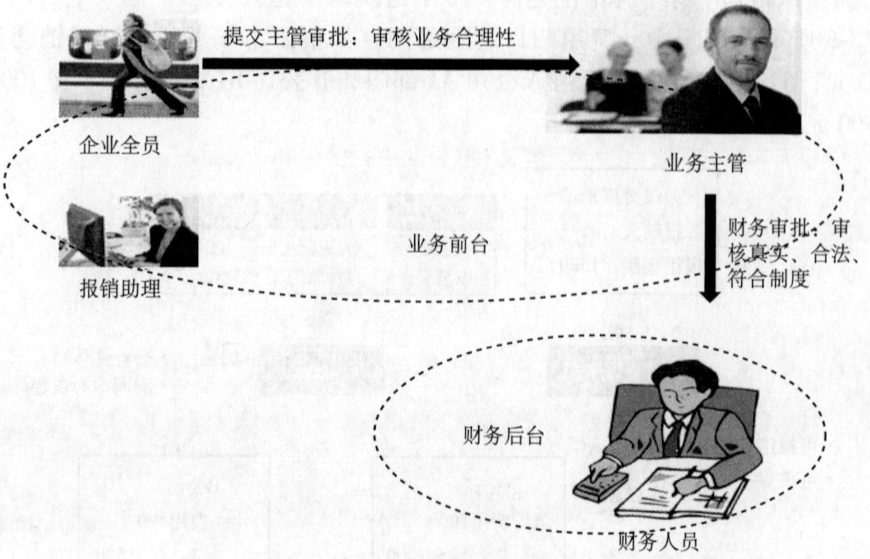

图 7－1　费用报销的总体过程

7.1.3　费用报销的场景

费用报销有以下 4 个主要的场景。

场景一：员工直接报销。当业务发生时，先由员工垫资；业务发生后，员工进行报销，报销完成后公司将报销款支付给员工。

场景二：员工借款报销。业务发生前，员工借款；业务发生时，员工付款；业务发生后，员工报账冲借款/还款/报销。

场景三：跨组织报销。报销人所属的组织（单位）与费用承担组织（单位）不同。

场景四：先申请再报销。企业为达到费用事前控制的目的，要求在某些业务报销之前须先申请才能办理。

员工直接报销和员工借款报销的典型流程如图 7－2 所示。

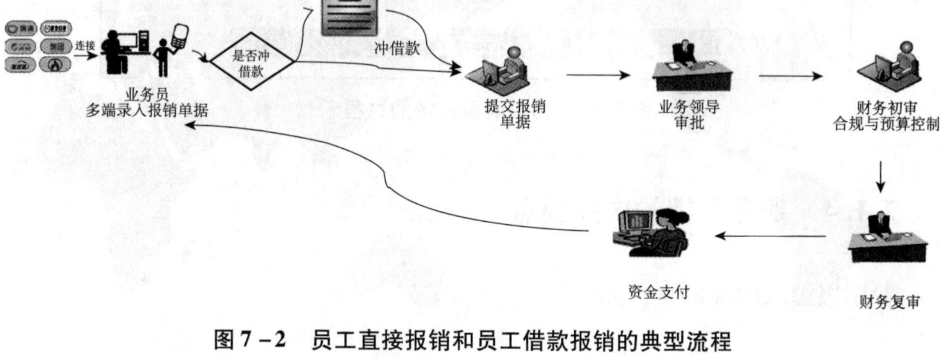

图 7－2　员工直接报销和员工借款报销的典型流程

跨组织报销中有一种情况是需要多个组织来承担（分摊）同一笔费用。如图7－3所示的例子中，费用归口管理部门，如集团市场部的张三报销会议费1500元，但按照分摊协议要由A公司A1部门和B公司B1部门分别承担1000元和500元。

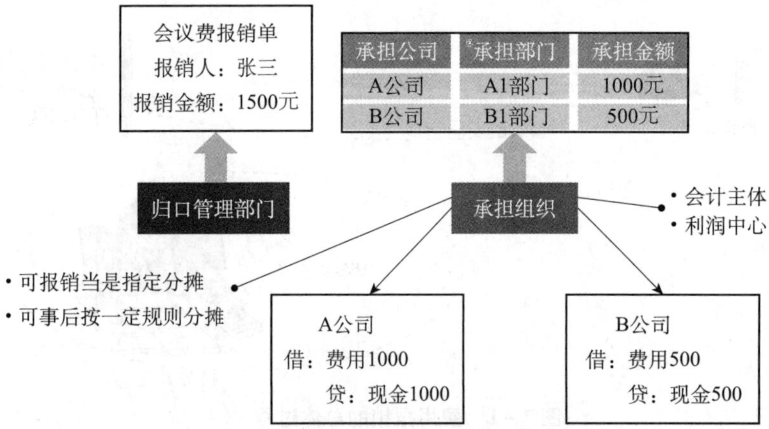

图7－3　费用分摊的跨组织报销示例

先申请再报销，是指企业为达到费用事前控制的目的，要求在办理某些业务（如出差、营销活动）报销之前须先申请才能办理。企业年初做了全面预算，在具体业务发生时须每次申请明细的费用额度。如果需要支出企业做的全面预算或费用预算中未包括的费用，需要另行申请，申请获批后才可以支出，如图7－4所示。

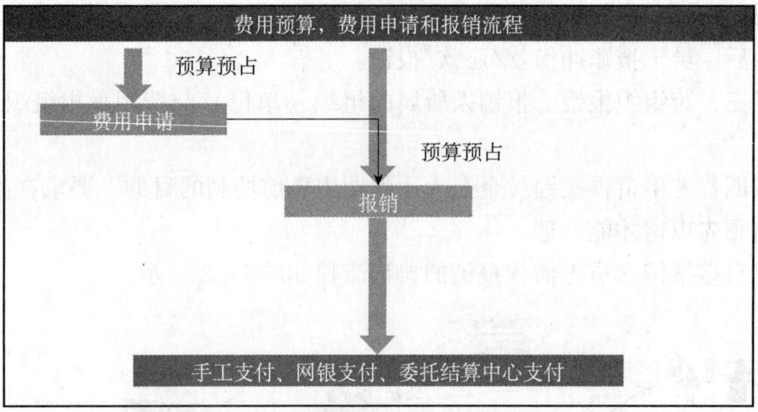

图7－4　先申请再报销的过程示意

7.1.4　费用报销的内控要点

费用报销的内控要点，如图7－5所示。

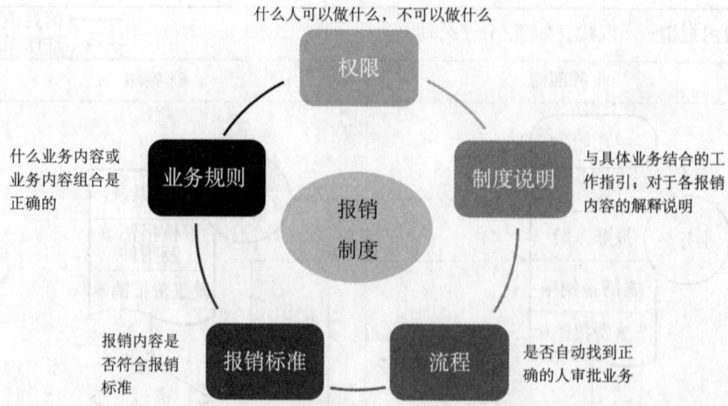

图 7－5　费用报销的内控要点

7.1.5　费用管理的层级与目标

费用报销的几个不同管理层级及目标。

（1）优化报销过程。目标是提高财务报销工作效率、提高员工满意度。这是见效最快的层级，管理程度浅。

（2）强化费用管理。实现费用预算管控，支持按受益对象进行费用分摊，从而满足企业内部管理和考核的需要。这个层级的目标是提升管理水平。

（3）实现费用共享服务。目标是提高集团整体运行效率与服务水平，降低集团整体运营成本。这是最难的层级，也是管理程度最深的层级，且仅适用于集团管控力度大、专业化的大型集团企业。

7.2　操作流程现状

7.2.1　差旅费用报销业务

7.2.1.1　差旅费用报销的痛点

（1）各公司报销标准不统一，各自为政。
（2）整个业务审批与财务处理信息共享性差。
（3）手工处理核算量大，差错频出，耗用大量精力，核算质量有待提升。
（4）核算由人工进行处理，自动化程度低，核算标准化有待加强。
（5）同一业务不同人员、不同时间，可能出现处理方式的不一致。

7.2.1.2　差旅费用报销操作流程

（1）集团/部分分子公司费用报销流程如图 7－6 所示。

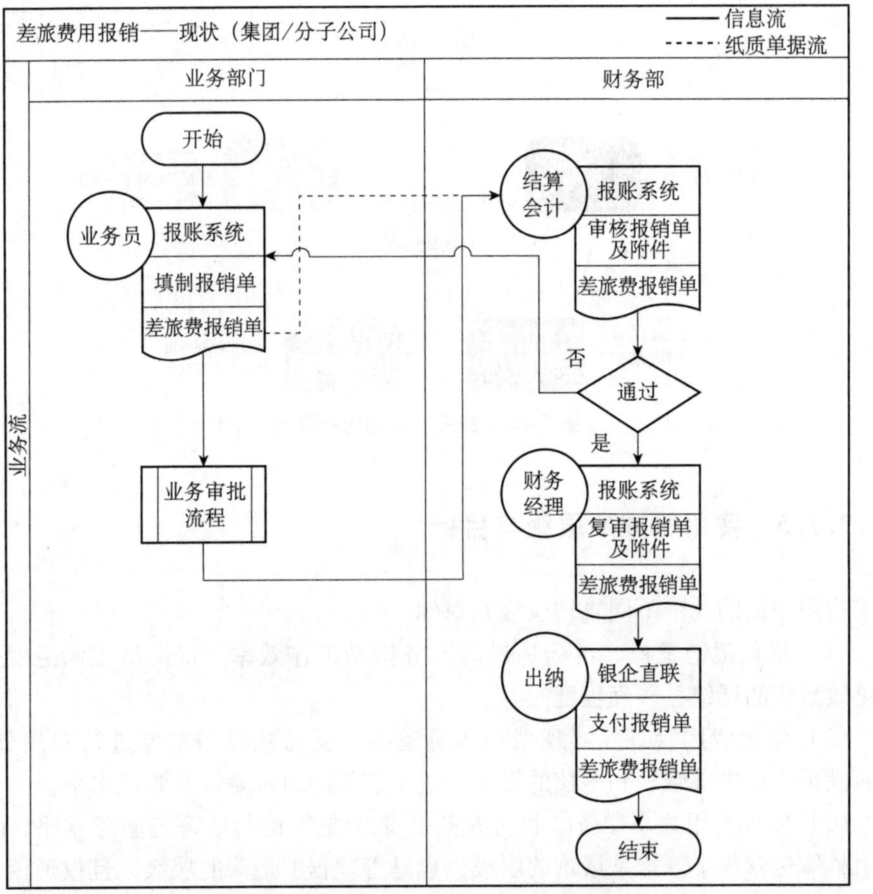

图 7-6　集团/部分分子公司费用报销流程

(2) 集团/分子公司业务审批流程，如图 7-7 所示。

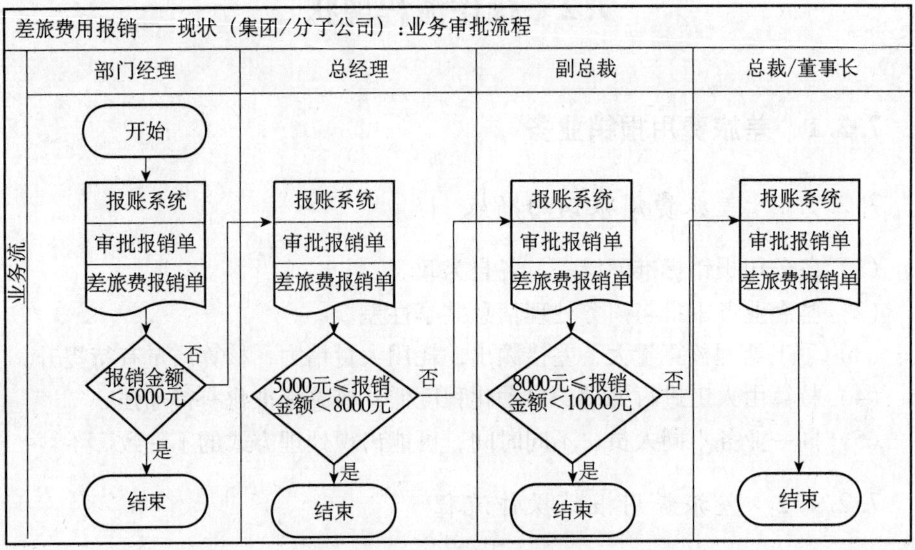

图 7-7　业务审批流程

（3）部分分子公司（B 公司）差旅费报销业务如图 7－8 所示。

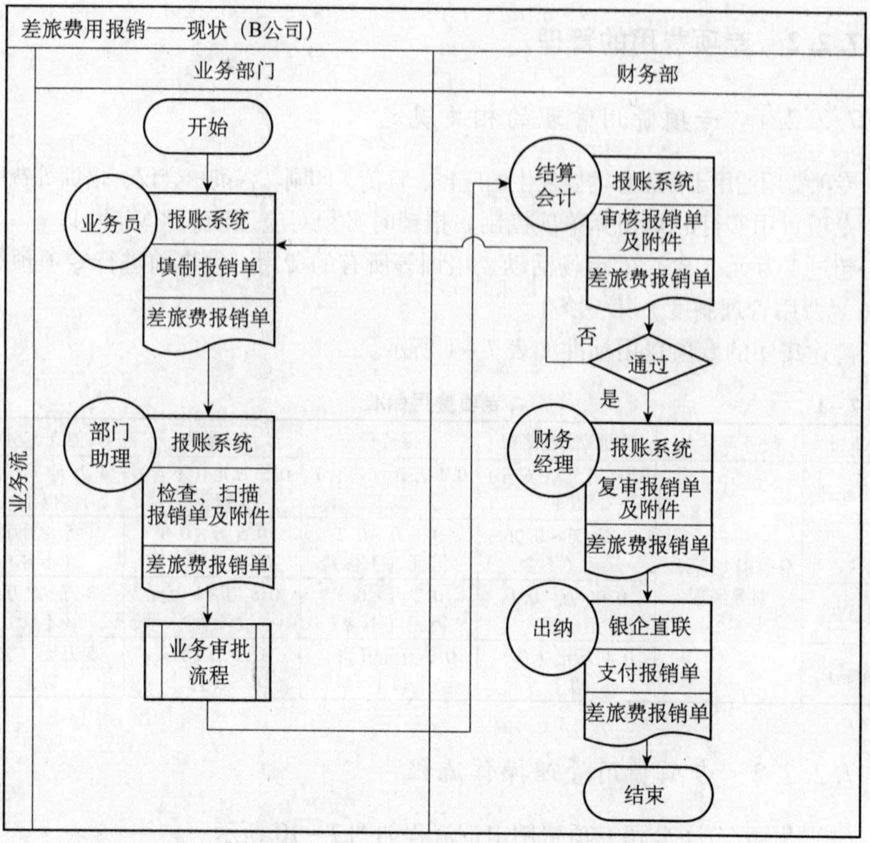

图 7－8　部分分子公司（B 公司）差旅费报销业务

（4）部分分子公司（B 公司）差旅费报销业务审批流程如图 7－9 所示。

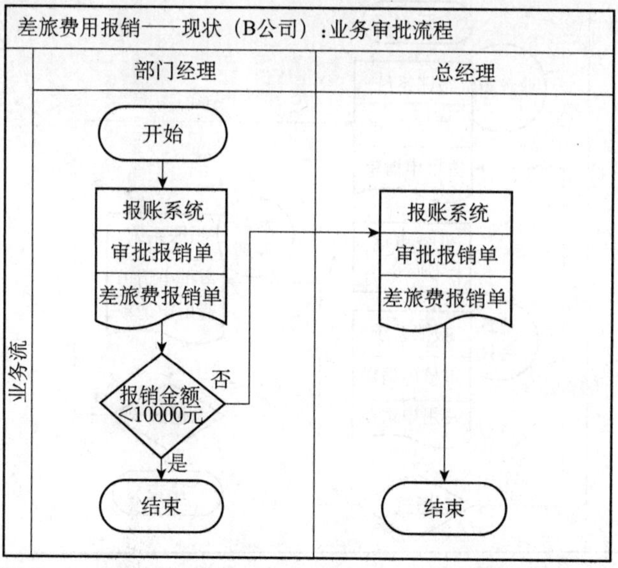

图 7－9　部分分子公司（B 公司）差旅费报销业务审批流程

7.2.2 专项费用的管理

7.2.2.1 专项费用管理的相关规定

专项费用适用于因工作需要发生的广告、宣传、印刷、咨询、会议、培训等费用。

专项费用实行的是预算单项控制，报销时必须对应正确的预算项目。

超过1万元（含）的市场活动、培训等所有的费用必须事前进行专项预算审批（《费用管理制度》第三条）。

鸿途集团的专项费用标准如表7－1所示。

表7－1 专项费用标准

业务审批人	财务审批人	交通费/通信费	招待费	差旅费	其他支出/借款
部门经理	分管财务会计/财务经理	0.04万元（不含）以下	0.1万元（不含）以下	0.5万元（不含）以下	1万元（不含）以下
总经理		0.04万～0.06万元（不含）	0.1万～0.2万元（不含）	0.5万～0.8万元（不含）	1万～3万元（不含）
副总裁		0.06万～0.1万元（不含）	0.2万～0.3万元（不含）	0.8万～1万元（不含）	3万～5万元（不含）
公司总裁		0.1万元（含）以上	0.3万元（含）以上	1万元（含）以上	5万元（含）以上

7.2.2.2 专项费用管理操作流程

（1）集团/分子公司专项费用申请流程如图7－10所示。

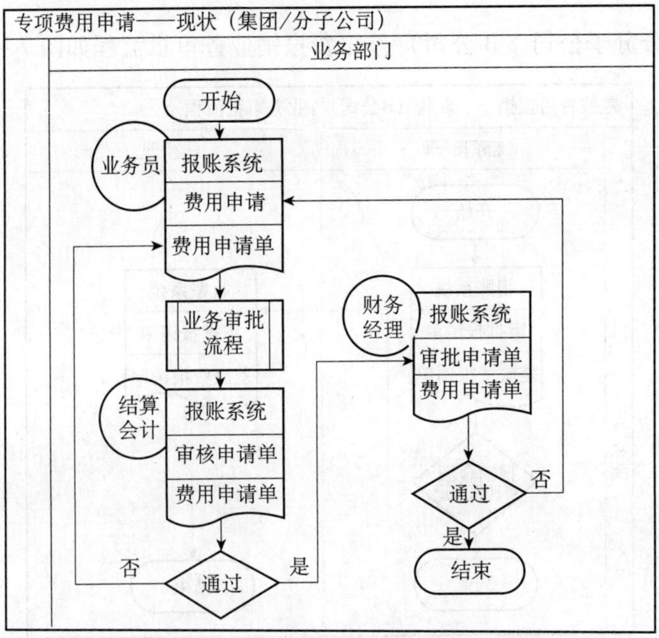

图7－10 专项费用申请流程

（2）集团/分子公司专项费用报销流程如图7－11所示。

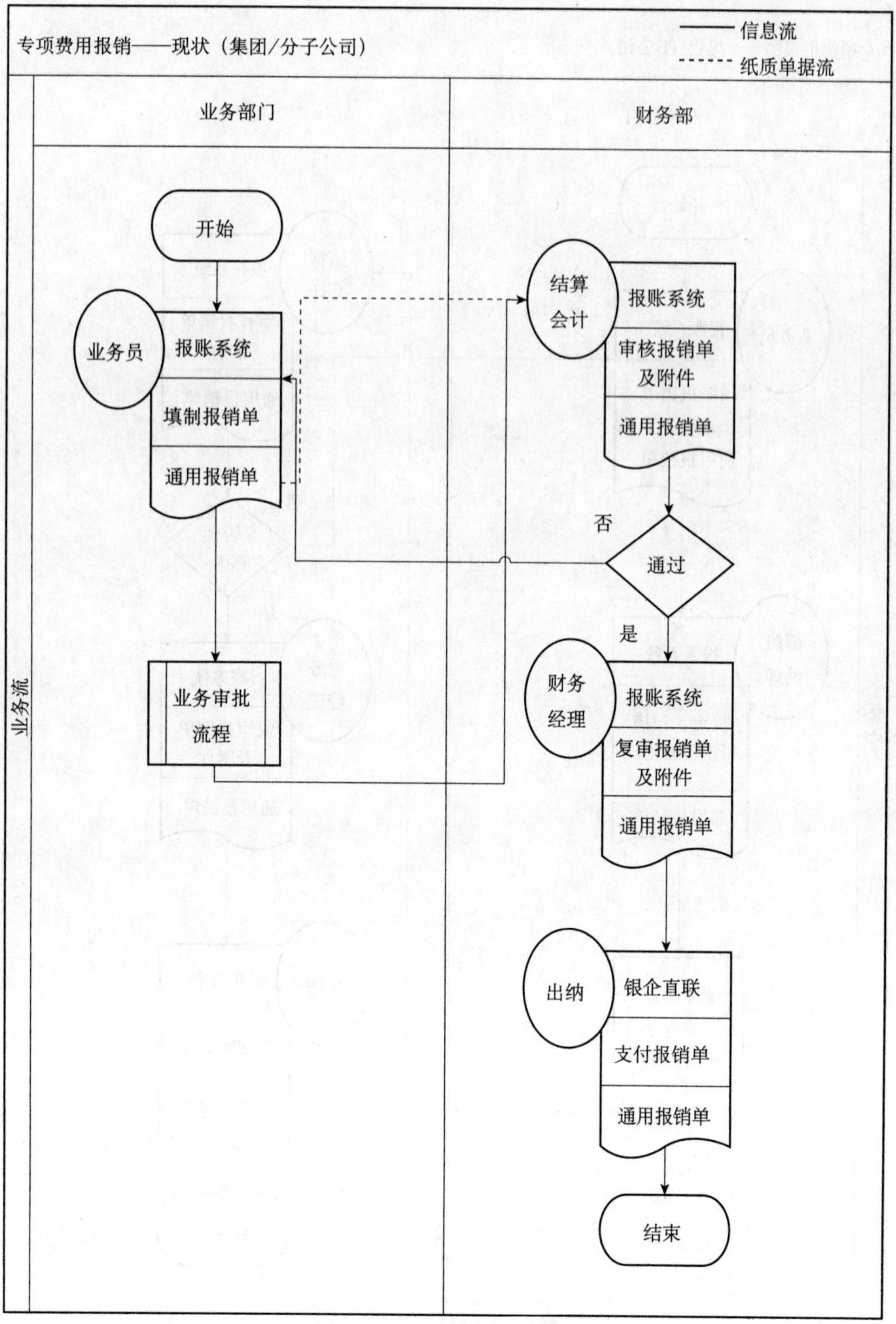

图7－11　专项费用报销流程

（3）部分分子公司专项费用报销（B 公司）如图 7－12 所示。

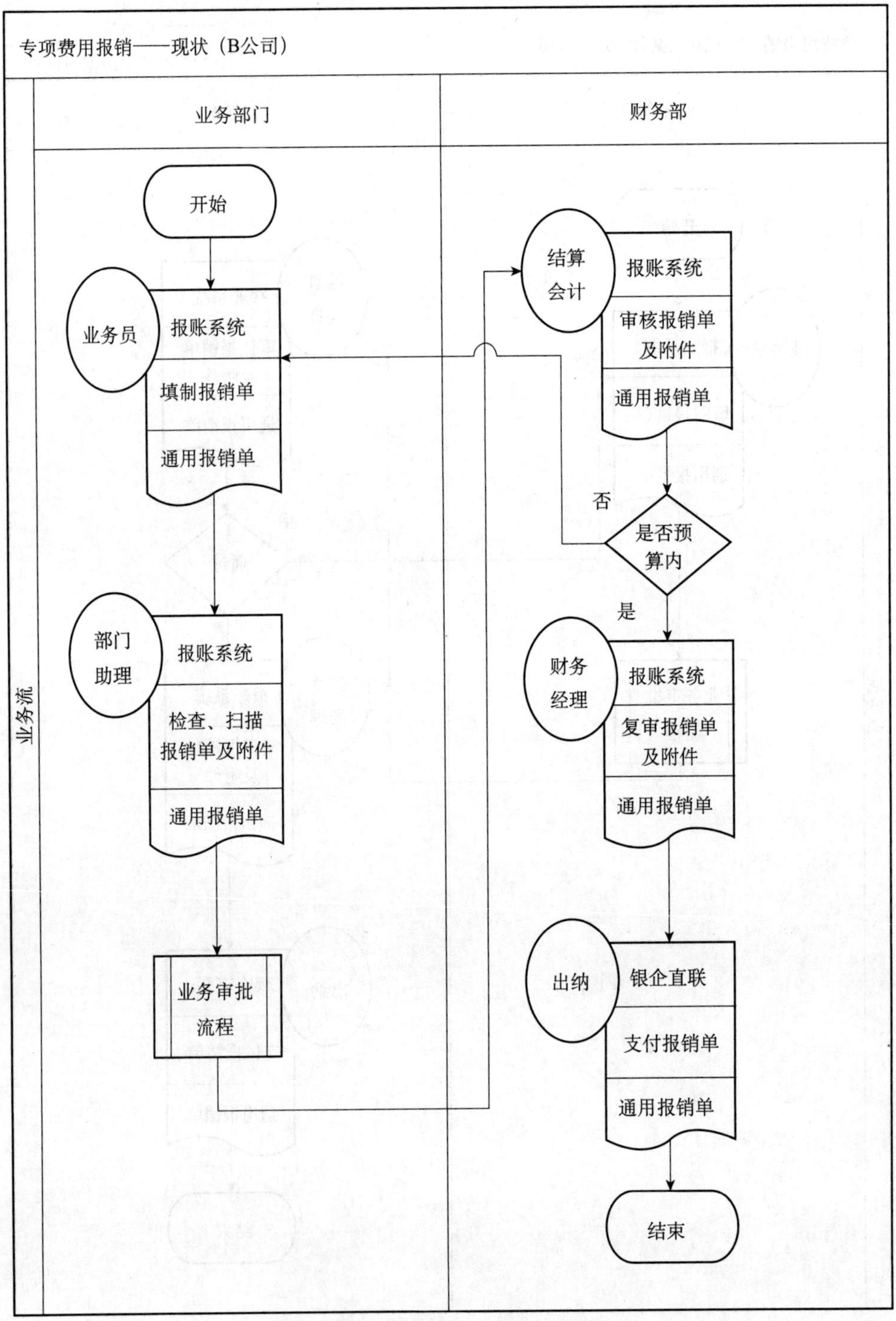

图 7－12　部分分子公司专项费用报销

（4）部分分子公司专项费用报销业务审批流程（B公司）如图7-13所示。

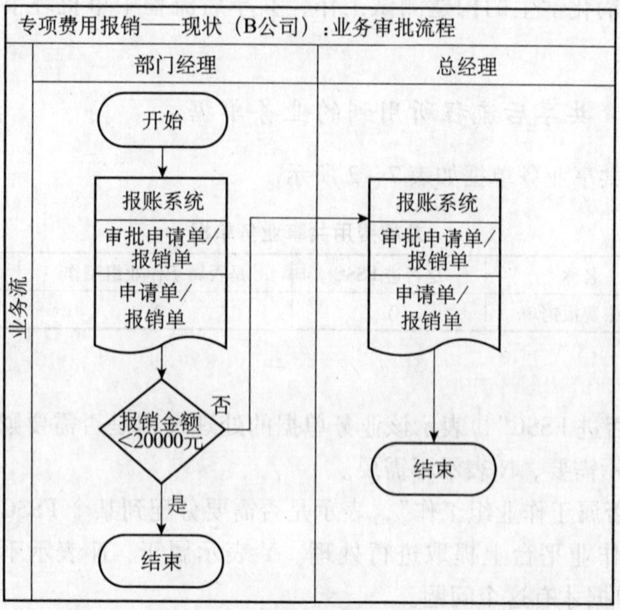

图7-13 部分分子公司专项费用报销业务审批流程

7.3 差旅费用报销业务

7.3.1 规划设计

7.3.1.1 需求假设

（1）建立财务共享服务中心后，尽量保持现状业务流程的稳定性。

a. 根据传递到FSSC的业务单据，确定流程中业务单位与FSSC的边界，该业务单据都需要经过FSSC的审核或初审。

b. FSSC接收业务单据所随附的原始凭证，均由制单人在制单后立即扫描上传；此后需要审核该业务单据的环节，均同时审核该业务单据的原始单据影像。

c. 保留在业务单位的工作，流程和职责不变，但原业务单位财务部的工作除财务经理职责外均由业务财务承担。

（2）案例企业鸿途集团的所有收付款，均以网银（银企直联）方式完成。

（3）案例企业鸿途集团最终选择的是单共享中心模式。

（4）为了让共享中心审核有据，所有进入FSSC审核的业务单据，必须随附外部原始凭证的影像。

a. 走作业组的业务单据，用影像上传的方法随附影像。

b. 不走作业组而走重量端的业务单据，用拍照后添加附件的方法随附影像。

（5）为了简化学生的构建测试工作，共享后流程中审批环节最高只设计到子公司总经理。

7.3.1.2 共享后流程所用到的业务单据

差旅费用共享业务单据如表 7－2 所示。

表 7－2　差旅费用共享业务单据

序号	名称	是否进 FSSC	是否属于作业组工作	流程设计工具
1	差旅费报销单	Y	Y	工作流

【注意】

（1）“是否进 FSSC”，表示该业务单据的处理过程是否需要财务共享服务中心参与。Y 表示需要，N 表示不需要。

（2）“是否属于作业组工作”，表示是否需要分配到某个 FSSC 作业组，必须由该组成员从作业平台上提取进行处理。Y 表示属于，N 表示不属于。只有进 FSSC 的业务单据才有这个问题。

（3）“流程设计工具”，是指用 NCC 的哪一个流程平台来对该业务单据进行流程建模。NCC 中有“业务流”“工作流”“审批流”3 种流程建模平台，在本课程实训环节，业务流部分已经预置到教学平台中，学生需要进行工作流或审批流的建模。

7.3.2 构建测试

7.3.2.1 NCC 工作流与审批流配置

这是我们第一次使用 NCC 流程平台，为此我们先在线学习“工作流与审批流配置－10120016－1”“流程图与系统配置流程的对应关系－10120016－4”这 2 个教学视频（见图 7－14）。

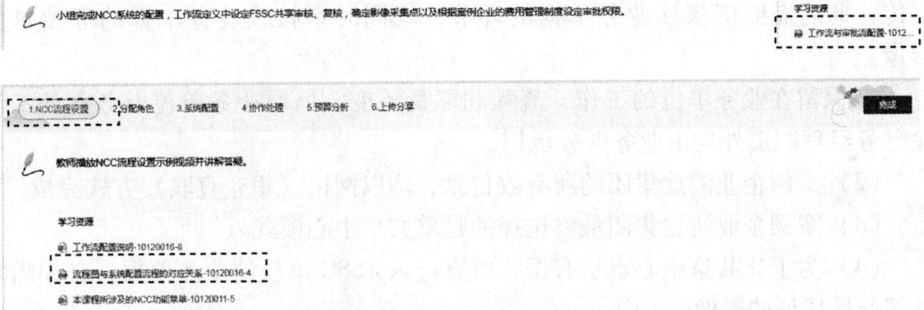

图 7－14　NCC 工作流与审批流配置相关视频入口

7.3.2.2 测试用例

（1）测试用例一。鸿途集团水泥有限公司销售服务办公室的销售员李军2019年7月8~9日，从郑州到北京出差，花费如表7-3所示，事前已报备，出差回来报销。员工报销的“结算方式”为网银，“单位银行账号”选账号编码较大的账号（支出户）。

表7-3 报销明细

去程火车票G1564 （不含税额：283.49元；税额：25.51元；税率：9%）	309元
返程火车票G505 （不含税额：283.49元；税额：21.51元；税率：9%）	309元
目的地交通	36+42=78（元）
北京住宿费 北京铂涛酒店，增值税专用发票税率6% （不含税额：259.43元；税额：15.57元）	275×1=275（元）

（2）测试用例二。鸿途集团水泥有限公司销售服务办公室的销售员李军2019年7月16~20日，从郑州出差到广州，花费如表7-4所示，事前已报备，出差回来报销。由于恰逢广交会，住宿紧张，导致超标准。员工报销的“结算方式”为网银，“单位银行账号”选账号编码较大的账号（支出户）。

表7-4 报销明细

去程机票 （不含税额：1086.70元，含机场建设费50元；税额：93.30元）	1180元
返程机票 （不含税额：958.26元，含机场建设费50元；税额：81.74元）	1040元
目的地交通	48+51+43+55+56+43+46=342（元）
广州住宿费 广州白云宾馆，增值税专用发票税率6%（不含税额：2320.75元；税额：139.25元）	615×4=2460（元）

注意：根据财政部、税务总局、海关总署公告2019年第39号，取得注明旅客身份信息的航空运输电子客票行程单的，为按照下列公式计算进项税额：航空旅客运输进项税额=（票价+燃油附加费）÷（1+9%）×9%。

7.3.2.3 原始单据

本课程所使用的原始单据，可以下载电子版原始单据并打印，通过影像扫描上传到平台。

7.3.2.4 操作指导

（1）报销业务操作指导如图7-15所示。

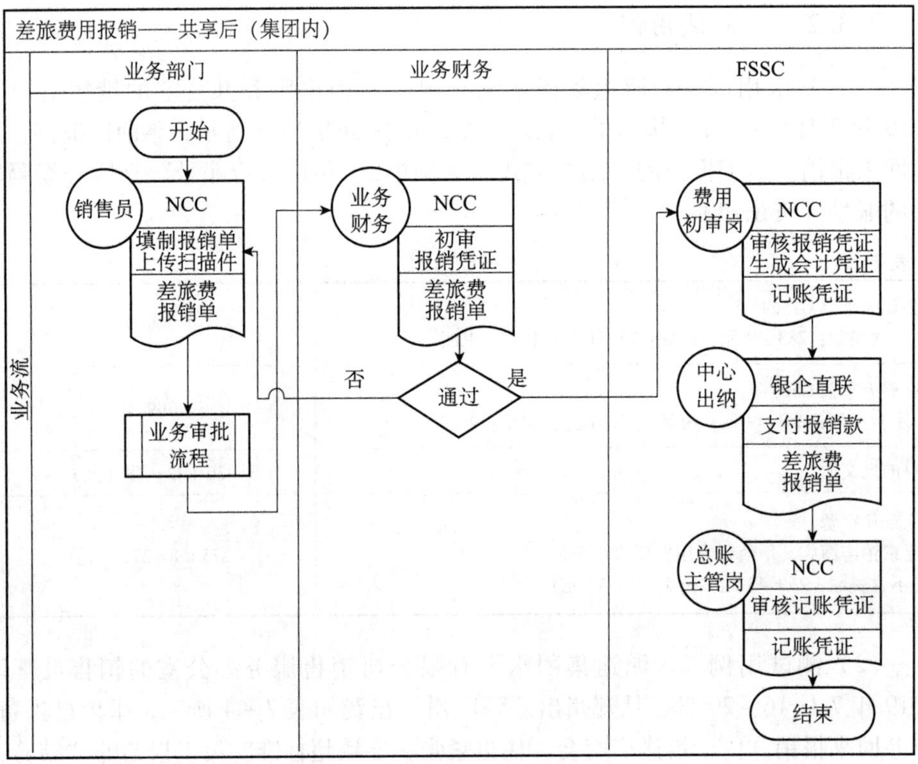

图 7－15　报销业务操作指导

（2）审批业务操作指导如图 7－16 所示。

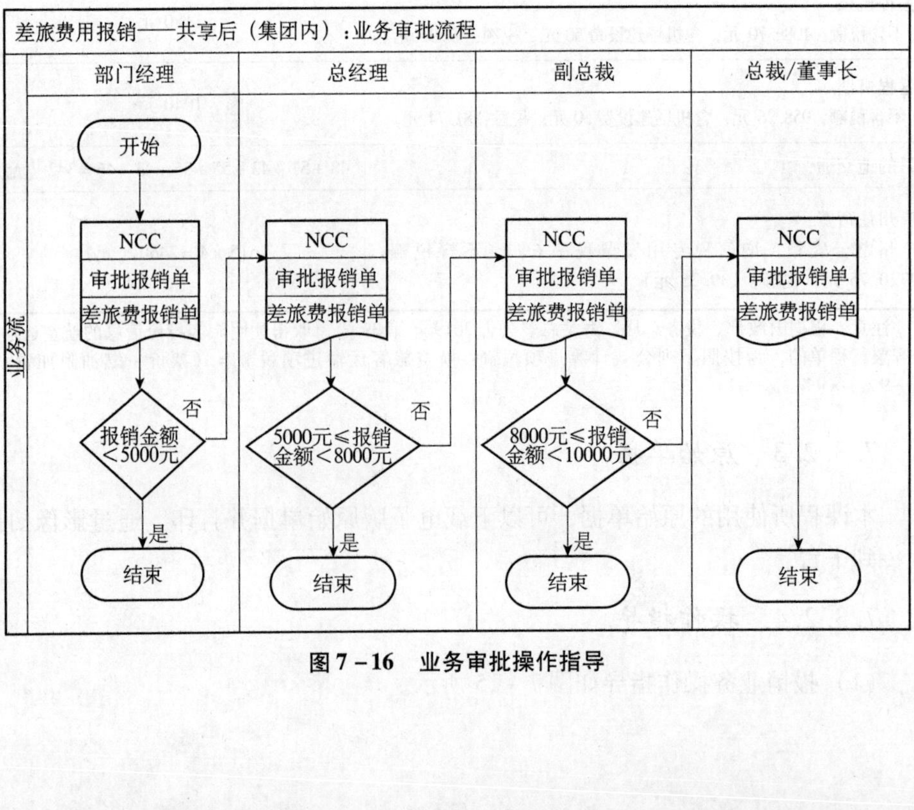

图 7－16　业务审批操作指导

7.4 专项费用——市场会议费用报销业务

7.4.1 规划设计

7.4.1.1 需求假设

（1）建立财务共享服务中心后，尽量保持现状业务流程的稳定性。

a. 根据传递到FSSC的业务单据，确定流程中业务单位与FSSC的边界，该业务单据都需要经过FSSC的审核或初审。

b. FSSC接收业务单据所随附的原始凭证，均由制单人在制单后立即扫描上传；此后需要审核该业务单据的环节，均同时审核该业务单据的原始单据影像。

c. 保留在业务单位的工作，流程和职责不变，但原业务单位财务部的工作除财务经理职责外均由业务财务承担。

（2）案例企业鸿途集团的所有收付款，均以网银（银企直联）方式完成。

（3）案例企业鸿途集团最终选择的是单共享中心模式。

（4）为了让共享中心审核有据，所有进入FSSC审核的业务单据，必须随附外部原始凭证的影像。

a. 走作业组的业务单据，用影像上传的方法随附影像。

b. 不走作业组而走重量端的业务单据，用拍照后添加附件的方法随附影像。

（5）为了简化学生的构建测试工作，共享后流程中的审批环节最高只设计到子公司总经理。

（6）专项费用发生前须进行申请审批。

（7）专项费用属于集团强控项目，原则上是集团统筹管理，按照“谁受益谁承担”的原则承担费用。

7.4.1.2 共享后流程所用到的业务单据

专项费用共享业务单据如表7-5所示。

表7-5 专项费用共享业务单据

序号	名称	是否进FSSC	是否属于作业组工作	流程设计工具
1	费用申请单	N	—	工作流
2	通用报销单	Y	Y	工作流

7.4.2 构建测试

7.4.2.1 学习操作视频

学习专项费用报销构建演示的视频课件“专项费用报销构建演示－10120026－8”，入口如图7－17所示。

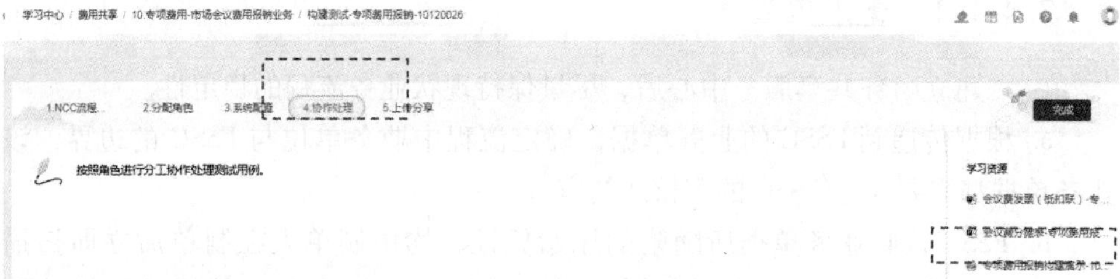

图7－17 视频课件“专项费用报销构建演示－10120026－8”的入口

7.4.2.2 测试用例

水泥协会2019年7月15日在大连举办2019年水泥技术及装备展览会，鸿途集团水泥有限公司组织大连属地的子公司参加，会务费2万元，鸿途集团水泥有限公司统一支付，但具体由大连鸿途水泥有限公司等5家子公司承担。具体分摊比例如表7－6所示。

表7－6 费用分摊比例

公司	分摊比例（%）
大连鸿途水泥有限公司	30
鸿途集团京北水泥有限公司	15
鸿途集团金州水泥有限公司	46
大连金海建材集团有限公司	3
海城市水泥有限公司	6

2019年7月5日，鸿途集团水泥有限公司综合办公室专员发起费用申请，费用承担部门是各家单位的销售服务办公室，经鸿途集团水泥有限公司综合办公室经理、总经理和业务财务审批，通过后生效。

7月16日，鸿途集团水泥有限公司综合办公室专员发起会务费支付，支付给会展承办方——白云国际会议中心；由上述五家公司的销售服务办公室承担各家公司的会务费。

【注意事项】

外部原始凭证（会议费分摊表、会议费发票等），作为本课程的教辅资源，在上课时以物理单证的形式发放给学生。

7.4.2.3　操作指导

具体操作指导参照图 7－10 ~ 图 7－13。

第 8 章　采购管理——应付共享

［学习目标］

了解采购与应付岗位的工作内容；
掌握采购业务流程及对应的原始凭证；
了解采购业务财税处理规定及技能；
掌握财务共享模式下采购与付款循环的典型业务操作流程。

8.1　采购管理相关知识

8.1.1　采购业务介绍

8.1.1.1　常见采购业务物资分类

不同物资类别，业务特征不同，采购业务控制关键点也有所不同。工业企业的物资，一般分为生产主要原材料、辅材、资产设备、备品备件与工具、办公劳保等低值易耗品；商业企业的物资一般就是商品；服务型行业的物资，可以分为资产设备、项目物资、运维物资等。

8.1.1.2　通用采购业务环节

通用采购业务环节如图 8－1 所示。

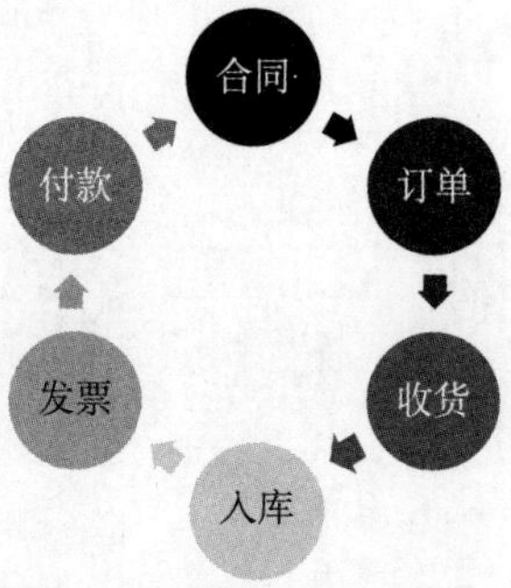

图 8－1　通用采购业务环节

8.1.2 采购业务原始单据

8.1.2.1 采购合同

采购合同是采购部门根据采购计划选择供应商，与供应商经过谈判，双方协商一致签订的法律性文件。采购合同主要对采购商品的品种、型号、数量、金额、质量标准、付款方式、货物交付时间及地点、验收方法、甲乙双方的权利和义务、违约责任等方面进行约定，签订合同的双方均受法律保护并承担责任。

8.1.2.2 发票

发票是指一切单位和个人在购销商品、提供或接受服务以及从事其他经营活动中，所开具和收取的业务凭证，是会计核算的原始依据，是税务机关控制税源，征收税款的重要依据。发票分为税控设备开具发票与非税控设备开具发票。

(1) 税控设备发票是通过增值税发票管理新系统（以下简称新系统）开具的发票的统称。一般主要包括增值税专用发票、增值税普通发票、增值税电子普通发票、机动车销售统一发票和二手车销售统一发票等。

(2) 非税控设备开具发票主要指的是定额发票等，主要通过电子（网络）发票的应用系统开具。

8.1.2.3 销售货物或者提供应税劳务清单

一般纳税人销售货物或者提供应税劳务可汇总开具专用发票。汇总开具专用发票的，同时使用增值税发票管理系统开具《销售货物或者提供应税劳务清单》并加盖发票专用章。规定汇总开具的增值税专用发票必须从增值税发票管理新系统中出具清单，至于非专票的，如果购买的商品种类较多，销售方可以汇总开具增值税普通发票。购买方可凭汇总开具的增值税普通发票以及购物清单或小票作为税收凭证。

对于汇总开具专用发票但是未提供《销售货物或者提供应税劳务清单》的专票不得抵扣进项税额。

8.1.2.4 入库单

入库单，是收货单位根据采购单核对采购货物信息，在商品规格型号、数量、质量等符合采购要求验收无误的情况下入库管理的单据。

入库单是对采购实物入库数量的确认，对采购人员和供应商是一种监控，可有效防止采购人员与供应商串通舞弊、虚报采购量、实物短少的风险。

8.1.2.5 付款申请单—银行付款通知单

实际工作中我们将银行收款通知单及银行付款通知单统称为银行回单。

银行回单是企业办理涉及银行收付业务时，银行返给企业的，证明该项业务银行已经处理，是企业编制记账凭证的依据。银行回单是指发生银行业务的凭证，虽然它只是记录业务、卡号和金额的小纸条，但是其重要性却不容小觑。对于企业来说，银行回单是作为附件用来进行账务处理的重要凭证，因此这类附件是不可以丢弃的。银行回单需要入账，而且可以方便期末进行对账或者审计查询。具体见表 8-1 和图 8-2。

表 8-1　企业款项结算方式

结算方式	用途
网银转账	普遍采用的结算方式
现金支票	企业提现
转账支票	现在用得较少
商业汇票	电子银行承兑汇票用得较多
现金结算	中小微企业费用报销采用的较多，大中型企业即使费用报销一般也采用网银转账
支付宝、微信	零售业、服务业普遍使用

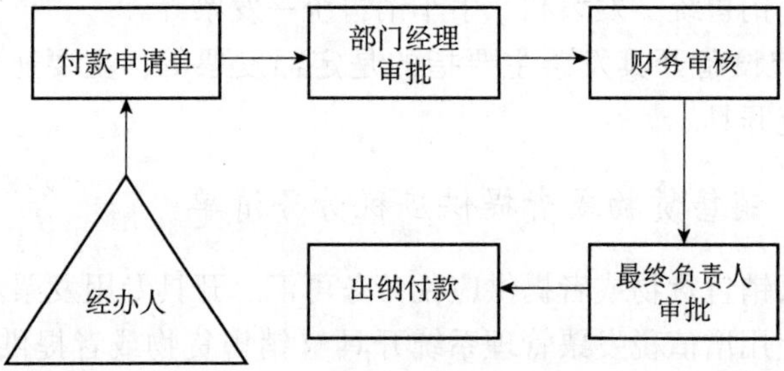

图 8-2　付款流程

8.1.3　采购流程

采购共享服务中心的共享服务分为以下三个步骤。

第一步：采购共享服务人员根据授权集中采购小组的采购决策（主要为物料寻源、品种和物料的管理，以及供应商的招标定商定价），通过规范化、标准化的合同模板，按照招标后确定的供应商和物料价格，统一签订采购合同或者协议。

第二步：采购共享服务人员根据服务单位需要的采购规格、数量、交货时间等要求，在采购共享服务平台线上为服务单位下达采购订单，服务单位可以随时要求采购共享服务人员查询、修改、退回订单。

第三步：采购共享服务人员按照生效的订单与供应商进行联系，负责督促供应商发货、物流商交运等协调工作，保障服务单位按时收到所需物料。

8.2　鸿途集团采购业务

8.2.1　鸿途集团物资类别及其特征

（1）大宗原材料类物资：一般种类少、采购数量大、金额较高，通常按合同采购。

（2）备品备件类物资：数量少，品类多，易产生库存。

（3）消耗性物资：办公、劳保等低值易耗品，通常计入企业经营或管理费用。

（4）设备资产类物资：单件价值高，全生命周期管理。

8.2.2　集团统管的采购业务

原煤的采购由商贸公司统一管理，分别通过中原裕阔商贸有限公司和大连宇阔商贸有限公司为河南区域和东北区域水泥公司提供原煤供应，一般采取议价模式签订合同，供应价格不会高于市场价；水泥公司将中原裕阔商贸有限公司和大连宇阔商贸有限公司视为供应商。

统管物资包括天然石膏、水泥包装袋、耐火砖、火浇注料、铸钢高铬球钢锻、耐热钢件（含锚固钉）、收尘滤袋、喷码机油墨清洗剂、破碎机锤头、输送胶带、斜槽帆布、球磨机衬板、复合耐磨板、链条、料斗、皮带机托辊、余热发电水处理药剂、润滑油脂、轴承、工作服等，由水泥公司物资部通过招标进行采购。

工程装备部统管一部分物资目录：维修、小型电器等，由工程装备部直接招标购买。

集团采购合同与分子公司自采，采购合同没有使用 NCC 系统进行控制与管理，手工操作，因此不能对合同条款、合同执行、合同监控等各方面进行有效管理与控制。

8.2.3　分子公司的采购业务

（1）供应商管理制度。在招标的过程中对供应商的资质进行审查，审核标准参照准入规则和管理办法。对供应商的考核指标包括价格、质量、信誉度、售后服务、交货能力。统管的供应商考核需要打分，自采的没有考核打分，只进行评价。

（2）采购日常业务。总部与分子公司之间无法实现采购数据、供应商、采购价格的共享。采购一般都无经济批量，采购数量的控制比较严格，不允许超请购计划采购。采购计划的跟踪，只关注库存数量，不关注采购计划执行后是否使用，长时间不使用的物资计划不进行考核。

（3）采购效率现状：采购计划要平衡分配到多个部门，流程烦琐、效率不高；采购过程通过比质比价、优质优价的原则；平均每个月的采购资金 4 000 万元，在大修的情况下，会更高。

8.2.4 分子物资统管分类

鸿途集团物资分类主要包括 A 类物资、B 类物资、C 类物资和 D 类物资。

A 类物资：原煤、熟料（只针对粉磨站）、石膏、粉煤灰、其他混合材、水泥助磨剂、水泥包装袋、耐火材料、耐磨材料。

B 类物资：汽油、柴油、电器材料、轴承螺栓、篷布、橡胶制品、油脂化工、钢材、木材、量刃工具、建筑五金水暖等。

C 类物资：低值易耗品、劳动保护用品、办公用品等。

D 类物资：大型、通用设备备品备件。

8.3 采购付款现状

8.3.1 备品备件结算

（1）备品备件包括购进的经仓库验收、发放的备品备件、机物料消耗、办公用品等。

（2）备品备件需使用部门派人质检后才能验收入库，如立磨配件、铲车配件、挖掘机配件、减速机配件、轴承、电机、电极、抛丸磨光片等，供应商开具增值税专用发票，按供应处领导签批意见入账，同时冲预付款、扣除质保金的流程。

8.3.2 原燃料结算

（1）每月根据上月供应商应付账款余额，由供应处领导拟定本月付款金额，供应商开具收据，公司领导签批付款的流程。

（2）采购付款周期较长，在一定程度上影响了供应商供货积极性，增加了采购成本。采购付款周期长的原因是历史形成的，任何采购付款都需要有采购发票、合同、到货验收单，三者缺一不可。

8.3.3 采购业务现状总结

原煤的采购由集团统一管理，分别通过中原裕阔商贸有限公司和大连宇阔商贸有限公司为河南区域和东北区域水泥公司提供原煤供应，一般采取议价模式签订合同。

天然石膏、水泥包装袋、耐火砖、火浇注料、铸钢高铬球钢锻、耐热钢件（含锚固钉）、收尘滤袋、喷码机油墨清洗剂、破碎机锤头、输送胶带、斜槽帆布、球磨机衬板、复合耐磨板、链条、料斗、皮带机托辊、余热发电水处理药剂、润滑油脂、轴承、工作服等都是通过招标采购模式执行。

上述物资分类之外的物资目录，由分子公司组织自采。

8.4　操作流程现状

8.4.1　备品备件采购业务操作流程

8.4.1.1　流程现状概述

鸿途集团备品备件采购需要经过以下 4 个步骤。

第一步：采购订货。对于备品备件的采购，由各子公司的供应处直接向供应商下达订单、启动采购流程。

第二步：订货入库。收到供应商发来的采购货物后，进行验货、质检并登记入库。

第三步：应付挂账。收到供应商的采购发票后，根据双方约定的付款条件延后付款，鸿途集团确认对供应商的应付账款。

第四步：应付付款。达到对供应商付款条件后，发起支付流程、冲销应付账款。

8.4.1.2　详细现状流程图

（1）采购订货流程如图 8－3 所示。

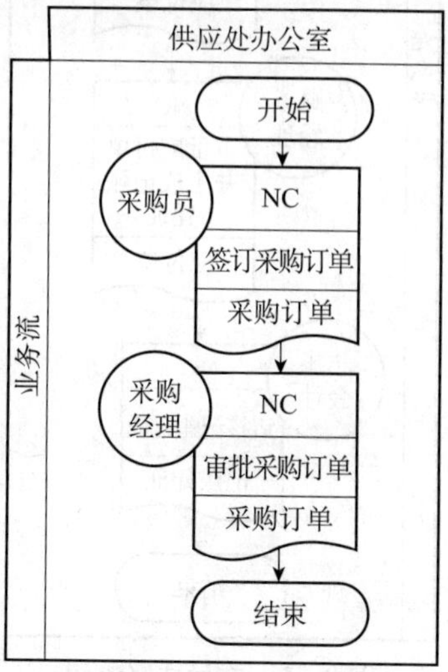

图 8－3　采购订货流程

（2）订货入库流程如图 8 －4 所示。

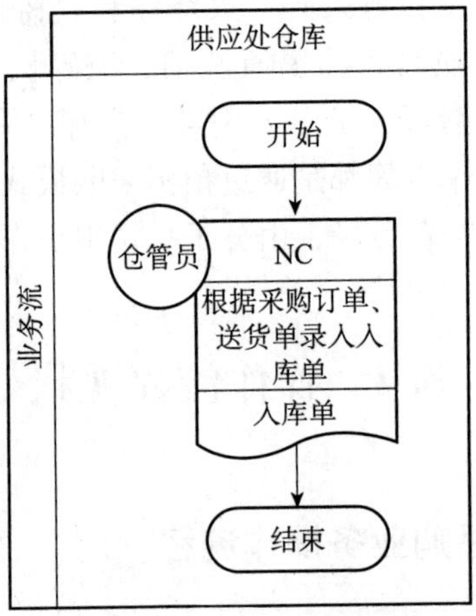

图 8 －4　订货入库流程

（3）应付挂账流程如图 8 －5 所示。

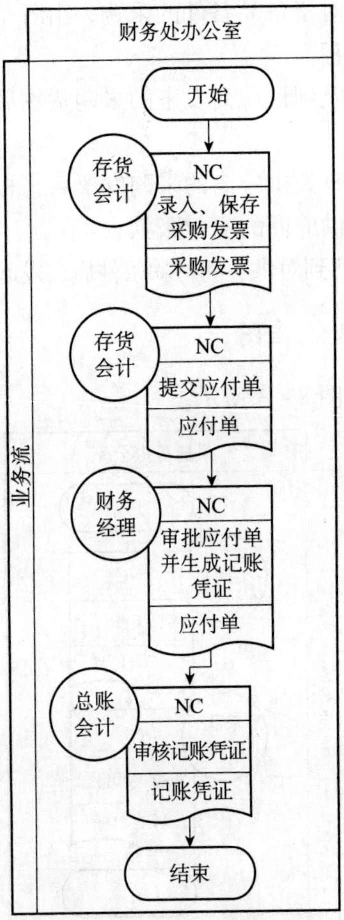

图 8 －5　应付挂账流程

（4）应付付款流程如图 8－6 所示。

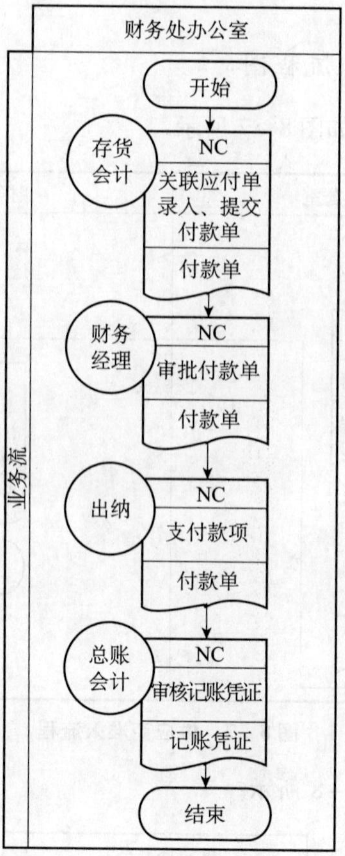

图 8－6　应付付款流程

8.4.2　原燃料采购业务操作流程

8.4.2.1　流程现状概述

鸿途集团原燃料采购需要经过以下 6 个步骤。

第一步：供应商准入。对于拟发生采购交易的、新的供应商需要审批。

第二步：询价。在已经准入的、可用的多家供应商之间进行询价、比价，最终确定拟进行交易的供应商。

第三步：签订采购合同。对于原燃料这样的大宗原材料，鸿途集团要求与供应商按年度签订合同，需要时向供应商下达采购订单。

第四步：采购到货入库。向供应商下达采购订单且收到采购货物后，进行验货、质检并登记入库。

第五步：应付挂账。收到供应商的采购发票后，根据双方约定的付款条件延后付款，鸿途集团确认对供应商的应付账款。

第六步：应付付款。达到对供应商付款条件后，发起支付流程、冲销应付账款。

8.4.2.2 详细现状流程图

(1) 供应商准入流程如图 8－7 所示。

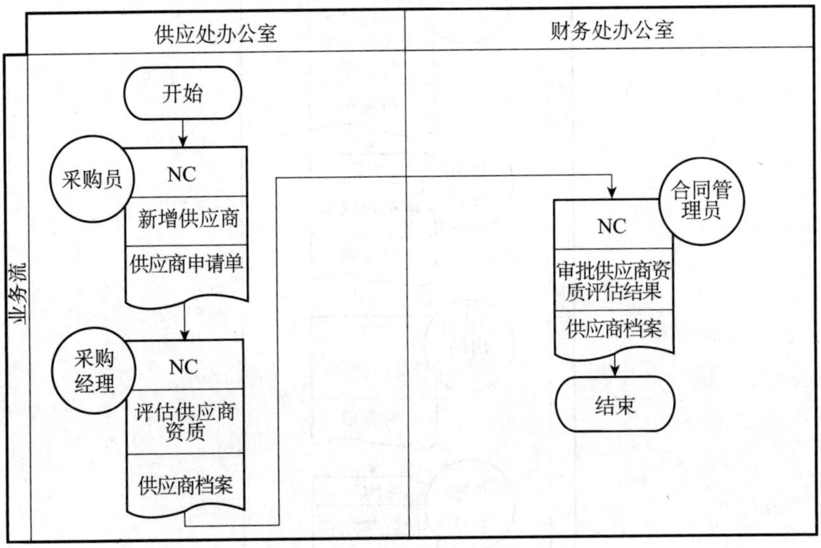

图 8－7 供应商准入流程

(2) 询价流程如图 8－8 所示。

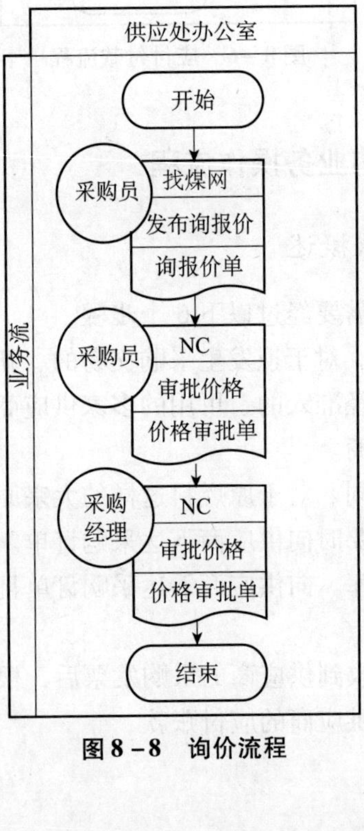

图 8－8 询价流程

（3）签订采购合同流程如图 8-9 所示。

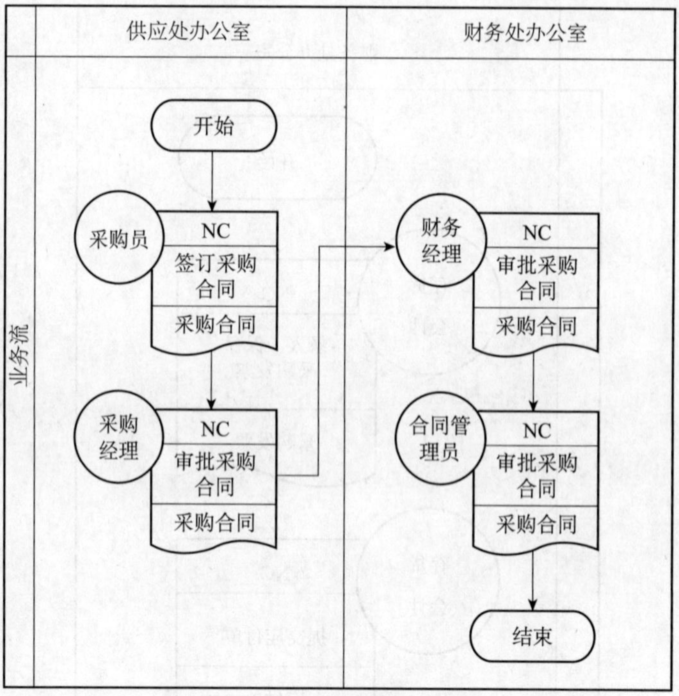

图 8-9　签订采购合同流程

（4）采购到货入库流程如图 8-10 所示。

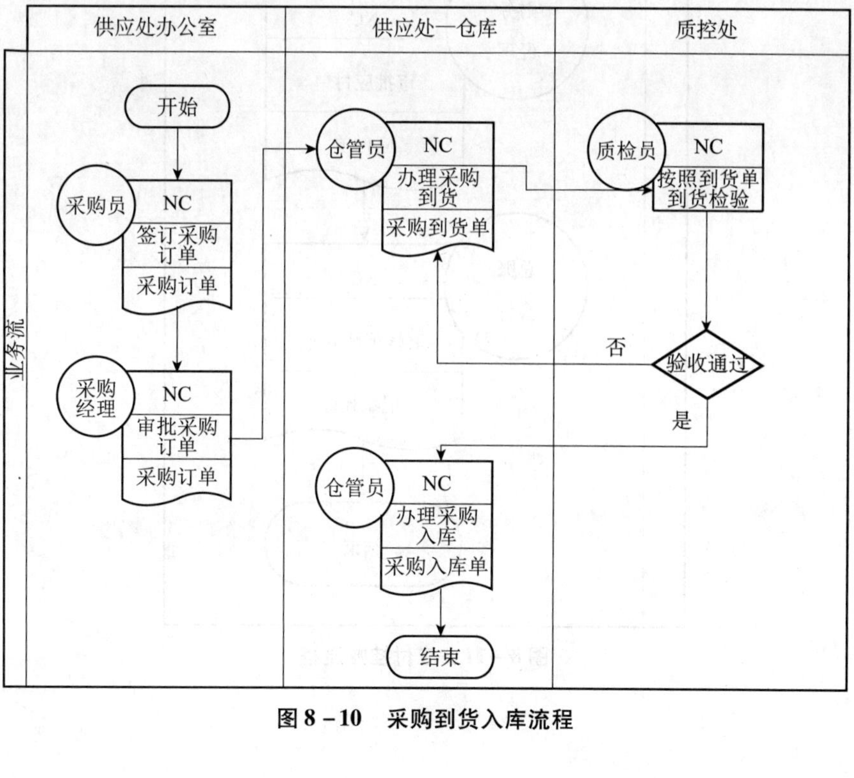

图 8-10　采购到货入库流程

（5）应付挂账流程如图 8－11 所示。

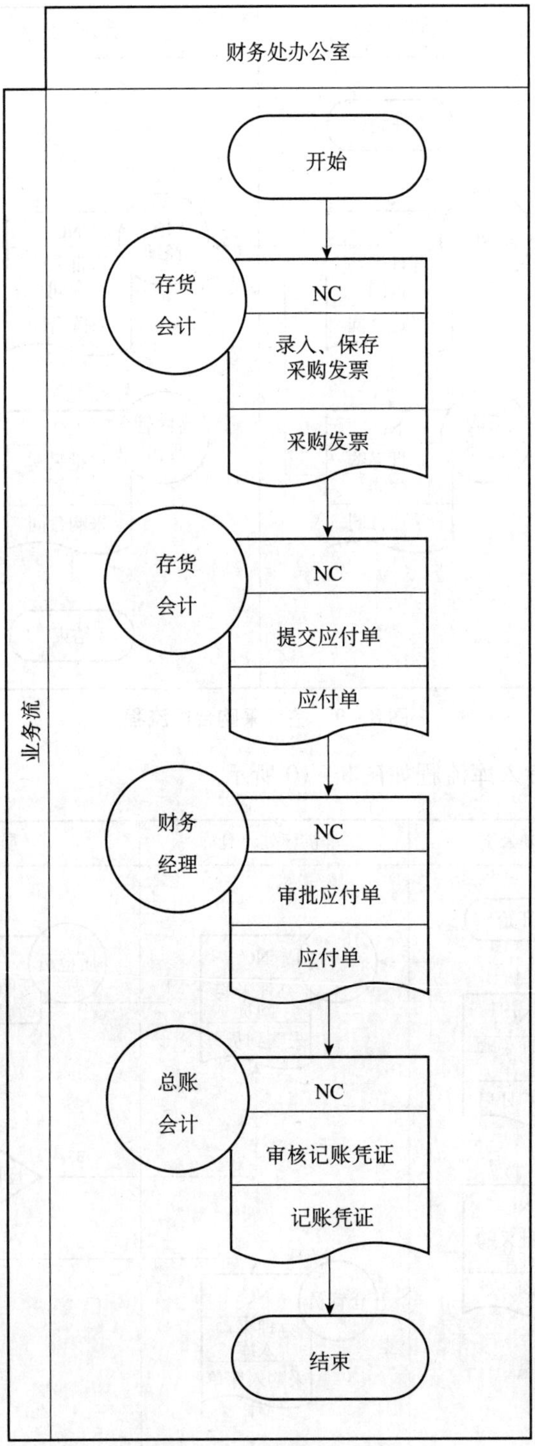

图 8－11　应付挂账流程

(6) 应付付款流程如图 8 – 12 所示。

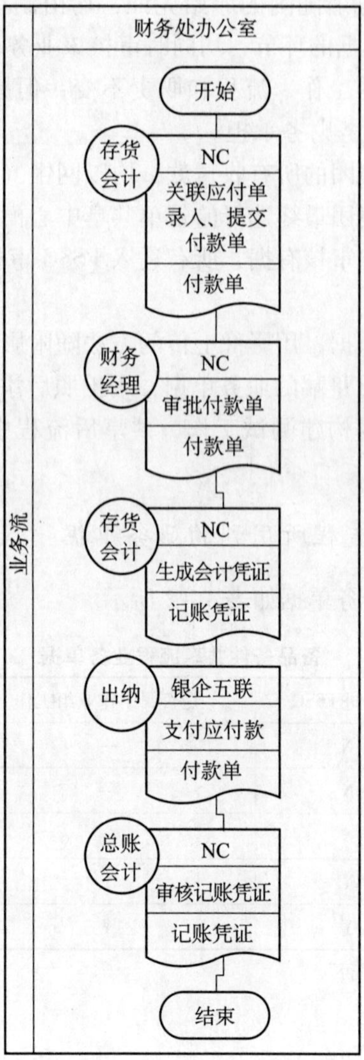

图 8 – 12 应付付款流程

8.5 备品备件采购业务

8.5.1 规划设计

8.5.1.1 需求假设

(1) 建立财务共享服务中心后，尽量保持现状业务流程的稳定性。

a. 根据传递到 FSSC 的业务单据，确定流程中业务单位与 FSSC 的边界，该业务单据都需要经过 FSSC 的审核或初审。

b. FSSC 接收业务单据所随附的原始凭证，均由制单人在制单后立即扫描上传；此后要审核该业务单据的环节，均同时审核该业务单据的原始单据影像。

c. 保留在业务单位的工作，流程和职责不变，但原业务单位财务部的工作除财务经理职责外均由业务财务承担。

（2）案例企业鸿途集团的所有收付款，均以网银（银企直联）方式完成。

（3）案例企业鸿途集团最终选择的是单共享中心模式。

（4）为了让共享中心审核有据，所有进入 FSSC 审核的业务单据，必须随附外部原始凭证的影像。

a. 走作业组的业务单据，用影像上传的方法随附影像。

b. 不走作业组而走重量端的业务单据，用拍照后添加附件的方法随附影像。

（5）为了简化学生的构建测试工作，共享后流程中审批环节最高只设计到子公司总经理。

8.5.1.2 共享后流程所用到的业务单据

备品备件共享流程业务单据如表 8－2 所示。

表 8－2　　备品备件共享流程业务单据

序号	名称	是否进 FSSC	是否属于作业组工作	流程设计工具
1	采购订单	N	—	审批流
2	入库单	N	—	审批流
3	采购发票	N	—	审批流
4	应付单	Y	Y	工作流
5	付款单	Y	Y	工作流

注：Y 代表“是”，N 代表“否”。

8.5.2 构建测试

8.5.2.1 NCC 工作流与审批流配置

被组长分配了系统管理员角色的学生，进入 NCC 重量端，进行工作流和审批流的配置。

【注意】

（1）本课程配置工作流或审批流时，都可直接配置在集团上，即使用 NCC 重量端的“动态建模平台 > > 流程管理 > > 审批流定义—集团”菜单或“动态建模平台 > > 流程管理 > > 工作流定义—集团”菜单。

（2）给指定单据配置工作流或审批流时，可以直接在单据上配置［见图 8－13(a)］。但是，如果不同采购流程下的工作流或审批流有差异，如“采购订单”的审批流在本节“备品备件采购”业务场景下与本课程后续内容“固定资产采购”业务场景下有差异时，就必须要配置在单据的下一级上［见图 8－13（b）］。NCC 系统先找下一级的工作流或审批流执行，下一级没有适用的则再找上一级的工作流或审批流执行。

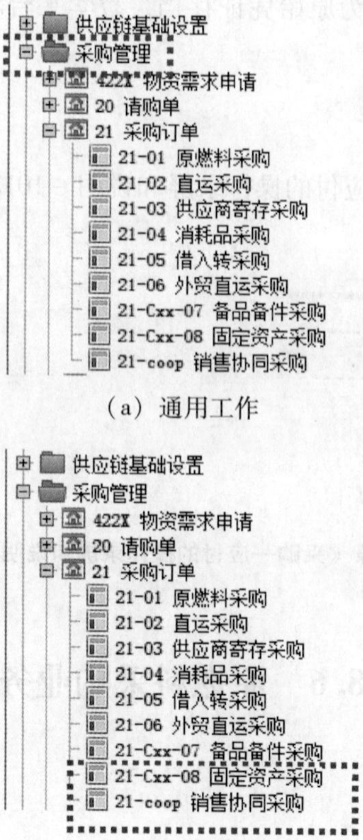

（a）通用工作

（b）特殊工作

图 8－13 配置单据（审批）流

8.5.2.2 测试用例

2019 年 7 月 1 日鸿途集团水泥有限公司提出物资采购需求，请购信息如表 8－3 所示（其中单价含有 13% 的增值税）。

表 8－3　　请购信息

物料名称	需求数量	单价	供应商
公制深沟球轴承	100 个	1130 元	东莞市大朗昌顺五金加工厂

2019 年 7 月 10 日“公制深沟球轴承”到货并检验入库，采购发票随货同到。

备注：发票中的购货单位全称为，东莞市大朗昌顺五金加工厂；纳税人识别号为 645679792819382084；地址和电话为，东莞市大朗镇美景中路 65 号 0769－22620821；开户行及账号为，中国工商银行东莞大朗支行 345509021300934560。

2019 年 7 月 15 日，公司完成该笔款项支付。

【注意事项】

（1）外部原始凭证送货单及采购发票，作为本课程的教辅资源，在上课时可以下载电子版原始单据并打印，通过影像扫描上传到平台。

（2）付款回单若要作为原始凭证存档，教学平台将提供银行回单查询及打印功能。

8.5.2.3 操作指导

可在线学习“采购—应付的操作录屏和说明－10120033－1”教学视频（见图8－14）。

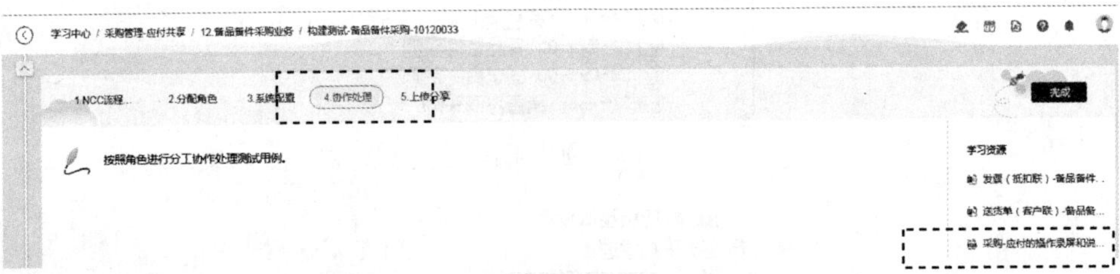

图8－14 视频教学资源《采购—应付的操作录屏和说明－10120033－1》的入口

8.6 原燃料采购业务

8.6.1 规划设计

8.6.1.1 需求假设

（1）建立财务共享服务中心后，尽量保持现状业务流程的稳定性。

a. 根据传递到FSSC的业务单据，确定流程中业务单位与FSSC的边界，该业务单据都需要经过FSSC的审核或初审。

b. FSSC接收业务单据所随附的原始凭证，均由制单人在制单后立即扫描上传；此后要审核该业务单据的环节，均同时审核该业务单据的原始单据影像。

c. 保留在业务单位的工作，流程和职责不变，但原业务单位财务部的工作除财务经理职责外均由业务财务承担。

（2）案例企业鸿途集团的所有收付款，均以网银（银企直联）方式完成。

（3）案例企业鸿途集团最终选择的是单共享中心模式。

（4）为了让共享中心审核有据，所有进入FSSC审核的业务单据，必须随附外部原始凭证的影像。

a. 走作业组的业务单据，用影像上传的方法随附影像。

b. 不走作业组而走重量端的业务单据，用拍照后添加附件的方法随附影像。

（5）为了简化学生的构建测试工作，共享后流程中审批环节最高只设计到子公司总经理。

8.6.1.2　共享后流程所用到的业务单据

原材料采购共享业务单据如表 8－4 所示。

表 8－4　原材料采购共享业务单据

序号	名称	是否进 FSSC	是否属于作业组工作	流程设计工具
1	供应商申请单	Y	Y	工作流
2	询报价单	N	—	审批流
3	价格审批单	N	—	审批流
4	采购合同	Y	N	审批流
5	采购订单	N	—	审批流
6	采购到货单	N	—	审批流
7	采购入库单	N	—	审批流
8	采购发票	N	—	审批流
9	应付单	Y	Y	工作流
10	付款单	Y	Y	工作流

【备注】

（1）“是否进 FSSC”，表示该业务单据的处理过程是否需要财务共享服务中心参与。Y 表示需要，N 表示不需要。

（2）“是否属于作业组工作”，表示是否需要分配到某个 FSSC 作业组，必须由该组成员从作业平台上提取进行处理。Y 表示属于，N 表示不属于。只有进 FSSC 的业务单据才有这个问题。

（3）“流程设计工具”，是指用 NCC 的哪一个流程平台来对该业务单据进行流程建模。NCC 中有“业务流”“工作流”“审批流” 3 种流程建模平台，在本课程实训环节，业务流部分已经预置到教学平台中，学生需要进行工作流或审批流的建模。

8.6.2　构建测试

8.6.2.1　测试用例

（1）供应商准入。2019 年 7 月 3 日，鸿途集团水泥有限公司根据业务需要，申请新增一家石膏供应商：郑州瑞龙有限公司（联系人：刘捷；职位：销售代表；手机联系方式：18255674432），连带此供应商的营业执照副本（复印件）提交审批。经过审定，决定将此供应商纳入公司正式供应商名录（供应商准入目的组织为集团；供应商编码：G300550），有效期截至 2019 年 12 月 31 日。

（2）询价。2019 年 7 月 5 日，公司进行下半年原煤价格评估，并在找煤网上进行询价，有三家供应商发来价格信息（见表 8－5）。

表 8－5 供应商价格信息

供应商	含税单价（元/吨）
陕西黑龙沟矿业有限责任公司	553.70
中煤集团有限公司	565.00
神华乌海能源有限公司	621.50

最后经过综合评估，将下半年的原煤价格确定为 565.00 元/吨（含税单价，税率 13%），由中煤集团有限公司负责供应，并签订原煤供应合同。

（3）签订采购合同。2019 年 7 月 10 日鸿途集团水泥有限公司与中煤集团有限公司签署采购合同（合同编码：PC20190100），签约信息详见纸质合同。

（4）采购到货入库。

a. 2019 年 7 月 15 日鸿途集团水泥有限公司提出物资采购订单需求，订单信息如表 8－6 所示。

表 8－6 物资采购订单

项目名称	需求数量	供应商
原煤	1000 吨	中煤集团有限公司

b. 2019 年 7 月 21 日“原煤”过磅，到货并检验入库，发票随货同到（见表 8－7）。

表 8－7 发票信息

项目名称	需求数量	含税单位	价税合计	税率	税额	供应商
原煤	1000 吨	565	565000 元	13%	65000 元	中煤集团有限公司

（5）应付挂账。2019 年 7 月 29 日，公司确认应付账款。

（6）应付付款。2019 年 7 月 31 日，公司完成付款。付款信息如表 8－8 所示。

表 8－8 付款信息

供应商名称	付款金额	收款账户
中煤集团有限公司	565000 元	中国工商银行股份有限公司东城支行

【注意事项】

外部原始凭证（供应商营业执照副本复印件、纸质采购合同、采购发票、送货单等），作为本课程的教辅资源，在上课时可以下载电子版原始单据并打印，通过影像扫描上传到平台。

8.6.2.2　操作指导

（1）供应商准入操作指导如图 8－15 所示。

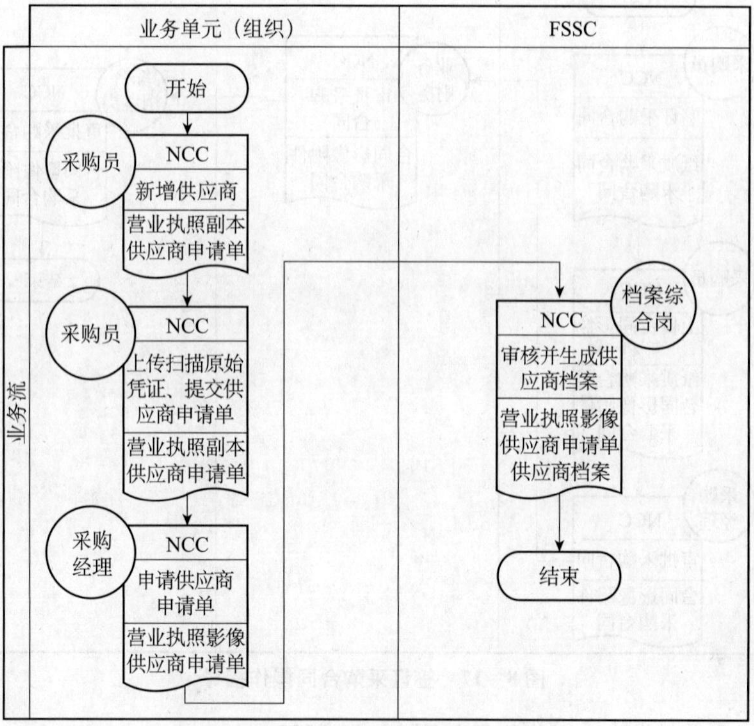

图 8－15　供应商准入操作指导

（2）询价操作指导如图 8－16 所示。

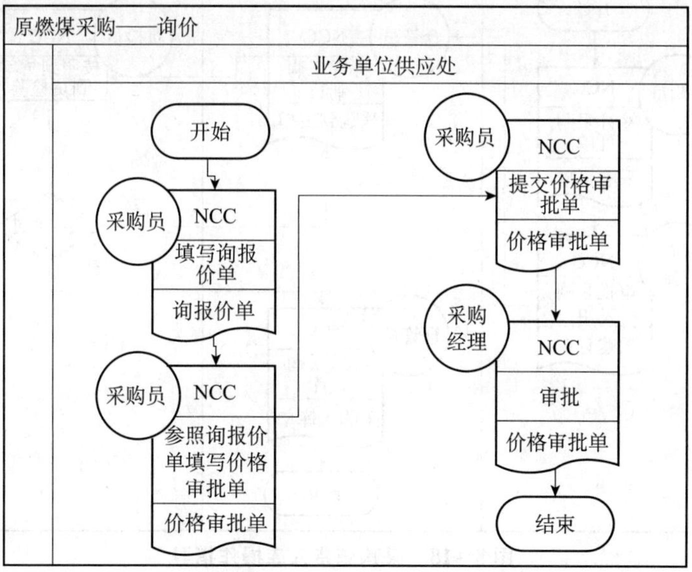

图 8－16　询价操作指导

（3）签订采购合同操作指导如图 8－17 所示。

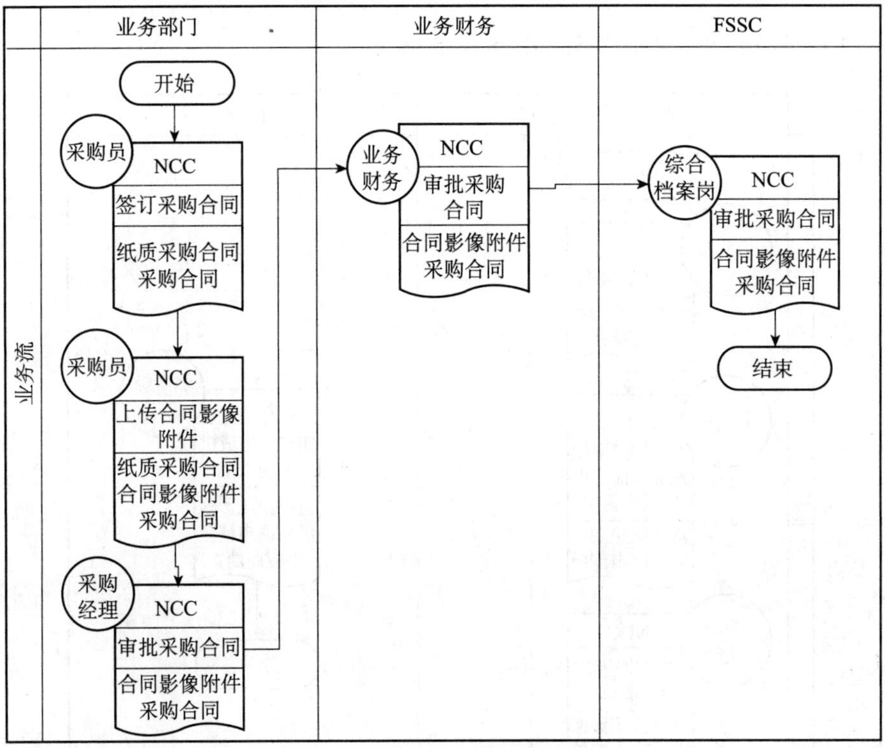

图 8－17　签订采购合同操作指导

（4）采购到货入库操作指导如图 8－18 所示。

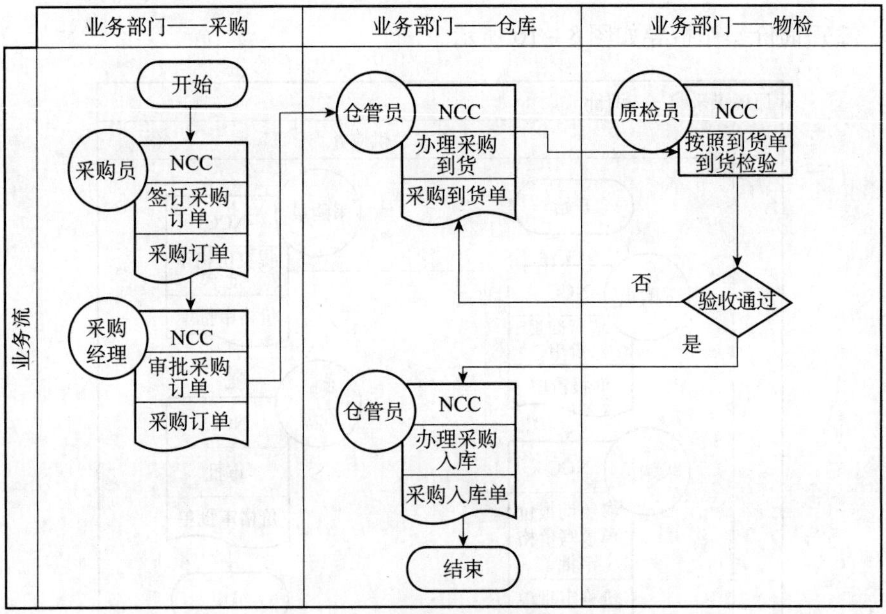

图 8－18　采购到货入库操作指导

(5) 应付挂账操作指导如图8-19所示。

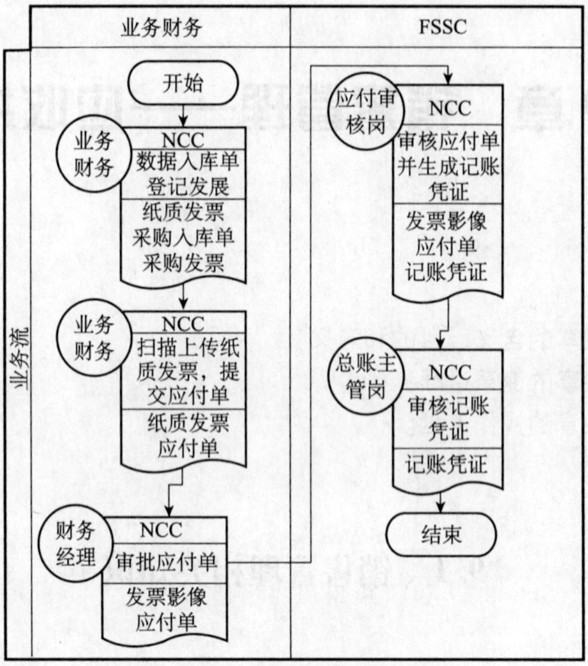

图8-19 应付挂账操作指导

(6) 应付付款操作指导如图8-20所示。

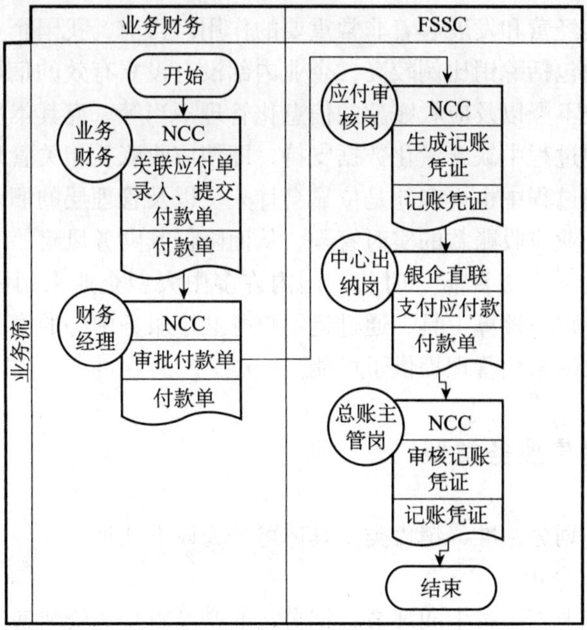

图8-20 应付付款操作指导

第9章 销售管理——应收共享

[学习目标]

了解应收共享的含义、目的和意义；

了解应收共享的变革过程；

掌握应收共享的操作流程。

9.1 销售管理相关知识

9.1.1 业务概述

应收账款作为企业非常重要的资产，是关系企业发展的重要因素之一，对于保障企业的持续经营和发展起着非常重要的作用。目前，我国企业应收账款管理存在的主要问题包括赊销比例较高，企业内部没有设立有效的信用管理制度，企业内部会计管控不严以及应收账款的信息化管理不当等。究其本质原因在于企业在应收账款管理过程中缺乏量化数据支持，即使应收账款相关管理制度比较完善的企业，在管理过程中也更多地是依靠会计人员以及管理层的职业判断，难以科学有效地实现企业应收账款的实时管理，从而降低其财务风险。

在“互联网+人工智能”时代，国内许多中大型企业采用财务共享服务中心作为集团企业财务核算工具，通过运用财务共享服务中心的海量数据为集团企业实现应收账款的量化管理提供了可能。

9.1.2 销售业务类型

根据不同的划分标准，销售类型具体可分为以下几种。

(1) 直销与分销。

直销：生产者不经过中间环节，把自己的产品直接卖给消费者。

分销：有中间组织代理生产者/品牌商的产品，中间组织有经销商（视同买断)、代理商（不买断)。

（2）单组织销售与跨组织销售。

单组织销售：票货属于同一组织，如A公司接单向甲客户卖自己的货、开自己的票、自己收钱。

跨组织销售：票货不属于同一财务组织，如某集团的A销售中心向甲客户卖集团内B工厂的货，由B工厂发货，但由A销售中心开票、收款。

（3）接单销售与销售补货。

接单销售：先有明确的客户采购订单。

销售补货：先补货后销售，如沃尔玛的自动补货系统能使供应商自动跟踪补充各个销售点的货源。

（4）现销与赊销。

现销：先全额收款，才进行后续开票和出库活动。

赊销：以信用为基础的销售，卖方与买方签订购货协议后，卖方让买方取走货物，而买方按照协议在规定日期付款或以分期付款形式付清货款。

9.1.3 财务共享服务下应收账款业务的管理变革

（1）财务共享服务中心集中对企业的客户资料进行分类。随着共享服务中心的不断演变和发展，共享服务已经逐渐渗透到企业全部供应链中，企业信息流的管理成为重点，使管理层能够得到及时、高质量的供应链信息。财务共享服务中心配备专门人员对客户资料进行更新和完善，有利于客户关系的维护和实现对客户资信情况的准确把握。公司在客户发展阶段时，就首先需要对客户信息进行充分了解，对各个客户的主营业务、资产状况、资信状况等进行详细的记录，形成系统的客户信息资料库。经过对上述客户信息进行分析，进而有针对性地制定不同的信用标准或不予赊欠款项，而不是盲目地承诺准予每一个客户赊欠款项。由此实现了事前风险防范，可防止客户故意欺诈。

（2）保证应收款项回收的安全性和完整性。财务共享服务中心作为独立的会计核算机构，对应收账款管理的专业化程度高、职责分工明确，能够有效地避免企业各个业务单元中会计人员与其他业务人员之间的串通舞弊，降低回收资金被侵占、挪用的风险，而且还能够降低各业务单元私设小金库的风险。企业应收账款回收的安全性和完整性在财务共享服务中心得到了有效的保证，从而维护了企业整体的利益。财务共享服务中心会计的独立性比分公司会计的独立性更强，因而与应收账款相关的资金管控风险相对降低。

（3）能够更好地对应收账款进行集中催收管理，减少坏账风险。实现对应收账款的跟踪管理，并且建立行之有效的收账政策是财务共享服务中心的重要目标。相对于以前不同业务单元各自处理本实体应收账款业务，集中管理各类收款业务，可以通过更加专业化的服务让款项更快、更好地周转，减少资金在途和收款安全的隐忧。

9.2 鸿途集团销售管理现状

9.2.1 总体概况

鸿途集团为多元化经营的企业集团，主营业务为水泥及熟料销售；在生产领域从事铸造、焦化、发电等业务；在旅游板块有旅游景点、酒店及娱乐业务，如图 9－1 所示。

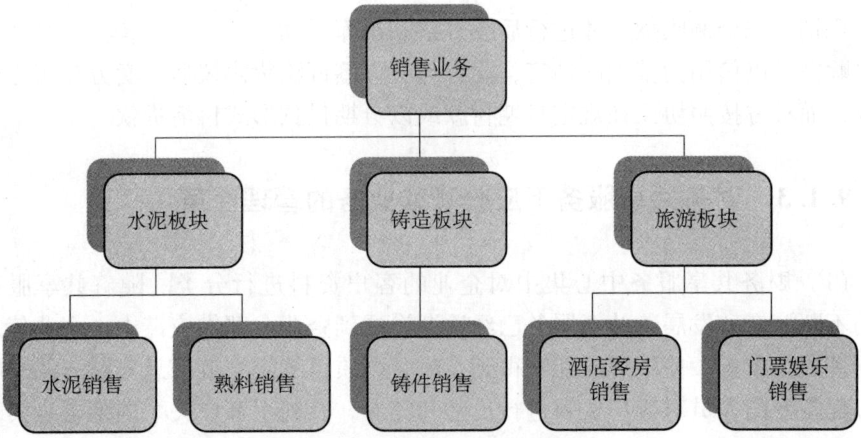

图 9－1 鸿途集团销售业务结构

主营销售应收业务包括以下内容：水泥销售、熟料销售、铸件销售、酒店客房销售、景点门票销售等。

9.2.1.1 水泥板块

目前销售管理业务的现状如下：

（1）已实施 ERP 系统的企业基本已实现供应链业务的业务财务一体化；

（2）销售业务流程基本一致，业务关键控制点略有不同；

（3）销售价格多样化，审批、执行及监管不便捷；

（4）手工工作量大，较易出现错误（客户余额计算、返利计算）；

（5）工厂布局、硬件不同，发货流程无固定形式、单据格式不同、流转不统一，不便于统一化和精细化管理；

（6）统计报表以手工为主，工作量大，及时性较差。

9.2.1.2 其他板块

旅游板块的销售收入核算采用票务软件与 NCC 系统对接，根据票务软件中的收入报表进行推单，推单生成内容不涉及供应链中的物资，即不通过供应链单据进行核算。其他板块，除水泥板块销售业务使用 ERP 系统供应链模块外，均采用手工录入应收单核算的方式进行销售核算。鸿途集团总体销售流程如图 9－2 所示。

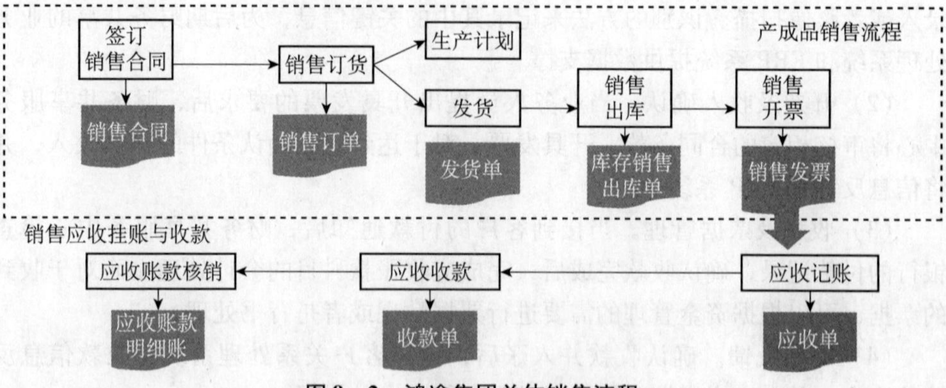

图 9－2　鸿途集团总体销售流程

9.2.2　赊销销售流程中的关键业务控制点

（1）订单审批。
① 价格：询价、最低售价。
② 信用检查。
（2）信用检查内容。
① 小于信用额度。
② 应收账期。
（3）资金相关内容。
① 资金占用。
② 资金计息。
（4）发货流程可配置为：
① 订单直接出库。
② 发运日计划出库。
③ 发运单出库。
（5）应收管理。
① 基于业务应收的催款。
② 账龄分析。

9.3　操作流程现状

应收账款管理流程因为涉及收入的确认，相对比较复杂。应收账款流程的核心业务包括：订单及合同管理、开票及收入确认、收款及票据管理、对账反馈等具体流程。

（1）订单及合同管理。这个环节的业务一般是基于企业的电子商务系统和合同管理系统来完成的。当市场人员提供获得的合同订单后，系统开始通过人工录入或者影像扫描、识别的方法来记录其中的关键信息，为后期财务共享的业务处理系统和 ERP 系统提供数据支撑。

（2）开票及收入确认。当业务人员提出开具发票的要求后，财务共享服务中心将审核相应的合同条款，开具发票。对于达到收入确认条件的确认收入，并将信息反馈到 ERP 系统中。

（3）收款及票据管理。当接到客户的付款通知后，财务共享服务中心检查银行的付款记录，确认收款完成后，完成应收账款科目的会计处理。而对于收到的票据，可以根据资金管理的需要进行票据贴现或者是背书处理。

（4）对账反馈。确认收款并入账后，通过客户关系处理系统将收款信息反馈给客户，并和客户定期对账，以发现可能存在的错误。

9.3.1 产成品销售业务操作流程

现有的工作流程如图 9－3 所示。

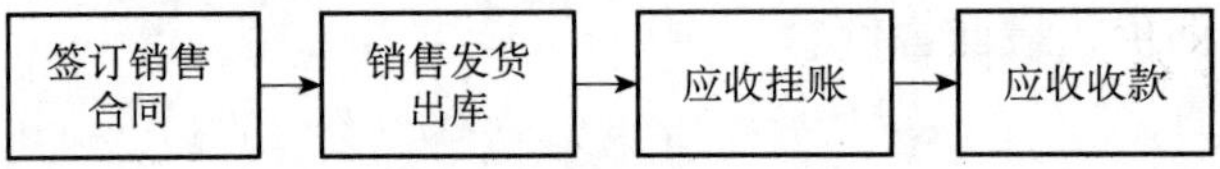

图 9－3 产成品工作流程

（1）签订销售合同流程如图 9－4 所示。

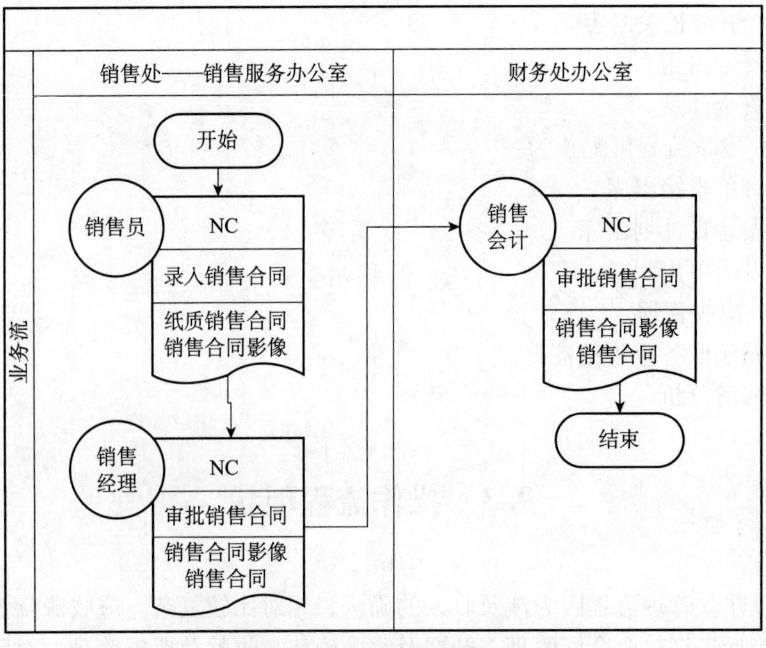

图 9－4 签订销售合同流程

（2）销售发货出库流程如图9－5所示。

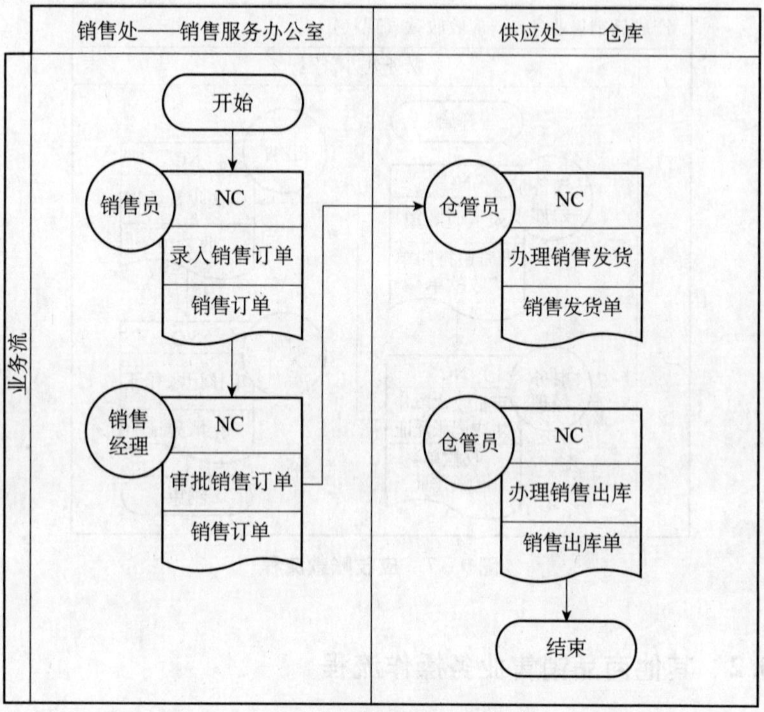

图9－5　销售出库流程

（3）应收挂账流程如图9－6所示。

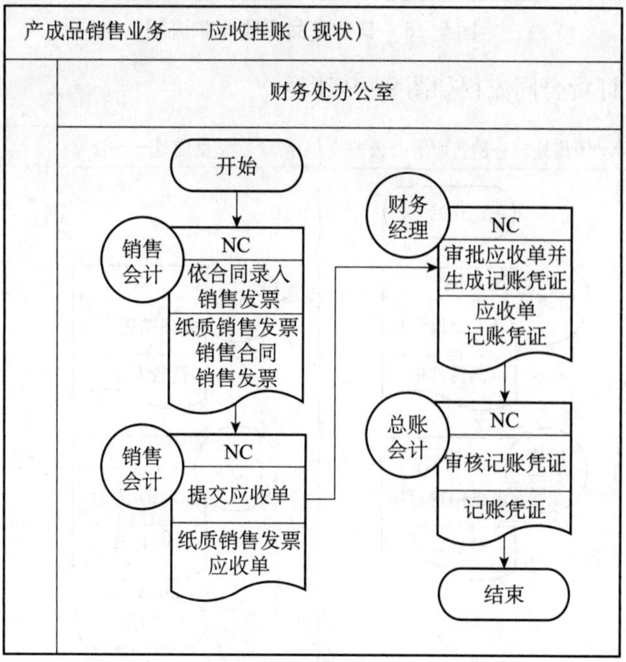

图9－6　应收挂账流程

(4) 应收收款流程如图 9－7 所示。

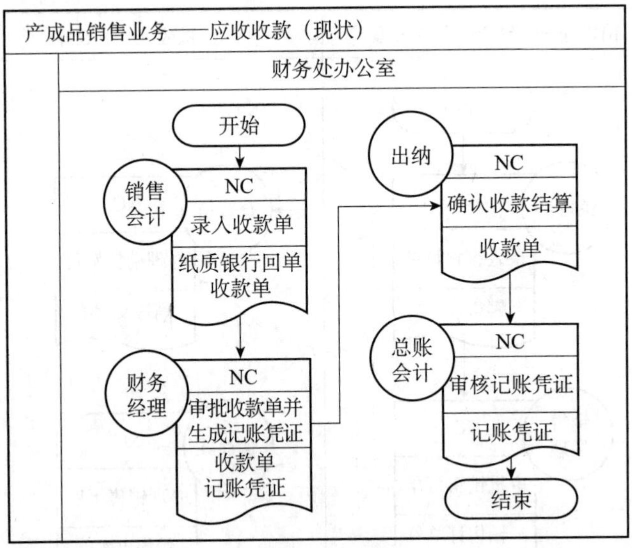

图 9－7　应收账款流程

9.3.2　其他商品销售业务操作流程

现有的工作流程如图 9－8 所示。

图 9－8　其他商品应收账款流程

(1) 销售订货合同流程如图 9－9 所示。

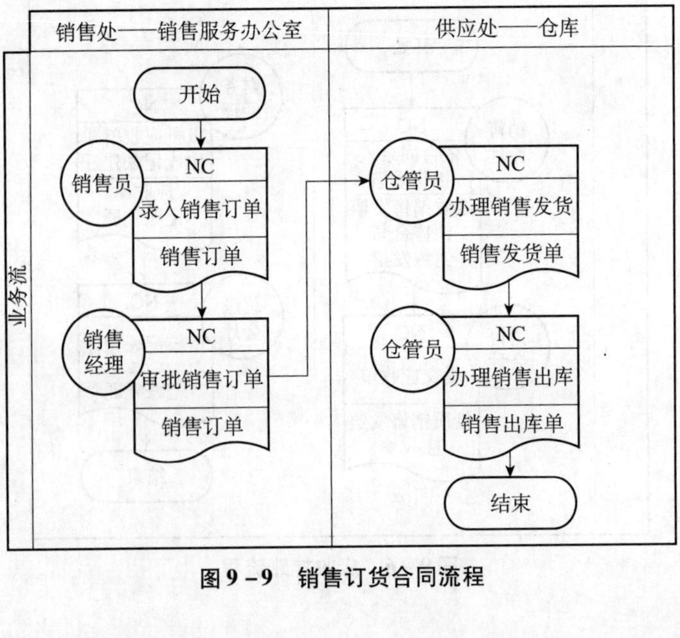

图 9－9　销售订货合同流程

（2）应收挂账流程如图 9－10 所示。

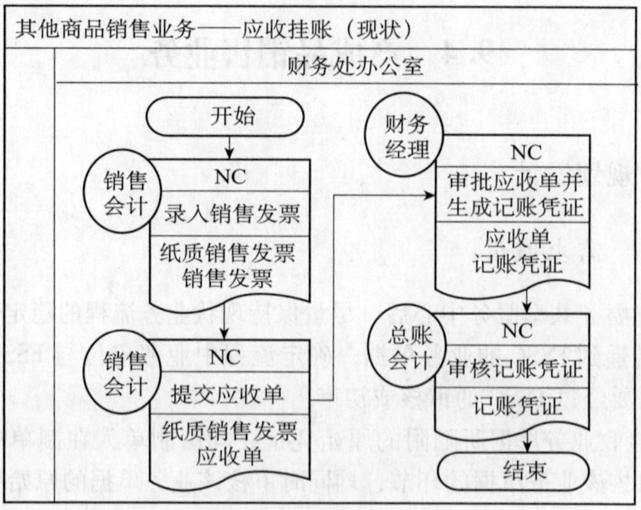

图 9－10　应收挂账流程

（3）应收收款流程如图 9－11 所示。

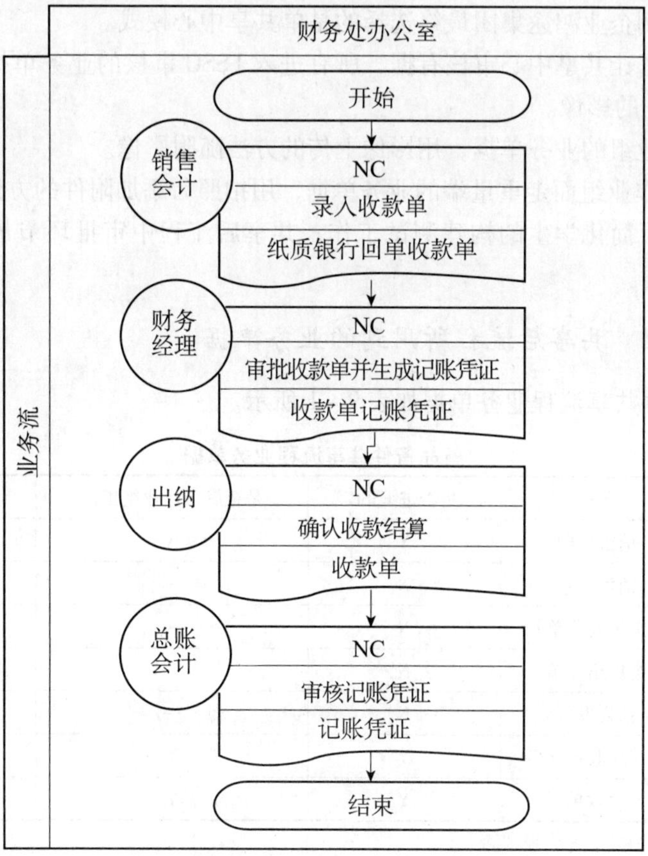

图 9－11　应收收款流程

9.4 产成品销售业务

9.4.1 规划设计

9.4.1.1 需求假设

（1）建立财务共享服务中心后，尽量保持现状业务流程的稳定性。

a. 根据传递到 FSSC 的业务单据，确定流程中业务单位与 FSSC 的边界，该业务单据都需要经过 FSSC 的审核或初审。

b. FSSC 接收业务单据所随附的原始凭证，均由制单人在制单后立即扫描上传；此后要审核该业务单据的环节，均同时审核该业务单据的原始单据影像。

c. 保留在业务单位的工作，流程和职责不变，但原业务单位财务部的工作除财务经理职责外均由业务财务承担。

（2）案例企业鸿途集团的所有收付款，均以网银（银企直联）方式完成。

（3）案例企业鸿途集团最终选择的是单共享中心模式。

（4）为了让共享中心审核有据，所有进入 FSSC 审核的业务单据，必须随附外部原始凭证的影像。

a. 走作业组的业务单据，用影像上传的方法随附影像。

b. 不走作业组而走重量端的业务单据，用拍照后添加附件的方法随附影像。

（5）为了简化学生的构建测试工作，共享后流程中审批环节最高只设计到子公司总经理。

9.4.1.2 共享后流程所用到的业务单据

备品备件共享流程业务单据如表 9 - 1 所示。

表 9 - 1 备品备件共享流程业务单据

序号	名称	是否进 FSSC	是否属于作业组工作	流程设计工具
1	销售合同	Y	N	审批流
2	销售订单	N	—	审批流
3	销售发货单	N	—	审批流
4	销售出库单	N	—	审批流
5	销售发票	N	—	审批流
6	应收单	Y	Y	工作流
7	收款单	Y	Y	工作流

注：Y 代表“是”，N 代表“否”。

9.4.2　业务描述

9.4.2.1　签订销售合同

2019 年 7 月 1 日，鸿途集团水泥有限公司与天海集团总公司签署销售合同（合同编码：SC20190182），签约信息如下（详细信息参见纸质合同）。

合同甲方：天海集团总公司。

合同乙方：鸿途集团水泥有限公司。

乙方为甲方提供通用水泥产品，供应天海集团的袋装 PC32.5 水泥价格为 300 元/吨，月供应数量为 1000 吨左右，实际数量依据每月的要货申请。

发票随货，并于当月底完成收款结算。

此合同有效期为 2019 年 7 月 1 日 ~2019 年 12 月 31 日。

9.4.2.2　销售发货出库

2019 年 7 月 5 日，鸿途集团水泥有限公司与天海集团总公司签订一笔销售订单并录入系统。相关信息如表 9－2 所示。

表 9－2　销售订单

项目名称	需求数量	单价	客户
PC32.5 水泥	1000 吨	300 元	天海集团总公司

销售订单审批通过后，2019 年 7 月 6 日，办理“PC32.5 水泥”出库，并通过公路运输发货。

9.4.2.3　应收挂账

2019 年 7 月 6 日，针对“PC32.5 水泥”发货，鸿途集团水泥有限公司开具增值税专用发票，票随货走。开票相关信息如表 9－3 所示。

表 9－3　开票信息

项目名称	需求数量	含税单价	价税合计	税率	税额	客户
PC32.5 水泥	1000 吨	300 元	300000 元	13%	34513.27 元	天海集团总公司

开具发票的同日，鸿途集团水泥有限公司完成了应收挂账流程。

9.4.2.4　应收收款

2019 年 7 月 31 日，客户打款 30 万元。

9.4.2.5　操作指导

（1）签订销售合同操作指导如图 9－12 所示。

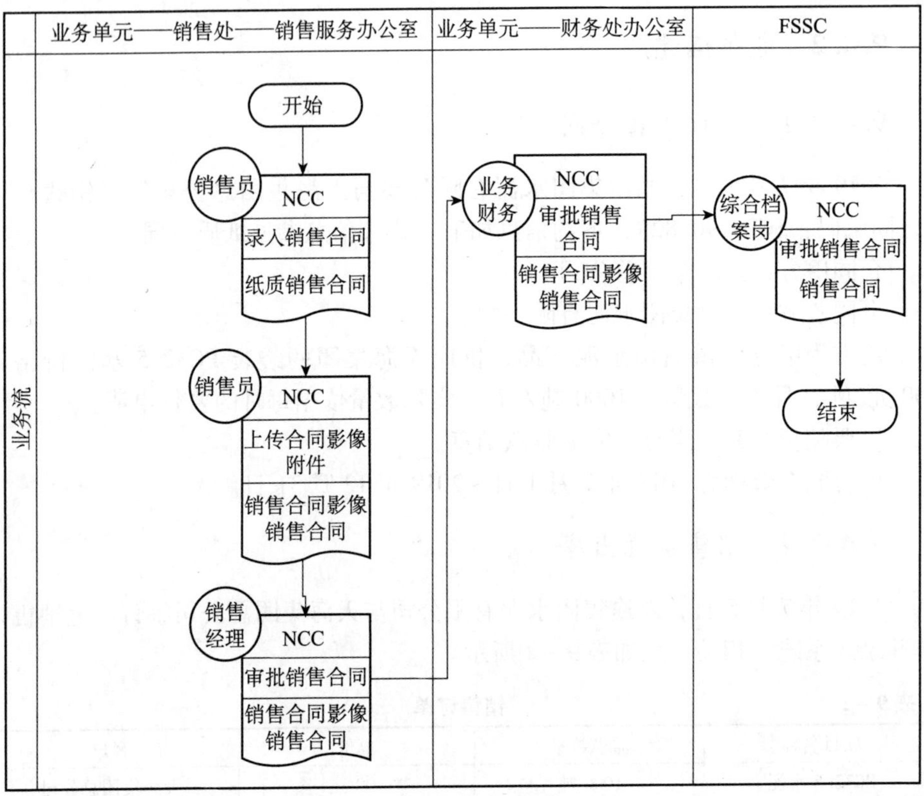

图 9－12　签订销售合同操作指导

（2）销售发货出库操作指导如图 9－13 所示。

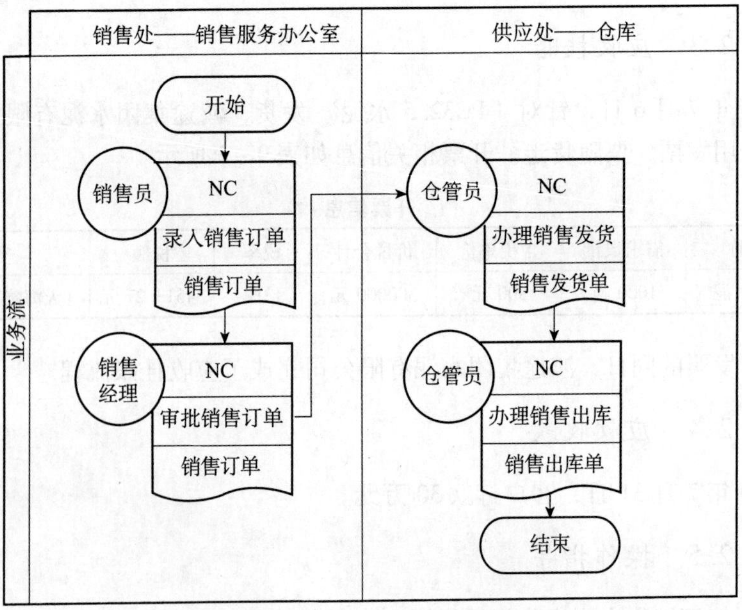

图 9－13　销售出库操作指导

（3）应收挂账操作指导如图 9 - 14 所示。

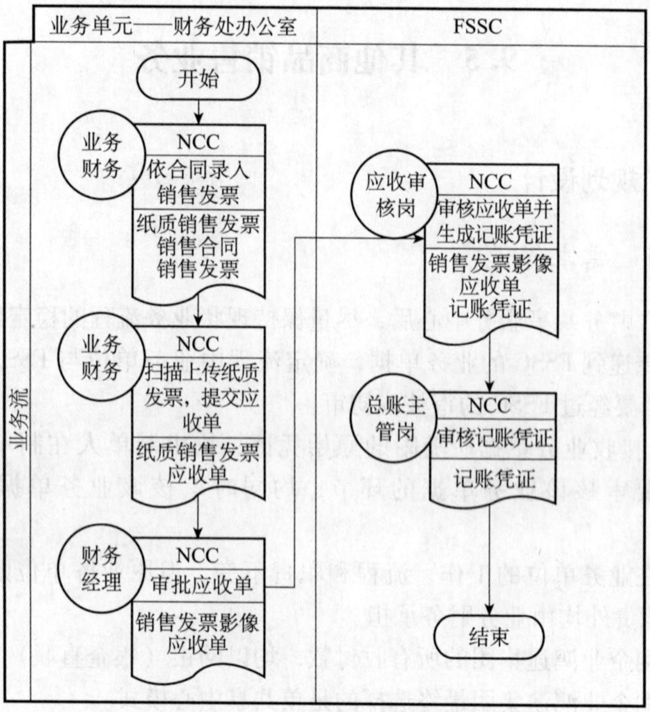

图 9 - 14　应收挂账操作指导

（4）应收收款操作指导如图 9 - 15 所示。

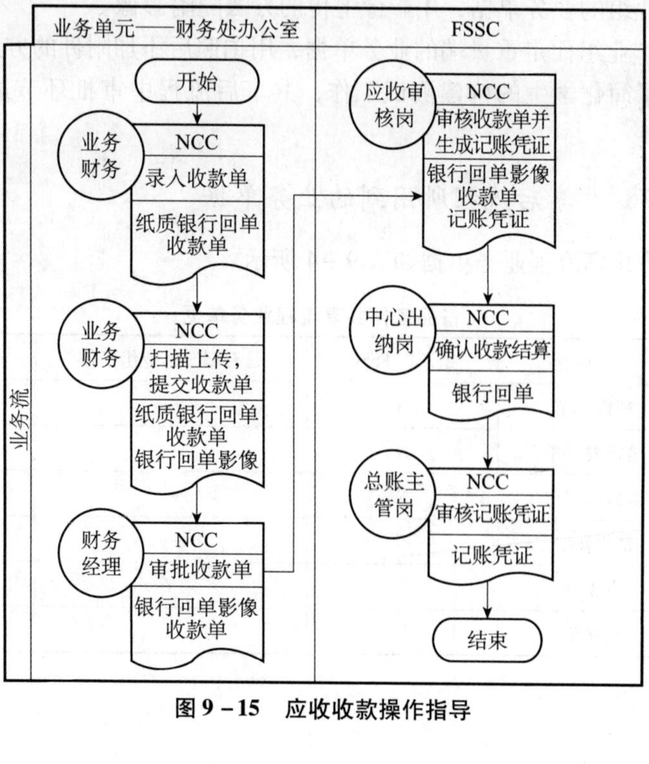

图 9 - 15　应收收款操作指导

9.5 其他商品销售业务

9.5.1 规划设计

9.5.1.1 需求假设

（1）建立财务共享服务中心后，尽量保持现状业务流程的稳定性。

a. 根据传递到FSSC的业务单据，确定流程中业务单位与FSSC的边界，该业务单据都需要经过FSSC的审核或初审。

b. FSSC接收业务单据所随附的原始凭证，均由制单人在制单后立即扫描上传；此后要审核该业务单据的环节，均同时审核该业务单据的原始单据影像。

c. 保留在业务单位的工作，流程和职责不变，但原业务单位财务部的工作除财务经理职责外均由业务财务承担。

（2）案例企业鸿途集团的所有收付款，均以网银（银企直联）方式完成。

（3）案例企业鸿途集团最终选择的是单共享中心模式。

（4）为了让共享中心审核有据，所有进入FSSC审核的业务单据，必须随附外部原始凭证的影像。

a. 走作业组的业务单据，用影像上传的方法随附影像。

b. 不走作业组而走重量端的业务单据，用拍照后添加附件的方法随附影像。

（5）为了简化学生的构建测试工作，共享后流程中审批环节最高只设计到子公司总经理。

9.5.1.2 共享后流程所用到的业务单据

备品备件共享流程业务单据如表9-4所示。

表9-4　备品备件共享流程业务单据

序号	名称	是否进FSSC	是否属于作业组工作	流程设计工具
1	销售订单	N	—	审批流
2	销售发货单	N	—	审批流
3	销售出库单	N	—	审批流
4	销售发票	N	—	审批流
5	应收单	Y	Y	工作流
6	收款单	Y	Y	工作流

9.5.2 业务描述

9.5.2.1 销售发货出库

2019年7月5日鸿途集团水泥有限公司与天海中天精细化工有限公司签订一笔材料销售订单，信息如表9-5所示，发货时间为7月11日，价格为226元/吨（含增值税），并生成销售发货单。

表9-5 材料销售订单

项目名称	需求数量	客户
天然石膏	1000吨	天海中天精细化工有限公司

2019年7月11日，“天然石膏”发货出库。

9.5.2.2 应收挂账

2019年7月11日，针对“天然石膏”发货开具增值税专用发票，票随货走。当日完成了后续的应收挂账流程。开票相关信息如表9-6所示。

表9-6 开票信息

项目名称	需求数量	含税单价	价税合计	税率	税额	客户
天然石膏	1000吨	226元	226000元	13%	26000元	天海中天精细化工有限公司

9.5.2.3 应收收款

2019年7月31日，客户打款。收到客户通知并从网银系统获得银行收款电子回单的打印件后，在系统里录入该笔收款单（见表9-7）。

表9-7 收款单

客户名称	收款金额
天海中天精细化工有限公司	226000元

9.5.2.4 操作指导

（1）销售订货出库操作指导如图9-16所示。

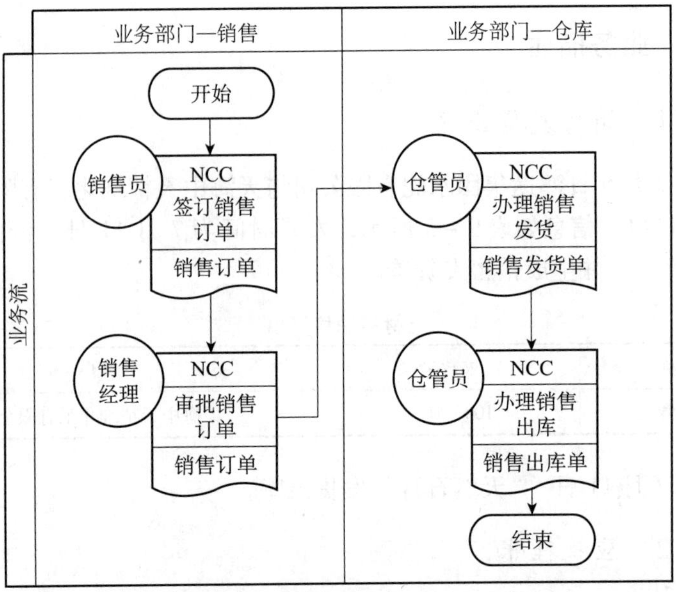

图 9－16　销售订货出库操作指导

（2）应收挂账操作指导如图 9－17 所示。

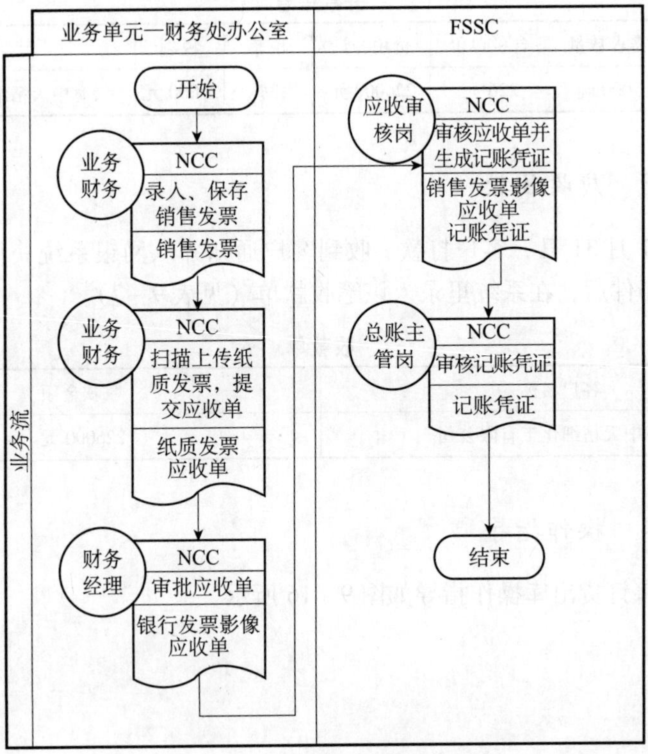

图 9－17　应收挂账操作指导

(3) 应收收款操作指导如图9-18所示。

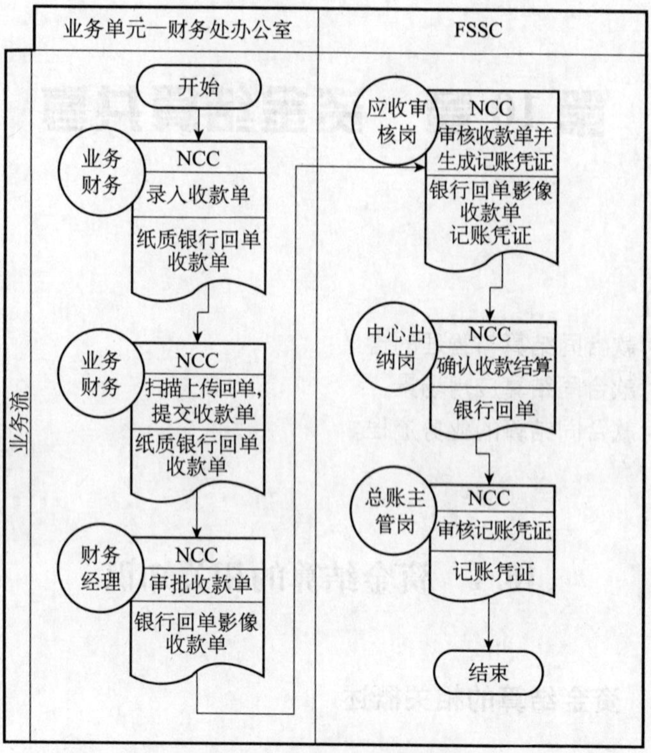

图9-18 应收收款操作指导

第 10 章　资金结算共享

［学习目标］

理解收付款合同结算与管理的含义；

掌握收付款合同结算应用场景；

掌握收付款合同结算的业务流程。

10.1　资金结算的相关知识

10.1.1　资金结算的相关概述

10.1.1.1　资金结算的含义

企业资金结算业务，用来处理不涉及往来的收付款，即不涉及供应链合同或收付款合同的收付款业务，主要包括以下五种方式。

（1）不涉及往来的收款，从业务发生到审批以及结算完成的整个业务流程，如罚没收入，直接收到现金。

（2）不涉及往来的收款，从银行获得到账信息后及时进行核算确认，例如，对方采用网银转账等方式支付的款项进行收款到账认领。

（3）不涉及往来的内部划账，公司内外部账户之间的划账业务。

（4）不涉及往来的付款，从业务发生到审批以及结算完成的整个业务流程，例如，水电费支出，银行主动扣款，进行付款到账认领。

（5）不涉及往来的付款，从业务发生到审批以及直连支付完成的整个业务流程，如日常支出，通过银企直联向供应商支付款项。

资金结算（包括对外结算与对内结算）是财务日常工作的重要内容之一，在财务共享服务模式下，企业通常采取统筹资金计划、集中结算的资金结算方式。资金结算是企业自动化程度较高的财务流程之一。

10.1.1.2　收付款合同结算与管理的含义

收付款合同，是指企业签署的、具有收款或付款条款的、不属于销售合同/

采购合同、项目合同等的合同。

收付款合同结算，是指企业依据收付款合同的收款或付款条款进行结算的行为。

收付款合同管理是以合同为主线，帮助企业财务部门加强合同收付款业务的过程管理与控制。它支持企业对以自身为当事人的合同依法进行录入登记、审批、履约、变更、冻结、终止等一系列活动，有助于降低企业资金风险，提高部门协作效率。

10.1.1.3　收付款合同结算应用类型

收付款合同结算，通常会经过以下三个业务阶段。

（1）收付款合同签订。企业的业务部门与客户或供应商经过协商、谈判并达成一致后，拟定收款或付款合同，合同在按照企业合同审批流程通过后正式生效，同时合同进入履行状态。

（2）收付款合同立账（应收/应付挂账）。当企业与合同中指定的客户或供应商发生应收或应付业务时，财务部参照合同进行应收或应付账款的确认。

（3）收付款结算。合同执行人可根据相应收付款计划或按照企业结算审批流程通过后，进行收款或付款。

10.1.2　建立FSSC后资金管理的变化及存在的优势

大型集团建立财务共享服务中心后，随着会计和报告业务高度集中统一，作为企业运营血液的资金管理活动也更加集中统一，具体体现在：预算管控高度集中统一、账户管理及使用集中统一、资金管理集中统一、货币资金收支高度集中，以利于公司进行资金调度调节以及投融资活动的开展，提高资金使用效率，促进企业规模发展。通过逐级上报、逐级下达、逐级分解、期中预警跟踪、期末考核来实现预算的集中管理，通过集中开设唯一、专用的结算账户，集中分配现金流预算，通过集中进行支付结算及收支两条线管理来实现账户和资金的集中管理。

10.2　鸿途集团收付款合同结算的现状

10.2.1　鸿途集团业务系统合同管理现状

鸿途集团在业务系统部署了多个合同管理模块，包括销售合同、采购合同、项目合同等。在结算环节，需要整合业务表单，实现合同控制，在供应链、项目管理录入的合同，在结算时单据根据客户/供应商名称自动带出同一客户/供应商的系统合同（合同订单）供制单人选择。各级审核人员根据合同编号查询系统合同，结算时不再需要业务人员上传合同复印件。

10.2.2　鸿途集团收付款合同管理现状

未实行业务系统录入的合同，如总部管理的合同、下属公司的服务合同，由各级财务人员在收付款合同模块录入合同，自动控制结算。

财务系统（收付款）合同执行中的相关岗位如表 10 – 1 所示。

表 10 – 1　岗位及内容

岗位名称	工作内容
总账会计	总账管理，审核记账，月末结账
结算会计	票据审核、费用结算及统计
出纳	资金系统管理及银行对账、融资等业务

10.2.3　收付款合同结算痛点

收付款合同结算痛点包括以下三点。

（1）收付款合同的签订流程，各子公司各自为政、流程不统一。

（2）集团无法及时获得准确的收付款合同执行情况。

（3）对于超合同金额的收付款控制，集团没有统一的控制点，增加了合同执行风险。

10.3　操作流程现状

10.3.1　收款合同结算操作流程

现有的工作流程如图 10 – 1 所示。

图 10 – 1　工作流程

10.3.1.1　收款合同签订

收款合同签订流程如图 10 – 2 所示。

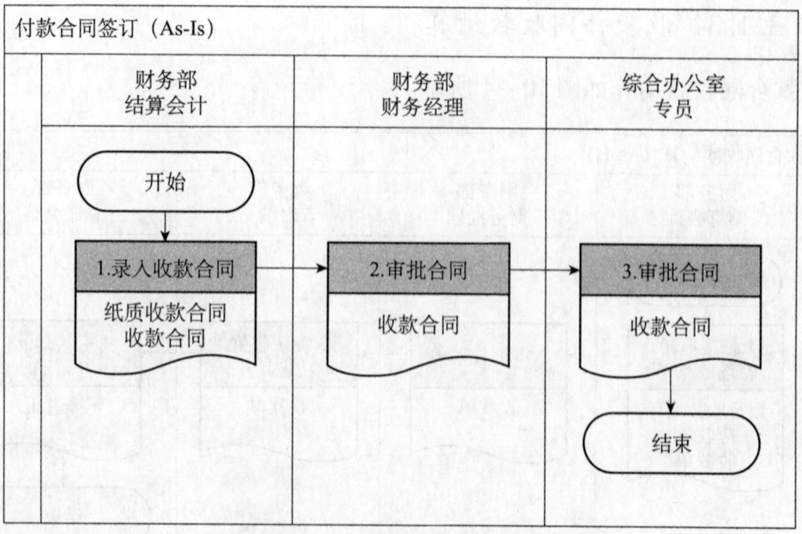

图 10－2　收款合同签订流程

10.3.1.2　收款合同应收挂账

收款合同应收挂账流程如图 10－3 所示。

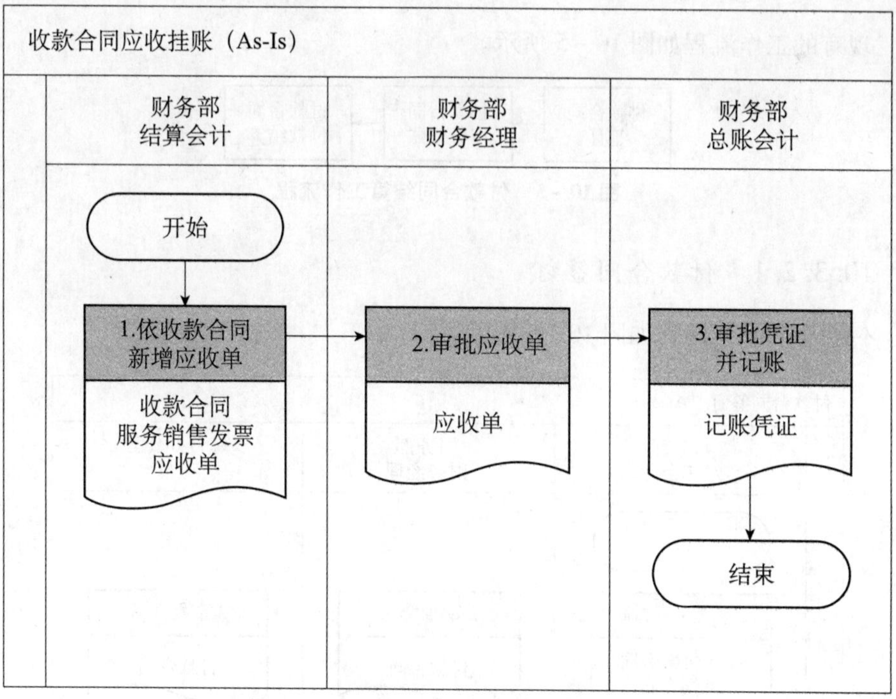

图 10－3　应收挂账流程

10.3.1.3 收款合同收款结算

收款合同收款结算如图 10－4 所示。

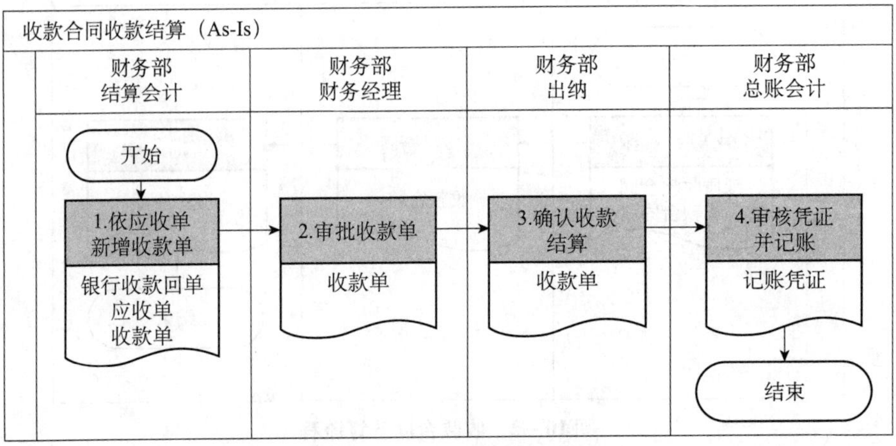

图 10－4　收款结算流程

10.3.2 付款合同结算操作流程

现有的工作流程如图 10－5 所示。

图 10－5　付款合同结算工作流程

10.3.2.1 付款合同签订

付款合同签订流程如图 10－6 所示。

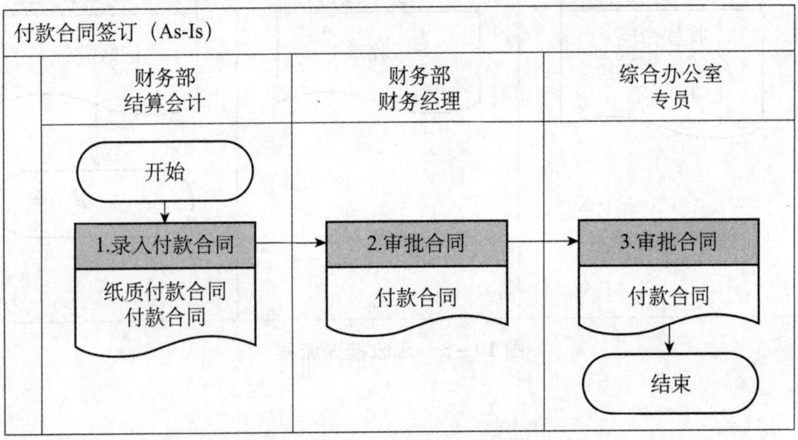

图 10－6　付款合同签订流程

10.3.2.2　付款合同应付挂账

付款合同应付挂账流程如图 10－7 所示。

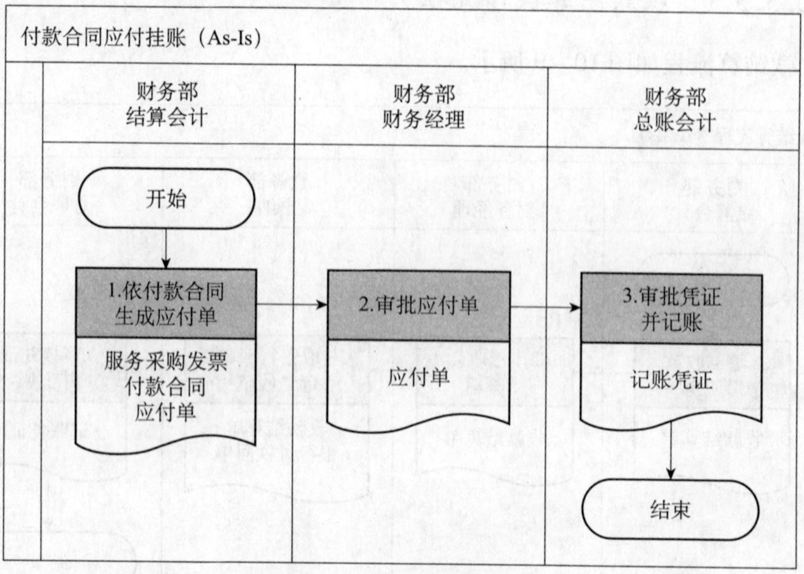

图 10－7　应付挂账流程

10.3.2.3　付款合同付款结算

付款合同付款结算流程如图 10－8 所示。

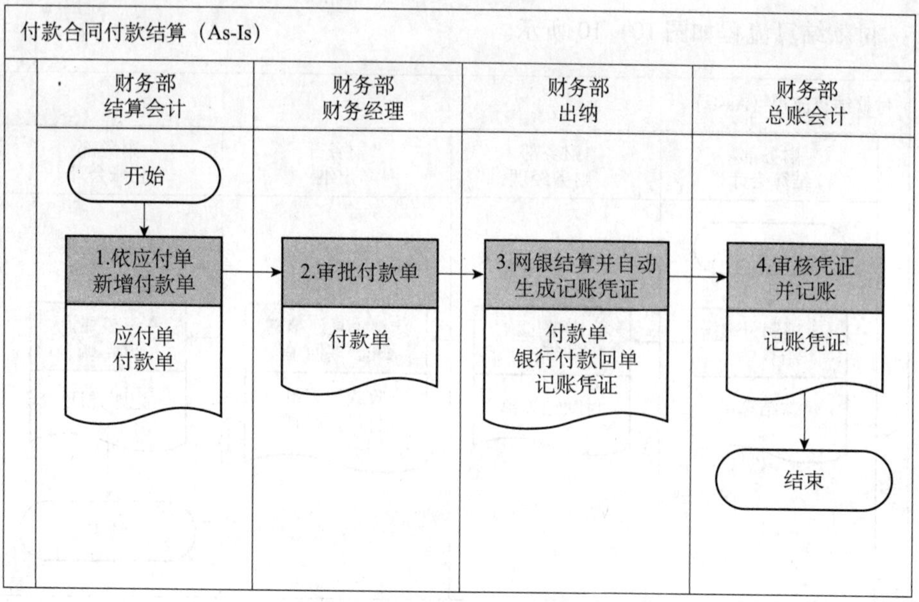

图 10－8　付款结算流程

10.3.3 资金结算业务操作流程

10.3.3.1 收款结算操作流程

收款结算流程如图10－9所示。

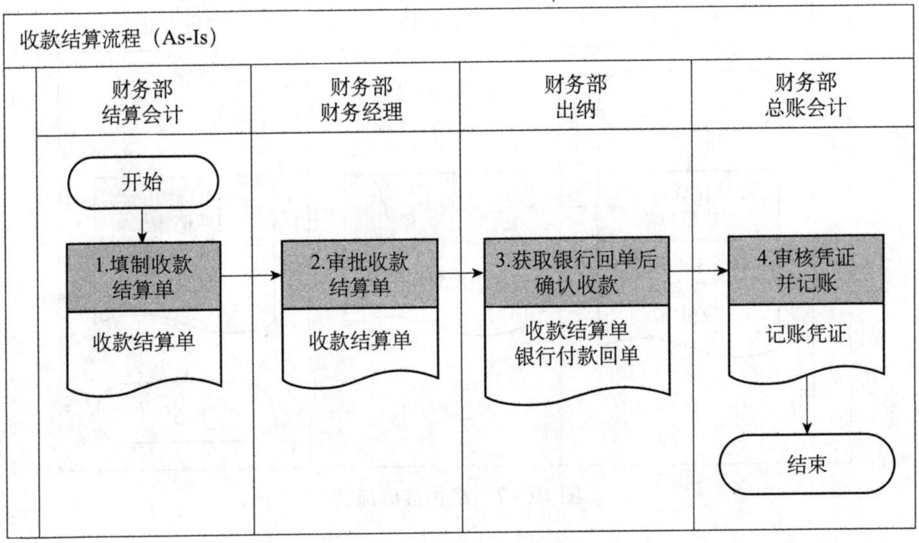

图10－9 收款结算流程

10.3.3.2 付款结算操作流程

付款结算流程如图10－10所示。

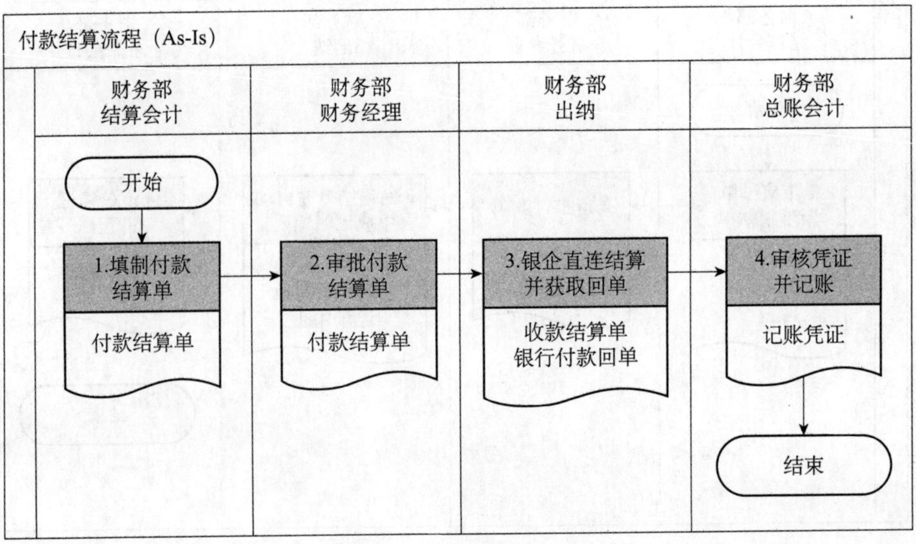

图10－10 付款结算流程

10.4　收款/付款合同结算

10.4.1　规划设计

10.4.1.1　需求假设

（1）建立财务共享服务中心后，尽量保持现状业务流程的稳定性。

a. 根据传递到 FSSC 的业务单据，确定流程中业务单位与 FSSC 的边界，该业务单据都需要经过 FSSC 的审核或初审；

b. FSSC 接收业务单据所随附的原始凭证，均由制单人在制单后立即扫描上传；此后要审核该业务单据的环节，均同时审核该业务单据的原始单据影像；

c. 保留在业务单位的工作，流程和职责不变，但原业务单位财务部的工作除财务经理职责外均由业务财务承担。

（2）案例企业鸿途集团的所有收付款，均以网银（银企直联）方式完成。

（3）案例企业鸿途集团最终选择的是单共享中心模式。

（4）为了让共享中心审核有据，所有进入 FSSC 审核的业务单据，必须随附外部原始凭证的影像。

a. 走作业组的业务单据，用影像上传的方法随附影像；

b. 不走作业组而走重量端的业务单据，用拍照后添加附件的方法随附影像。

（5）为了简化学生的构建测试工作，共享后流程中审批环节最高只设计到子公司总经理。

10.4.1.2　共享后流程所用到的业务单据

资金结算共享流程业务单据如表 10－2 所示。

表 10－2　资金结算共享流程业务单据

序号	名称	是否进 FSSC	是否属于作业组工作	流程设计工具
1	付款合同	Y	Y	工作流
2	应付单	Y	Y	工作流
3	付款单	Y	Y	工作流
4	收款合同	Y	Y	工作流
5	应收单	Y	Y	工作流
6	收款单	Y	Y	工作流

注：Y 代表“是”，N 代表“否”。

10.4.2　付款合同结算业务构建测试

10.4.2.1　付款合同结算业务测试用例

（1）付款合同签订测试用例。

鸿途集团水泥有限公司销售处拟聘请广东万昌印刷包装有限公司为服务方，为本公司设计新产品广告文案，双方签订了设计服务合同。

合同标的内容：新产品广告文案设计服务；

合同名称：设计服务合同；

合同编码：FK－201907012；

合同甲方：鸿途集团水泥有限公司；

合同乙方：广东万昌印刷包装有限公司；

合同金额：5.30 万元，其中包括增值税额 0.30 万元（增值税税率 6%）；

付款方式：在项目验收后一次性支付。

（2）付款合同结算测试用例。

在 NCC 中测试完成“（一）付款合同签订测试用例”中“4. 付款方式”条款进行付款的流程。

签订合同：2019－7－1；

设计方案通过验收并收到发票：2019－7－15；

付款：2019－7－20；

【注意事项】

a.“物料”在 NCC 中要选用“541601 设计服务”。

b. 原始凭证“付款合同纸质件”作为本课程的教辅资源，在上课时以物理单证的形式发放给学生。

10.4.2.2 操作指导

（1）付款合同签订操作指导如图 10－11 所示。

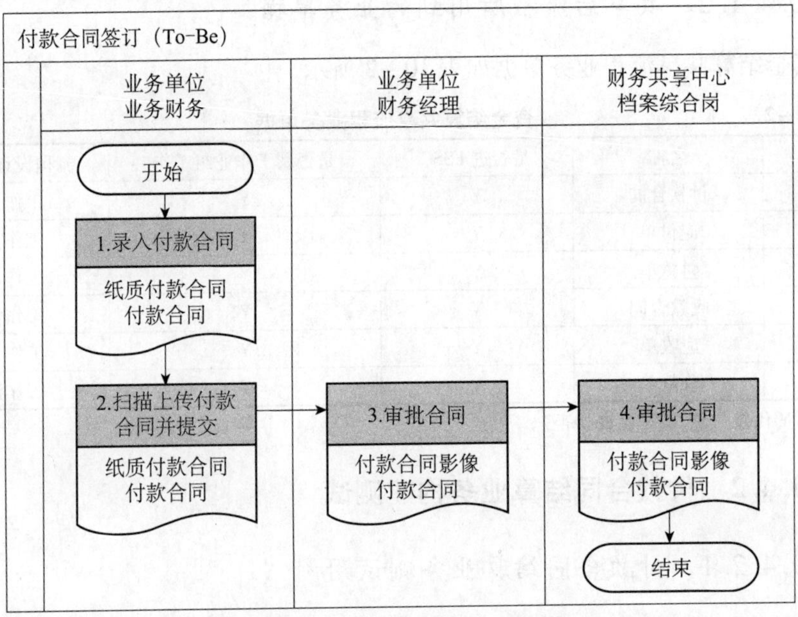

图 10－11 付款合同签订操作指导

(2) 付款合同应付挂账操作指导如图 10-12 所示。

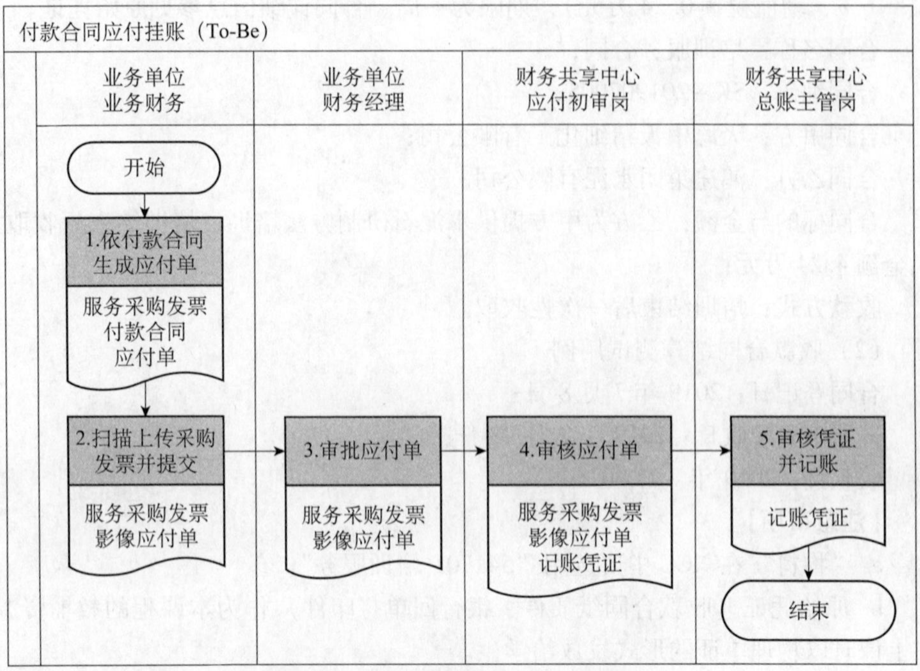

图 10-12 付款合同应付挂账操作指导

(3) 付款合同付款结算操作指导如图 10-13 所示。

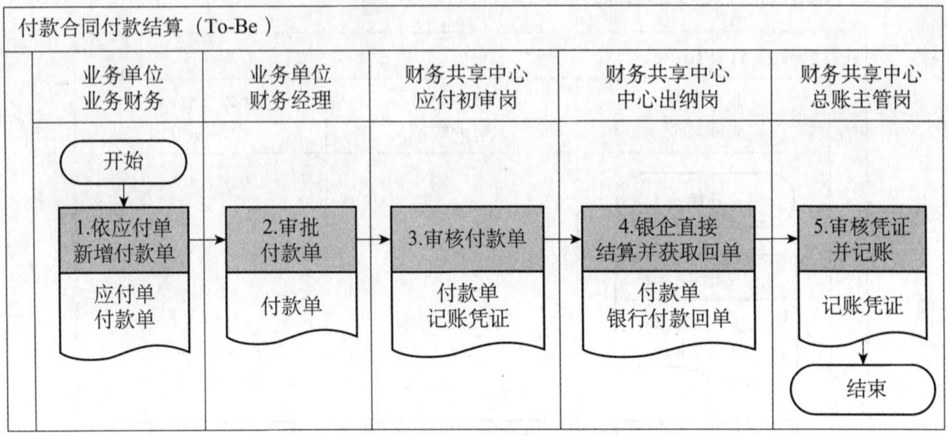

图 10-13 付款合同付款结算操作指导

10.4.3 收款合同结算业务构建测试

10.4.3.1 收款合同结算业务测试用例

(1) 收款合同签订测试用例。

天海中天精细化工有限公司要设计和试制一种新型水泥石，特聘请鸿途集团水泥有限公司为其提供水泥石研制方法培训，合同金额为4.24万元（其中增值税率6%、增值税额0.24万元），期限为一周。合同详细信息参见原始凭证。

合同名称：培训服务合同；

合同编码：SK－201907005；

合同甲方：天海中天精细化工有限公司；

合同乙方：鸿途集团水泥有限公司；

合同标的与金额：乙方为甲方提供水泥石研制方法培训，培训结束后收取含税金额4.24万元；

收款方式：培训结束后一次性收取。

（2）收款合同结算测试用例。

合同登记日：2019年7月8日；

开票确立应收日：2019年7月22日；

收款日：2019年7月30日。

【注意事项】

a. “物料”在NCC中要选用“541701 培训服务”。

b. 原始凭证（收款合同纸质件、银行回单打印件）作为本课程的教辅资源，在上课时以物理单证的形式发放给学生。

10.4.3.2 操作指导

（1）收款合同签订操作指导如图10－14所示。

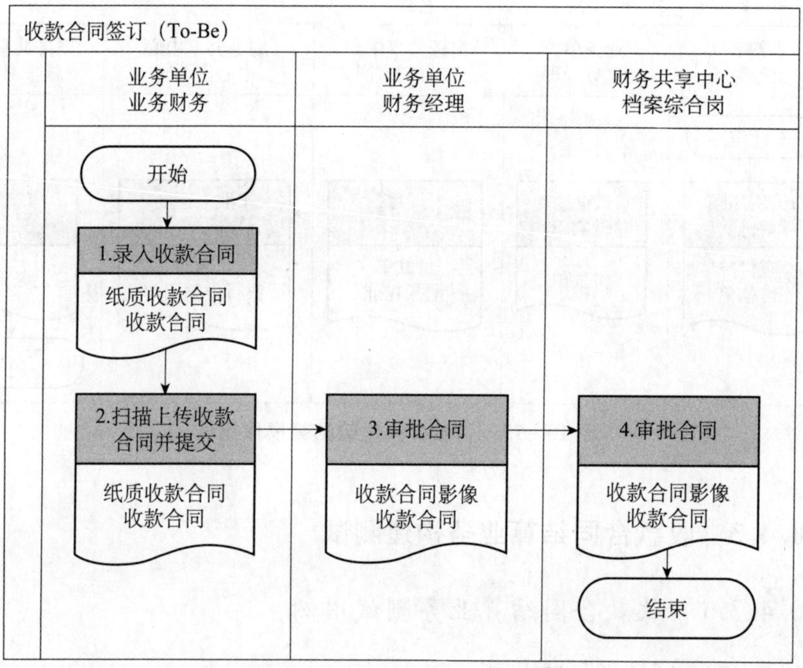

图10－14 收款合同签订操作指导

（2）收款合同应收挂账操作指导如图 10－15 所示。

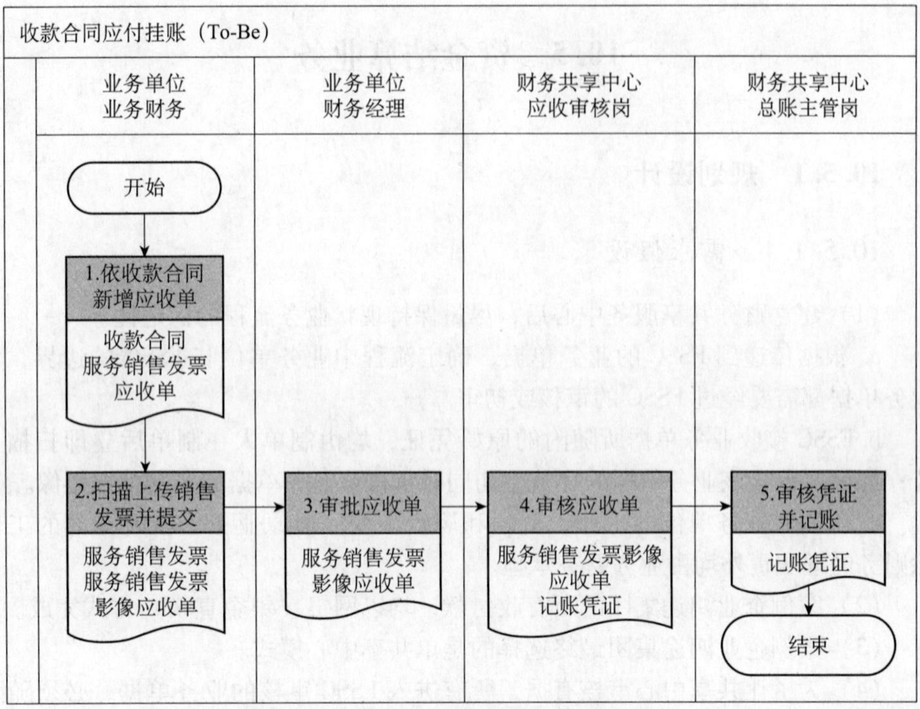

图 10－15　收款合同应收挂账操作指导

（3）收款合同收款结算操作指导如图 10－16 所示。

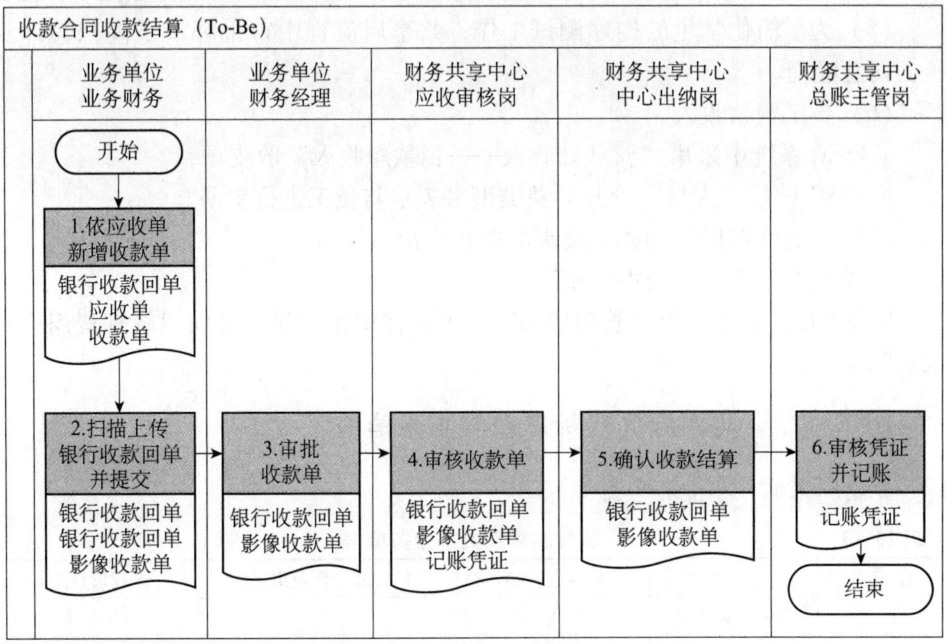

图 10－16　收款合同收款结算操作指导

10.5 资金结算业务

10.5.1 规划设计

10.5.1.1 需求假设

（1）建立财务共享服务中心后，尽量保持现状业务流程的稳定性。

a. 根据传递到 FSSC 的业务单据，确定流程中业务单位与 FSSC 的边界，该业务单据都需要经过 FSSC 的审核或初审。

b. FSSC 接收业务单据所随附的原始凭证，均由制单人在制单后立即扫描上传；此后要审核该业务单据的环节，均同时审核该业务单据的原始单据影像。

c. 保留在业务单位的工作，流程和职责不变，但原业务单位财务部的工作除财务经理职责外均由业务财务承担。

（2）案例企业鸿途集团的所有收付款，均以网银（银企直联）方式完成。

（3）案例企业鸿途集团最终选择的是单共享中心模式。

（4）为了让共享中心审核有据，所有进入 FSSC 审核的业务单据，必须随附外部原始凭证的影像。

a. 走作业组的业务单据，用影像上传的方法随附影像。

b. 不走作业组而走重量端的业务单据，用拍照后添加附件的方法随附影像。

（5）为了简化学生的构建测试工作，共享后流程中审批环节最高只设计到子公司总经理。

（6）员工罚款收入。

a. FSSC 系统中采用“营业外收入——罚款净收入”收支项目。

b. FSSC 设置“人员”交易对象类型来表示与员工进行交易。

（7）行政性费用（如办公楼水电费）支出。

a. 费用归口于“综合办公室”。

b. FSSC 系统中采用“管理费用”下面的详细收支项目（如“管理费用——水费”）。

10.5.1.2 共享后流程所用到的业务单据

原材料采购共享业务单据如表 10－3 所示。

表 10－3 原材料采购共享业务单据

序号	名称	是否进 FSSC	是否属于作业组工作	流程设计工具
1	付款结算单	Y	Y	工作流
2	收款结算单	Y	Y	工作流

10.5.2　付款结算业务构建测试

10.5.2.1　付款结算业务测试用例

2019年7月5日，鸿途集团水泥有限公司向绿城物业服务集团有限公司缴纳上个月公司行政办公大楼水费，后者已经开具增值税专用发票，税率（征收率）为3%。根据发票所记载的情况，上个月应缴纳的水费总金额为36676.24元（不含税金额为35608.00元）。

【注意事项】

增值税专用发票作为本课程的教辅资源，在上课时以物理单证的形式发放给学生。

10.5.2.2　操作指导

付款结算共享后操作指导如图10-17所示。

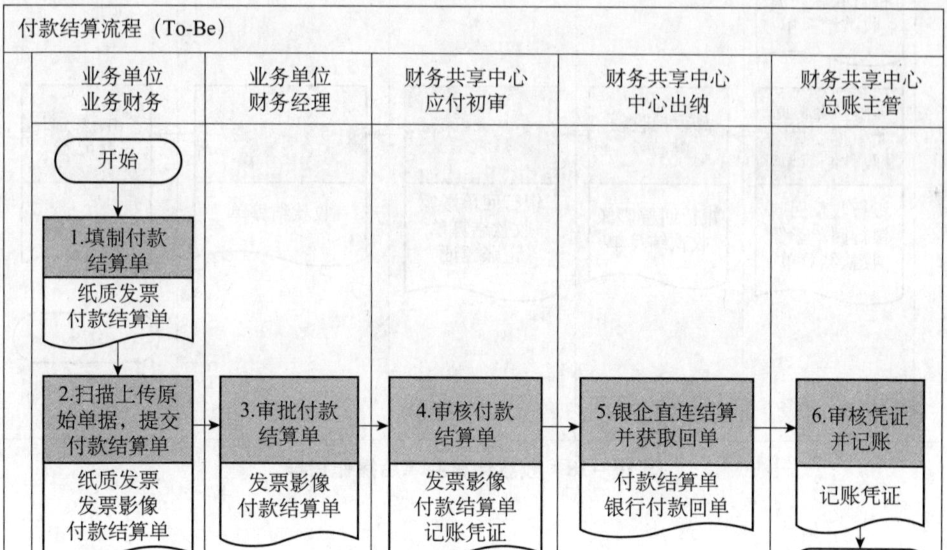

图10-17　付款结算共享后操作指导

10.5.3　收款结算业务构建测试

10.5.3.1　收款结算业务测试用例

鸿途集团水泥有限公司综合办公室经理杨天波，在公司2019年7月8日召开的中层干部工作会议时无故缺席，被罚款300元。7月8日，杨天波已经通过网银将罚款转入公司收入账户。

【注意事项】

罚款入账的纸质银行回单（电子版），作为本课程的教辅资源，在上课时由学生自行打印。

10.5.3.2　操作指导

收款结算共享后操作指导如图 10－18 所示。

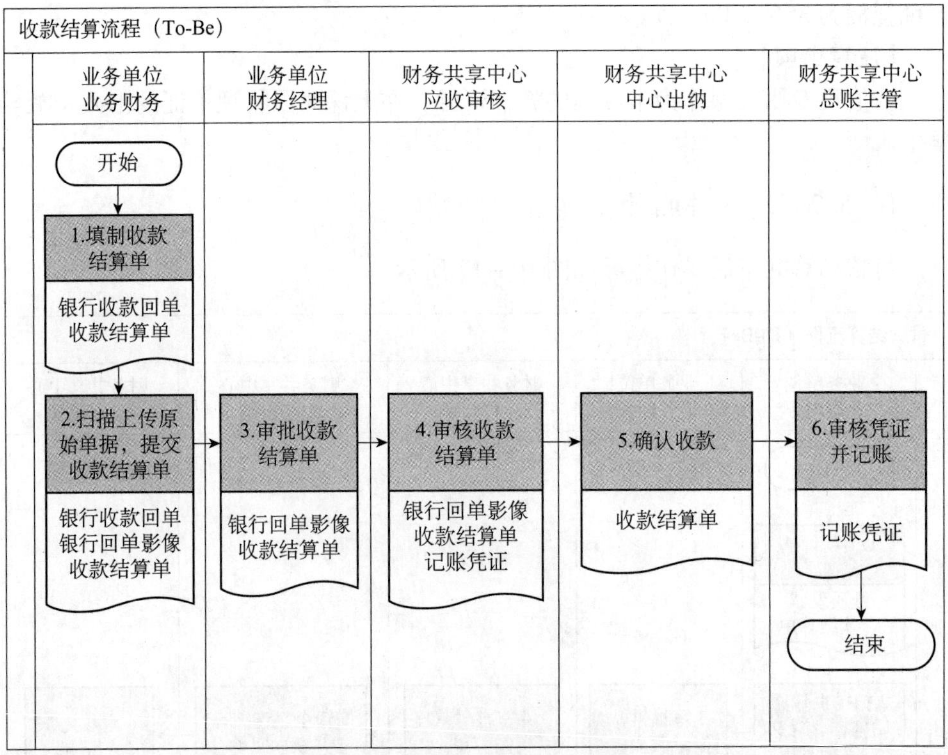

图 10－18　收款结算共享后操作指导

第 11 章　财资管理共享

[学习目标]

掌握财资管理的相关概念；

了解资金集中管理的 8 种模式；

掌握资金上收下拨业务的操作流程；

掌握外部委托付款业务的操作流程。

11.1　财资管理业务概述

11.1.1　财资管理业务基本知识

11.1.1.1　资金管理的概念

在企业生产经营过程中，企业管理者利用各种管理工具与方法，实现对“人、财、物”的有效控制与管理。其中，“财”即“资金”，既是企业生存所需的资源，也是企业的经营成果，贯穿于企业整个生产经营活动过程中，是企业管理活动的核心。

资金管理是企业（财务）管理的重要组成部分，是通过精确的组织、计划、控制、信息和考核等管理手段，对企业资金运动的全过程进行有效的管理，包括合理地筹集资金，高效率地运用资金，有效地控制资金、降低资金成本，进而帮助企业获得竞争优势、实现企业价值最大化。

11.1.1.2　资金管理的职能框架

企业资金管理的职能框架如图 11－1 所示。

资金管理职能框架				
报告分析	预警报告	统计报告	流量分析	存量分析
资金平衡	资金计划	融资管理	付款排程	头寸管理
日常结算	付款管理	收款管理	票据管理	现金管理
基础管理	账户管理	数据设置	银企直联	档案管理

图 11－1　企业资金管理的职能框架

11.1.1.3 集团资金管理职能

集团资金管理职能及其在财务职能体系中的定位，如图 11－2 所示。

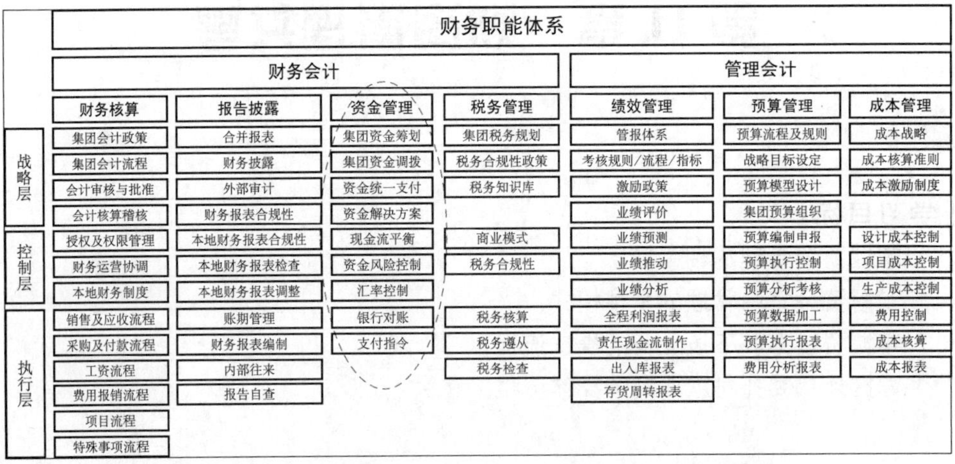

图 11－2　集团资金管理职能及其在财务职能体系中的定位

11.1.1.4 常见的资金集中管理模式

（1）统收统支模式。企业的现金收付活动集中在集团或某一主体的财务部和统一的银行账户，各分支机构或子公司不单独设立账户，所有的收款全部归入统一的银行账户，所有的现金支出都通过财务部指定的账户付出，现金收支完全集中在集团总部。

（2）收支两条线模式。企业的资金收入和资金支出分别使用互相分离的流程、组织或资金流动路径，以达到保证资金安全、有效监控现金流动的目的。收支两条线模式要求收到的资金直接进入回款账户，支付时需要经过审批，才能对外支出，不得“坐收坐支”。

（3）备用金模式。企业按照一定的期限或金额，拨给所属分支机构和子公司一定数额的资金，以备使用。各分支机构或子公司发生实际资金支出后，持有关凭证到企业财务部报销以补足备用金。

（4）结算中心模式。通常在集团财务部门设立结算中心，专门办理集团内部各成员公司的资金收付及往来结算业务。各成员公司根据结算中心预核定的资金存量限额，必须将高于限额的资金转入结算中心的银行账户，结算中心集中管理集团和各成员公司的资金。结算中心核定各成员公司日常所需资金后，统一拨付至各成员公司，监控货币资金的使用。为获得更好的银行服务与融资，结算中心需统一对外协调银行关系和筹措资金，办理各成员公司之间的往来结算，以减少资金沉淀，提高资金利用效率和效益。另外，各成员公司都有自己的财务部门，有独立的账号（通常是二级账号）进行独立核算。因此，结算中心模式并不意味着将各成员公司的全部资金完全集中到集团总部，而是资金流动、投资和融资、关联结算等事项的决策集中化，各成员公司依然拥有较大的资金经营权和决策权。

（5）内部银行模式。内部银行模式是企业集团下属子公司常用的资金集中管理模式，是较结算中心更为完善的内部资金管理机构。内部银行引进商业银行的信贷、结算、监督、调控、信息反馈职能，发挥计划、组织、协调作用，并成为企业和下属单位的经济往来结算中心、信贷管理中心、货币资金的信息反馈中心。各分子公司与集团实行相对独立核算、自负盈亏。另外，各成员公司无权对外融资，必须由内部银行统一对外筹措资金，并根据集团公司为各成员公司核定的资金和费用定额，结合其实际需要发放贷款，进行统一运作，合理调度资金。

（6）财务公司模式。集团财务公司，是专门从事集团公司内部资金融通业务的非银行性金融机构，须由政府监管机构批准，是大型企业集团或跨国公司投资设立的一个独立的子公司法人实体。财务公司经营的金融业务，大体上可以分为融资、投资和中介三部分。融资业务包括经批准发行财务公司债券、从事同业拆借等；投资业务包括承销成员单位的企业债券、对金融机构的股权投资、成员单位的消费信贷、买方信贷、融资租赁、贷款等；中介业务包括对成员单位交易款项的收付、对成员单位提供担保、办理票据承兑与贴现、办理成员单位之间的内部转账结算等。

（7）资金池（cash pooling）模式。资金池模式也称为现金池模式，是由跨国公司的财务部门与国际银行合作开发的资金管理模式，统一调拨集团的全球资金，以最大限度地降低集团持有的净头寸。资金池管理模式，根据是否实际划拨资金分为两种："实体资金池"和"名义或虚拟资金池"。在"实体资金池"结构中，企业在同一家银行设立一个母账户和若干个子账户。银行每日定时将子账户的资金余额上划到母账户中，资金上划后，子公司账户上保持零余额（ZBA）或目标余额（TBA）。这个限额的设定，通常是由企业根据自身资金管理的需求和现金存量的额度，与银行协商确定。

11.1.1.5　常见的资金集中管理模式比较

常见的资金集中管理模式比较如表 11－1 所示。

表 11－1　常见的资金集中管理模式

管理模式	模式特点	优点	缺点	适用场景
统收统支	结算活动在某一主体设统一账户；分支机构不设账户	有助于实现资金平衡；提升资金使用效率；减少资金沉淀；防范控制风险	管理方式不够灵活；影响分支机构业务运作	分支机构少；业务简单；资金流向规律
收支两条线	收入和支出使用不同的账户，收入户只收不付，支出户只付不收，不得坐支	收支分离，便于资金监控，保证资金安全	账户开立数量增多，账户管理成本增加	业务相对复杂，收付业务量较大

续表

管理模式	模式特点	优点	缺点	适用场景
拨付备用	按照一定期限或金额拨付分支机构定额资金供其使用；资金使用后持凭证进行报销补充备用金；分支机构一般不独立设置财务部门	方便支取使用；管理相对规范	资金使用存在上限；容易产生较大沉淀	个人、部门、办事处、简单分公司；复杂分公司和子公司不适用
结算中心	在公司内部建立；统一进行账户管理；统一资金调度（根据情况本地可保留必要的收付职能）；统一协调银行关系，筹集资金；各成员企业保留财务部门；成员企业拥有较大决策和自主权	统一支付结算，提高结算效率；集中资金监控，确保资金安全；资金集中管理，降低资金沉淀	组建和管理成本相对较高；账户体系和资金运转复杂；复杂资金业务难以处理；作为成本中心不易评价结算中心效益	适用于集团具有大量分子公司，账户数量多，结算量大，复杂投融资业务较少的集团公司；不适用于投融资活动频繁、业务特殊的大型集团公司
内部银行	引入商业银行职能和管理方式；具备结算、信贷、外汇管理等职能（统一结算、统一信贷、统一融通）；独立考核内部银行的效益	统一信贷管理，降低融资成本；引入商业银行模式，管理更为科学高效；独立核算自负盈亏，便于考核	目前无相关法律法规进行明确，存在政策和法律风险；引入商业银行运作模式，运行成本较高	一般而言，企业内部银行适用于具有较多责任中心的企事业单位，特别是无法建立财务公司而通过结算中心无法满足企业管理需要时
财务公司	依法成立非银行金融机构，具备独立法人资格；可以从事融资、投资、金融中介等服务内容；将资金管理、金融服务市场化，机制更加健康	可以进行资金整合控制，加强资金监管；承担集团资金理财职责，丰富理财手段；加速内部资金结算和周转速度；提供担保、资信、咨询等更全面的金融服务	成立难度大，成本高；管理难度大，专业性强；需要接受金融监管机构的监管	大型集团公司，大量分子公司等责任主体；公司业务复杂，投融资事务较多，具备成立的资质和条件
资金池	基于委托贷款模式；最大限度地归集资金，降低资金头寸；满足设定账户余额，并及时补充，维持在设定的余额水平	最大限度地降低资金头寸，高效利用资金；通过自动归集，补充（归还）余额，降低资金管理成本和资金沉淀成本	账户体系要求较高；较多地依赖大型商业银行的服务	大型跨国集团公司；资金管理需要跨国（区域）进行集中管理

11.1.1.6 结算中心模式下的内外部账户

（1）结算中心外部账户：是在集团外部商业银行开立的，结算中心用来统收成员单位资金的总账户，初始金额为0。

（2）成员单位外部账户：是成员单位在集团外部商业银行开立的，用于对外部进行资金收付的账户。

（3）成员单位内部账户：是成员单位在结算中心开立的，用于记录成员单位存放于结算中心的资金变动的账户，初始金额为0。

（4）恒等式：

成员单位的银行存款余额 = 其外部账户和内部账户余额之和

结算中心外部账户资金余额 = 各成员单位的内部账户资金余额之和

【备注】

a. 成员单位委托结算中心进行的外部收支：二者等额增加或等额减少。

b. 上收下拨：二者等额增加或等额减少。

c. 成员单位间通过内部账户进行的结算或调拨：结算中心外部账户资金余额不变，不同成员单位的内部账户等额增减。

11.1.2 资金上收下拨业务的相关知识

11.1.2.1 相关理论知识

（1）资金计划的含义。

① 资金计划，是对未来一定时期内的资金结存、流入、流出、盈缺、筹措进行统筹安排。

② 编制资金计划，可以形成资金的事前控制。

③ 在计划执行过程中，根据事先核准的支出对资金流出进行提示或控制，形成事中控制。

④ 计划执行后，将执行情况与计划进行对比分析，找出差异和原因，可以做到事后分析。

（2）资金上收下拨的含义。

① 资金上收，也称为资金归集，指资金组织或上级组织，将成员单位或下级组织外部银行账户的资金，归集到本组织外部银行账户的业务处理。

② 资金下拨，指资金组织或上级组织，将本组织外部银行账户的资金，划拨到成员单位或下级组织外部银行账户的业务处理。

③ 资金上收和下拨，是集团资金管理中进行资金调度的重要手段。资金下拨时，可以按照资金计划的金额下拨，也可以由业务单位在资金计划范围内申请下拨。

(3) 资金上收下拨的不同业务场景。

① 按资金计划下拨。结算中心根据资金计划下拨资金到成员单位。

② 按付款排程下拨。结算中心根据成员单位已批准的付款排程进行资金下拨。

③ 自动下拨资金业务。结算中心设置自动下拨规则，系统定时自动下拨资金到成员单位，保证成员单位的资金需求。

④ 单位申请下拨资金业务。成员单位需要资金时，可通过下拨申请提交到结算中心，结算中心核准、审批后将资金下拨到成员单位。这种场景可解决成员单位的临时资金需要。

⑤ 委托付款回拨支付下拨资金业务。结算中心先将中心账户的款项下拨到单位账户，同时将下拨到单位账户的资金再支付给单位的客商，既解决了客商款项及时支付问题，又避免了资金在成员单位长期停留甚至被挪用的问题。

11.1.2.2 外部委托付款的相关理论知识

(1) 外部委托付款的含义。外部委托付款，简称委托付款，是指由成员单位在内部账户上发起的，经审批后由结算中心外部账户实际对外支付的支付方式。

① 外部委托付款需要从内部账户发起，发起后内部账户暂时冻结相应金额。

② 当结算中心外部账户实际付款成功时，扣减委托方内部账户相应金额。

(2) 外部委托付款的业务场景。

① 从发起方角度划分，委托付款业务主要包括业务单位发起委托付款、结算中心发起委托付款、多结算中心下的委托付款。

② 从付款结算方式角度划分，委托付款业务主要包括转账支付、票据支付、现金支付、代发工资等。

③ 委托付款与银企直联集成后，能够支持以下事项。

在支付信息确认单审核后再支付。

合并支付处理，即单张委托付款书可以存在多条支付记录、合并向银行发送一笔网银支付指令。

在确认支付失败后，通过支付信息变更单进行变更，变更后再次支付。

11.2 鸿途集团财资管理现状

鸿途集团目前采用的资金管理模式是以分散管理为主的资金管理模式。在该种模式下，其资金管理现状主要表现为以下三点。

（1）各子公司作为独立法人主体，均独立开设银行账户用于各种资金结算业务。

（2）各子公司有权独立办理各种资金结算业务，包括资金的收取、资金的支付等，拥有独立的资金支配权和使用权。

（3）各子公司拥有独立的融资权，可以独立通过银行借款等手段进行融资，并可独立取得银行的授信。

11.2.1　鸿途集团账户情况

集团及下属单位的银行账户分散在多家银行，开户行分别在中国农业银行、中国建设银行、交通银行、中国工商银行、包商银行、农村信用合作社、农村商业银行、光大银行等。

各子公司账户的开设、变更、销户业务均需通过集团公司审批通过；各子公司的账户信息需要在集团公司备案。

本次集团纳入资金管理范围的银行账户共计 262 个账户、76 家企业、11 个行别，涉及币种均为人民币。

11.2.2　鸿途集团管理目标

（1）建立资金集中监控系统。采用先进的技术手段，通过对集团内部的资金集中管理，做到上级机构对下级机构的资金运行数据的即时查询、及时审计，使资金的运转得到有效监管与控制。为企业搭建起一个跨银行的资金集中监控平台，集中反映整个集团的资金动态情况，掌控资金管理的主动权。

（2）建立一套完整的集团资金操作、管理、分析和决策体系，全面整合集团内结算、融资、票据、预算、投资等各业务条线和各相关系统资源，结合外部商业银行的产品和服务支持，加强集团性企业对集团资金的整体调控能力，降低集团资金运作成本，有效控制财务风险。

（3）成立资金结算中心管理集团资金，资金计划、资金调拨、资金集中、对外结算、内部结算等业务均通过结算中心统筹完成。

（4）建设符合资金结算中心制度要求和管理规范的系统平台，将集团的战略思想和管理思路融合到系统流程中去，规范资金业务，规避风险，提高效率。

11.2.3　银行手续和流程

（1）银行账户开户。鸿途集团首批计划将鸿途水泥板块的各个子公司纳入结算中心模式的集团资金集中管理范围。

鸿途集团各子公司在多家银行均已开立账户，为简化实训起见，现以与中国工商银行合作进行结算中心运营为例。

鸿途集团结算中心在中国工商银行开具资金总账户。

经过鸿途集团结算中心批准，首批纳入集团资金结算中心服务范围的所有子公司均已在中国工商银行开具基本账户、收入账户，并同时将中国工商银行开具的基本账户指定为鸿途集团各子公司的支出户。

（2）签署相关协议。结算中心与银行签署《集团账户管理协议》；各纳入集中管理的子公司，与银行签署《集团账户参加管理协议》；结算中心与银行签署《管理单位业务申请书》，基于上述两类协议申请开通银行金融服务。

11.3 操作流程现状

11.3.1 资金上收下拨业务操作流程

（1）资金上收业务操作流程如图11－3所示。

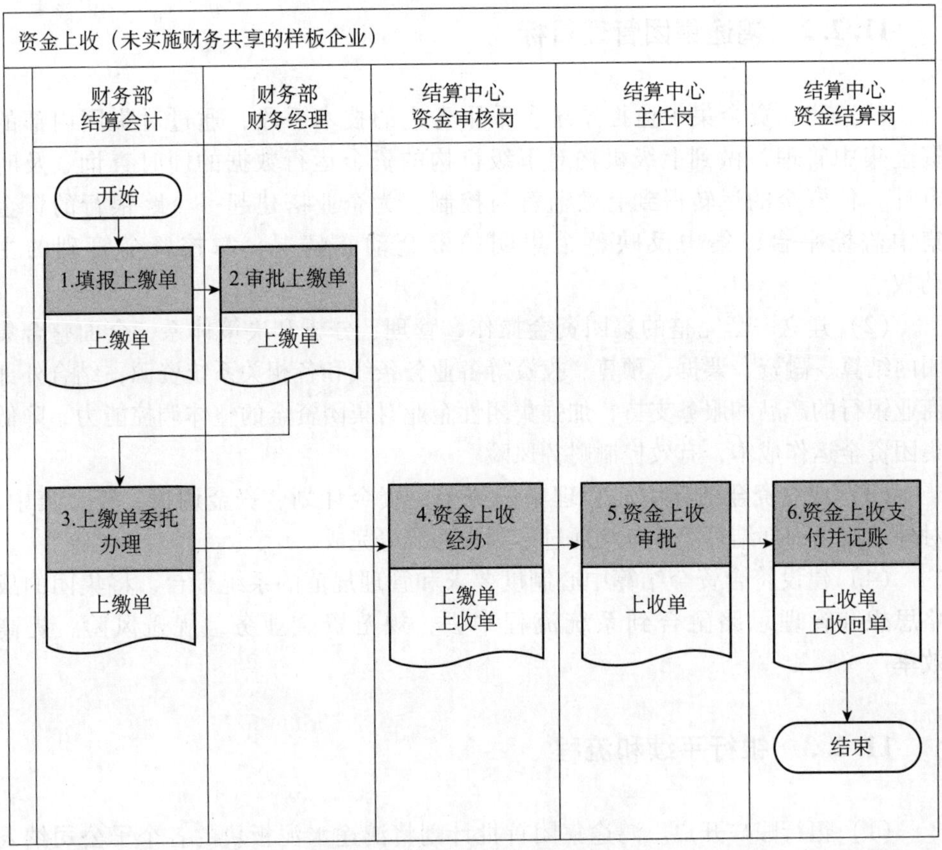

图11－3 资金上收业务操作流程

（2）资金下拨业务操作流程如图 11－4 所示。

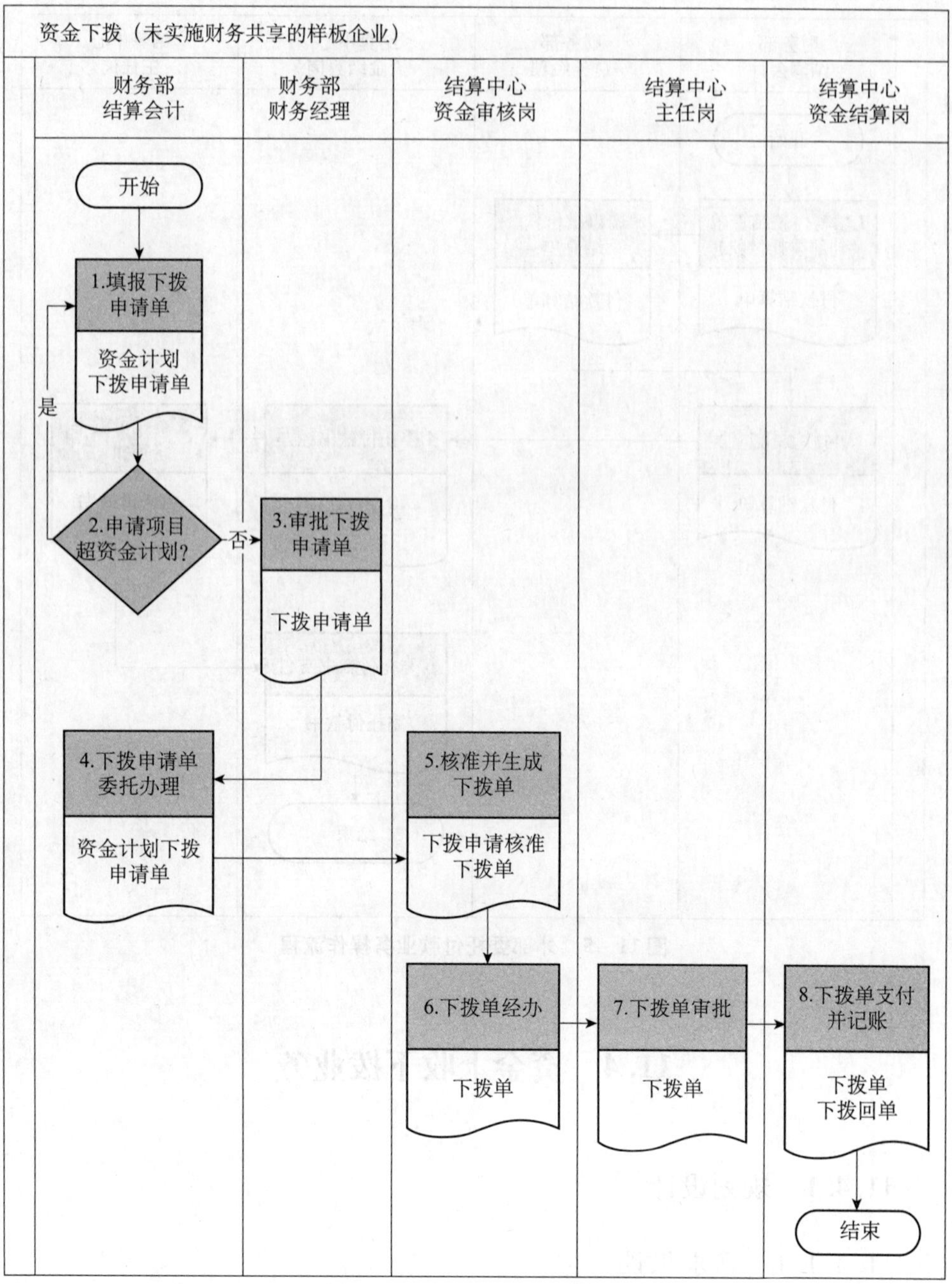

图 11－4　资金下拨业务操作流程

11.3.2　外部委托付款业务操作流程

外部委托付款业务操作流程如图 11－5 所示。

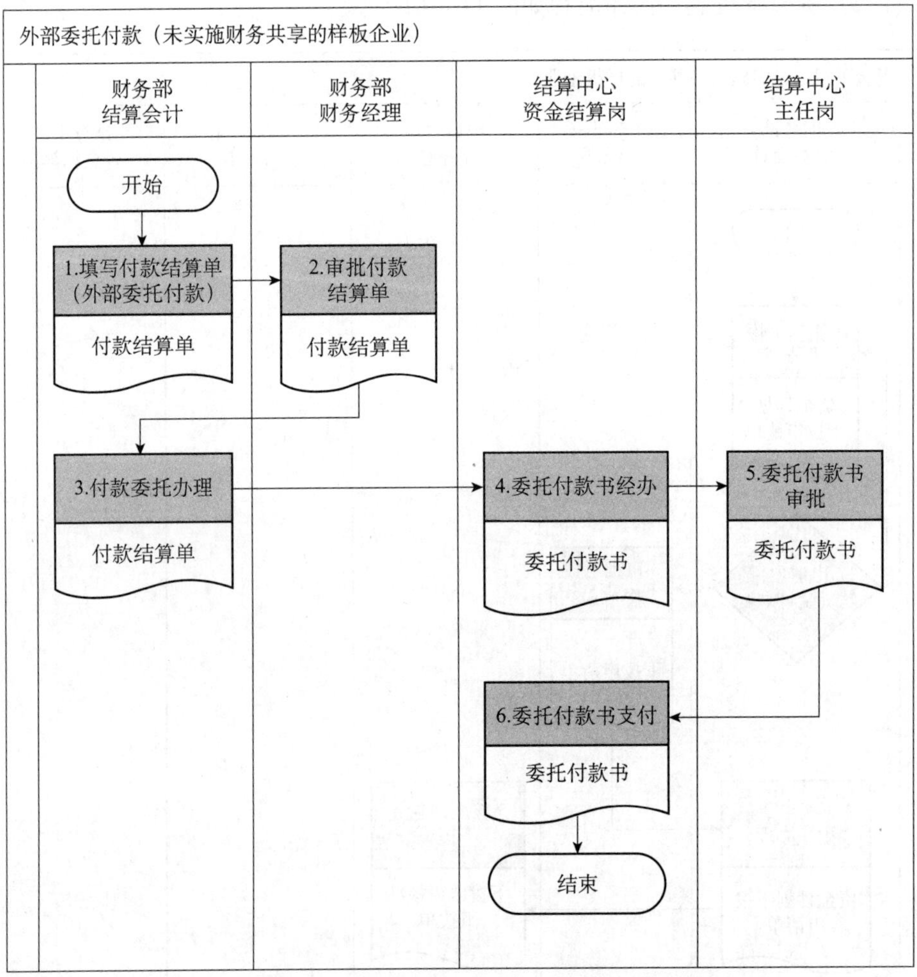

图 11－5 外部委托付款业务操作流程

11.4 资金上收下拨业务

11.4.1 规划设计

11.4.1.1 需求假设

（1）建立财务共享服务中心后，尽量保持现状业务流程的稳定性。

a. 根据传递到 FSSC 的业务单据，确定流程中业务单位与 FSSC 的边界，该业务单据都需要经过 FSSC 的审核或初审。

b. FSSC 接收业务单据所随附的原始凭证，均由制单人在制单后立即扫描上传；此后要审核该业务单据的环节，均同时审核该业务单据的原始单据影像。

c. 保留在业务单位的工作，流程和职责不变，但原业务单位财务部的工作除财务经理职责外均由业务财务承担。

（2）案例企业鸿途集团的所有收付款，均以网银（银企直联）方式完成。

（3）案例企业鸿途集团最终选择的是单共享中心模式。

（4）为了让共享中心审核有据，所有进入FSSC审核的业务单据，必须随附外部原始凭证的影像。

a. 走作业组的业务单据，用影像上传的方法随附影像。

b. 不走作业组而走重量端的业务单据，用拍照后添加附件的方法随附影像。

（5）为了简化学生的构建测试工作，共享后流程中审批环节最高只设计到子公司总经理。

11.4.1.2 共享后流程所用到的业务单据

资金上收下拨业务共享后流程业务单据如表11－2所示。

表11－2 资金上收下拨业务共享后流程业务单据

序号	名称	是否进FSSC	是否属于作业组工作	流程设计工具
1	上缴单	N	—	审批流
2	上收单	N	—	审批流
3	上收回单	N	—	审批流
4	下拨申请单	N	—	审批流
5	下拨申请核准	N	—	审批流
6	下拨单	N	—	审批流
7	下拨回单	N	—	审批流

注：N代表“否”。

11.4.2 构建测试

11.4.2.1 资金计划编制测试

（1）资金计划编制操作指南。资金计划编制流程，不在本课程的流程构建教学范围内，故已经预制在系统中，学生仅需进行测试。可在线学习“资金计划编制操作－10120064－2”教学视频（见图11－6）。

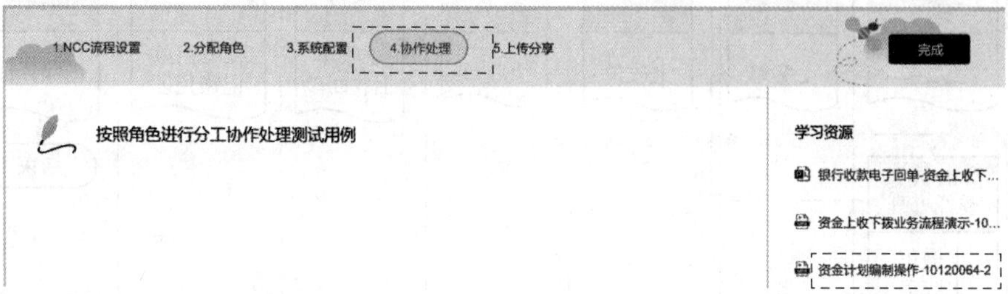

图11－6 视频教学资源《资金计划编制操作－10120064－2》的入口

（2）测试用例。鸿途集团水泥有限公司 2019 年 7 月份的资金计划如下所示。

薪酬支出：3 000 000.00 元；

费用支出：500 000.00 元。

11.4.2.2 资金上收测试用例

2019 年 7 月 10 日，鸿途集团各成员公司收到客户回款明细如表 11－3 所示，各公司收到客户款项后，按照集团资金管理规定，将全部款项归集到各公司在结算中心的总账户。

表 11－3　　客户回款明细

业务内容	鸿途集团水泥有限公司
客户名称	天海销售有限责任公司
收到货款（元）	5 231 500.00
上缴资金（元）	5 231 500.00

【注意事项】

（1）收入户收款入账的银行回单打印件，作为本课程的教辅资源，在上课时以物理单证的形式发放给学生。

（2）结算中心的资金结算岗在 NCC 轻量端点击“支付”按钮后，由于教学系统没有真实连接银行，需要增加一个动作：在 NCC 轻量端桌面的快捷方式“支付指令状态”下，点击“状态确认按钮”并按照界面提示信息操作，最后提交确认，单据才会变成支付成功状态，自动生成成员单位的记账凭证。

（3）财务共享中心出纳岗在单位上收回单界面中点击“记账”完成单位上收凭证生成。

资金上收操作指导如图 11－7 所示。

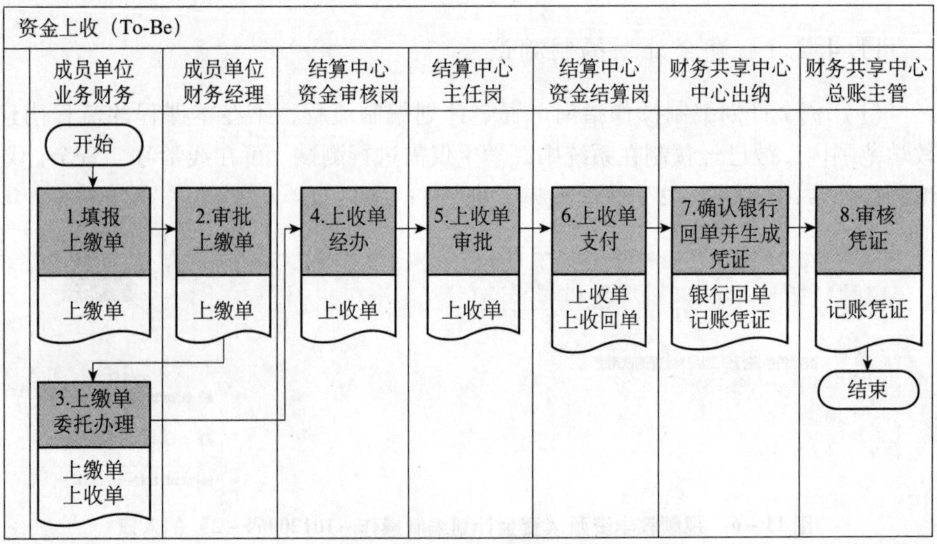

图 11－7　资金上收操作指导

11.4.2.3　资金下拨测试用例

为满足 2019 年 7 月 25 日薪酬费用支付需求，各成员单位发起申请内部结算账户下拨资金到本地支出户，并在收到下拨款后完成社保支付。社保支付明细如表 11 -4 所示。

表 11 -4　社保支付明细

业务内容	鸿途集团水泥有限公司
薪酬支出（元）	2 500 000.00

注："Y" 代表 "是"，N 代表 "否"。

【注意事项】

（1）结算中心的资金结算岗在 NCC 轻量端点击 "支付" 按钮后，由于教学系统没有真实连接银行，需要增加一个动作：在 NCC 轻量端桌面的快捷方式 "支付指令状态" 下，点击 "状态确认按钮" 并按照界面提示信息操作，最后提交确认，单据才会变成支付成功状态，自动生成成员单位的记账凭证。

（2）财务共享中心出纳岗在单位下拨回单界面中点击 "记账" 完成单位下拨凭证生成。

资金下拨操作指导如图 11 -8 所示。

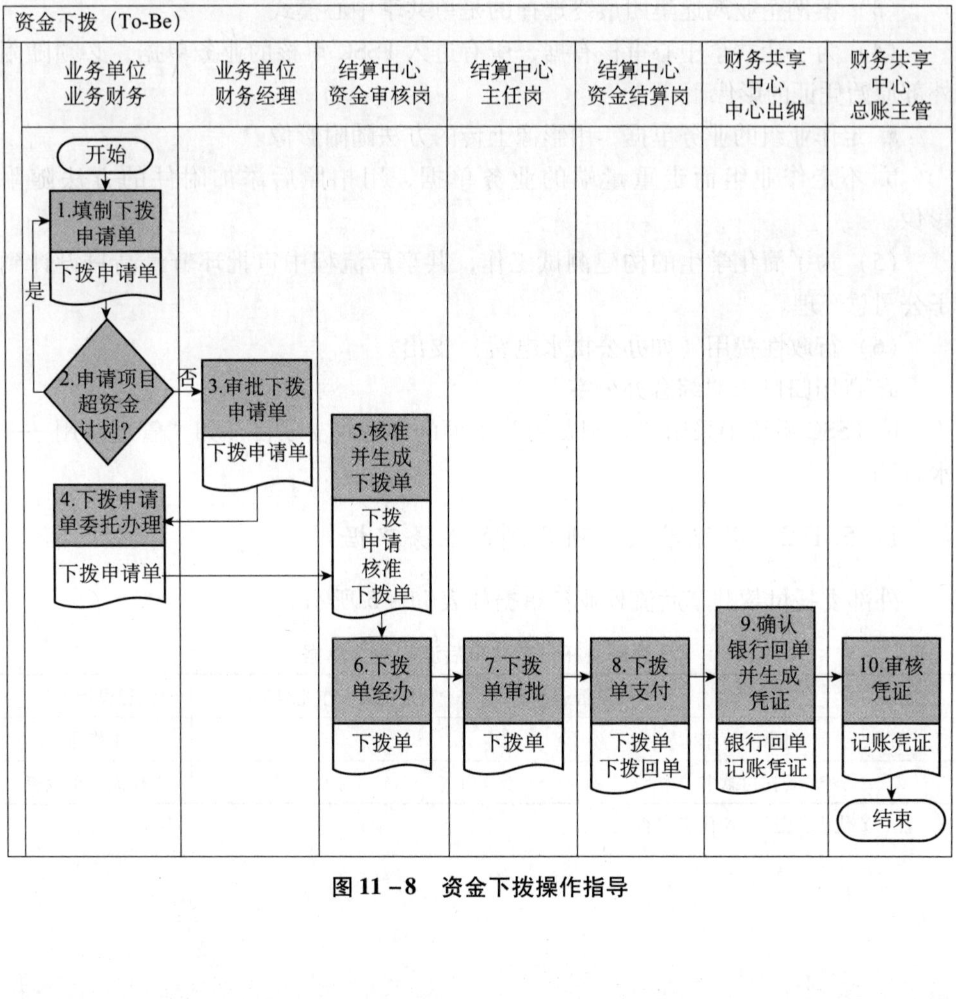

图 11 -8　资金下拨操作指导

11.5 外部委托付款业务

11.5.1 规划设计

11.5.1.1 需求假设

（1）建立财务共享服务中心后，尽量保持现状业务流程的稳定性。

a. 根据传递到 FSSC 的业务单据，确定流程中业务单位与 FSSC 的边界，该业务单据都需要经过 FSSC 的审核或初审。

b. FSSC 接收业务单据所随附的原始凭证，均由制单人在制单后立即扫描上传；此后要审核该业务单据的环节，均同时审核该业务单据的原始单据影像。

c. 保留在业务单位的工作，流程和职责不变，但原业务单位财务部的工作除财务经理职责外均由业务财务承担。

（2）案例企业鸿途集团的所有收付款，均以网银（银企直联）方式完成。

（3）案例企业鸿途集团最终选择的是单共享中心模式。

（4）为了让共享中心审核有据，所有进入 FSSC 审核的业务单据，必须随附外部原始凭证的影像。

a. 走作业组的业务单据，用影像上传的方法随附影像。

b. 不走作业组而走重量端的业务单据，用拍照后添加附件的方法随附影像。

（5）为了简化学生的构建测试工作，共享后流程中审批环节最高只设计到子公司总经理。

（6）行政性费用（如办公楼水电费）支出。

a. 费用归口于“综合办公室”。

b. FSSC 系统中采用“管理费用”下面的详细收支项目（如“管理费用——水费”）。

11.5.1.2 共享后流程所用到的业务单据

外部委托付款共享后流程业务单据如表 11 - 5 所示。

表 11 - 5　　外部委托付款共享后流程业务单据

序号	名称	是否进 FSSC	是否属于作业组工作	流程设计工具
1	付款结算单	Y	Y	工作流
2	委托付款书	Y	N	工作流 + 审批流

注：Y 代表“是”，N 代表“否”。

11.5.2 构建测试

11.5.2.1　测试用例

2019 年 7 月 5 日，卫辉市鸿途水泥有限公司向绿城物业服务集团有限公司缴纳上个月公司行政办公区水费，后者已经开具增值税专用发票，税率（征收率）为3%。根据发票所记载的情况，上个月应缴纳的水费总金额为29426.07 元（不含税金额为28569.00 元）。

因本公司支出户余额不足，卫辉市鸿途水泥有限公司通过外部委托付款流程进行付款。

【注意事项】

（1）增值税专用发票作为本课程的教辅资源，在上课时以物理单证的形式发放给学生。

（2）该项业务由综合办公室负责。

（3）中心出纳岗在 NCC 轻量端点击“支付”按钮后，由于教学系统没有真实连接银行，需要增加一个动作：在 NCC 轻量端桌面的快捷方式“支付指令状态”下，点击“状态确认按钮”并按照界面提示信息操作，最后提交确认。

11.5.2.2　操作指导

外部委托付款业务操作指导如图 11 -9 所示。

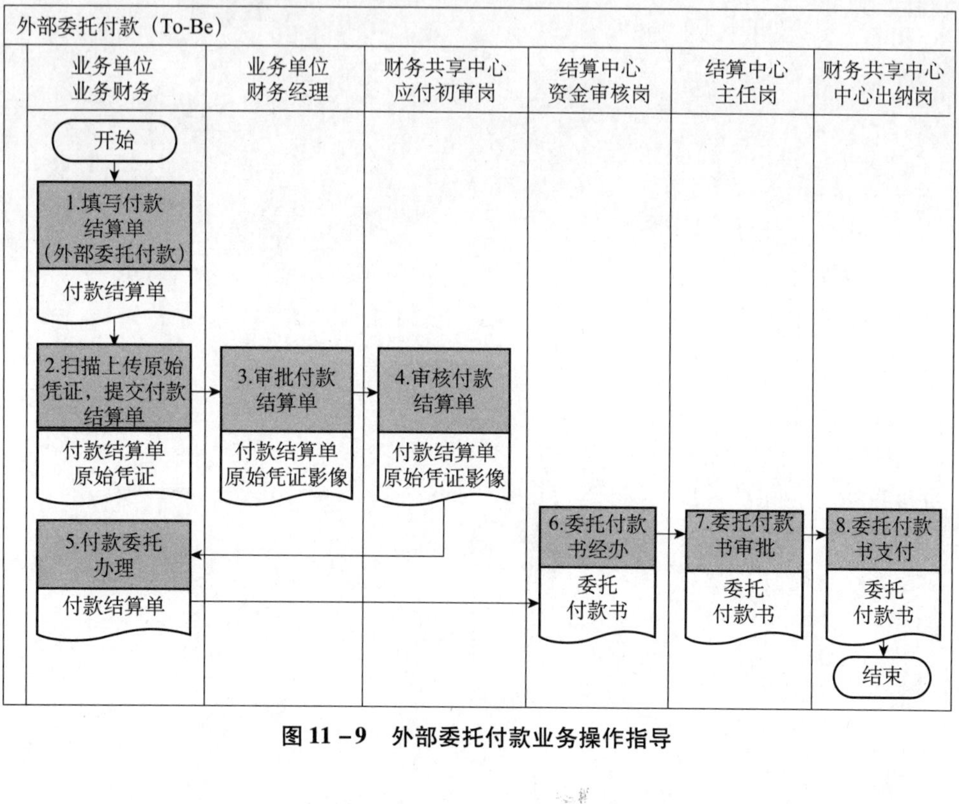

图 11 -9　外部委托付款业务操作指导

【备注】

（1）业务单位业务财务根据原始凭证填制付款结算单，付款类单据选择“外部委托付款”交易类型，付款单位账户选择成员单位的内部账户。

（2）业务单位业务财务上传付款原始凭证（如发票等）。

（3）业务单位财务经理审批付款结算单。

（4）财务共享中心应付初审岗审核付款结算单。

（5）业务单位业务财务对“结算”下的付款结算单执行“委托办理”，提交结算中心并自动生成付款委托书。

（6）结算中心资金审核岗对委托付款书填写支付银行信息等并执行“经办”。

（7）结算中心主任岗对委托付款书执行“审批”。

（8）财务共享中心出纳岗对委托付款书执行“支付”，提交银行付款指令。

第12章　固定资产共享

[学习目标]

理解固定资产管理过程；

了解财务共享对固定资产管理产生的影响；

了解固定资产管理循环的业务流程所涉及的单据；

掌握固定资产在财务共享模式下的典型业务操作流程。

12.1　固定资产管理过程

固定资产是企业最重要的经济资源之一，同时也是企业能够实现再生产和持续经营的保障。强化固定资产的控制和管理，挖掘其深层潜力提高利用效率，不仅有利于保障企业的财产安全，而且是实现企业降低成本、提高企业核心竞争力的关键方式。企业进行固定资产管理的路线与准则是固定资产管理流程，因此，流程的合理性是固定资产管理是否有效的最重要因素。

近几年，纵观我国大中型企业大多使用 ERP 系统实现对固定资产的管理，但是其固定资产的流程与传统流程没有较大差异，无法满足大数据时代下追求流程创新、模式创新的现代化集团企业要求。在这种情况下，云会计和大数据技术建立的大数据时代为固定资产管理提供了可能。

12.1.1　固定资产期初管理

固定资产新增是固定资产在管理过程中最常见的资产期初管理。常见的资产新增类型有以下四种。

（1）手工新增。不通过资产新增申请等业务流程，直接手工增加固定资产卡片。适用于对固定资产管理比较粗放的企业。

（2）资产购置申请。使用部门需要新增固定资产时，提交新增资产申请，由部门领导和主管部门经办人、领导审批后，增加固定资产。

（3）工程转固。工程项目竣工后，形成的产出物达到预计可使用状态，转为固定资产管理。

（4）盘盈新增。企业在定期的资产盘点中，如发现有盘盈资产，需要将盘盈的资产入账。

12.1.2 固定资产期中管理

固定资产期中管理主要涉及固定资产变动业务，是指固定资产在其全生命周期的管理过程中发生变化，如使用部门调整、管理部门调整、存放地点调整等。进一步可以分为以下情形。

（1）价值调整，是指固定资产原值调整，包括对设备技术改造或者维修过程中，发生的维修费用的资本化，以及项目产出物价值调整。

（2）资产追溯调整，当与固定资产相关的会计政策发生变更或出现重大的前期差错时，可能需要对资产进行追溯调整。

（3）使用部门调整，是指资产使用人的变化。

（4）其他变动，是指其他资产属性的变动业务。

其他变动中，常见的资产变动情况有资产维护、资产调拨、资产盘点等。其中，常见的资产维护情形有以下三种。

① 资产评估。当企业在进行上市、兼并、收购、抵押贷款、破产等业务时，通常需要对资产进行评估，即由专门的机构，通过严谨、科学的方法，出于特定的评估目的，对企业资产进行重新估价。资产评估是个复杂的过程，必须由专门的独立的机构完成。

② 资产减值。当企业外部财务、市场环境发生变化时，会给企业的固定资产带来减值风险，即固定资产的现值小于市场公允价值，为了规避这种风险，减少可能为企业带来的不利影响。

③ 资产减少。当固定资产由于磨损或陈旧，使用期满不能继续使用，或由于技术进步，必须由先进设备替代时，需要对固定资产进行报废处理。除资产报废以外，出售资产、捐赠资产等也是资产减少，退出企业的方式。

资产调拨是指集团环境下不同财务组织间进行资产所有权转移。此资产调拨是指资产的所有权发生转移，而不是使用权、使用部门、管理部门转移，非所有权发生的改变可以通过资产变动业务完成。

而资产盘点是保证固定资产实物与账务数据一致的重要业务，也是减少资产流失的重要手段。通常情况下，资产盘点过程会持续一段时间，特别是资产密集型企业。资产盘点不仅仅关注实物数量、价值信息，也关注存放位置、使用部门等信息。盘点结束后，输出盘盈、盘亏以及差异调整数据，并完成必要的调整，例如，盘亏需要做固定资产减少，盘盈则考虑新增固定资产，盘点差异则需要按照实际信息调整账面信息。

12.1.3　固定资产期末管理

固定资产折旧业务是固定资产期末管理的核心业务，也是财务会计的重要业务处理之一。事实上，固定资产折旧摊销过程涉及所有固定资产折旧数值的计算，实现按照不同口径的归集分摊，折旧计算过程需要考虑资产在会计期间内做的所有变动调整，最后将数据整理登账。

除了折旧业务，还会涉及月末结账和固定资产对账。月末结账业务是集中处理各类财务业务，同时将财务数据按照期间进行归类、划分、标识，为以后的数据统计、查询、分析提供规范的基础。而固定资产对账是指将固定资产模块的业务数据与总账中固定资产账务数据进行核对。对账业务通常发生在财务月末结账之前，因为一旦发觉业务系统与总账之间的数据不一致，通常情况下需要在月末结账之前查找原因，必要的情况下需要消除异常的差异。

12.2　鸿途集团固定资产管理现状

鸿途集团是重资产行业，主要资产集中于大型生产设施、设备，为了管理集团资产，目前已经部署了资产模块（综合办公室使用，建立资产/设备卡片）和固定资产模块，财务用来管理固定资产的新增、变动和处置、折旧核算等。

资产管理职能分为集团财务部资产管理处的政策管理、监督，水泥板块的生产设施新建、大修的管理监控，下属企业生产机动部分直接或间接资产实物管理、卡片登记，财务部门的固定资产价值管理职能。

（1）鸿途集团的固定资产类别。鸿途集团是重资产行业，主要资产集中于大型生产设施、设备。根据《固定资产管理制度》，鸿途集团固定资产分类如表 12－1 所示。

表 12－1　固定资产分类

固定资产类别	折旧计提年限（年）
房屋及建筑物	25
机器设备	10
运输工具	5
办公设备	5
生活设备	5
电子设备	3

（2）鸿途集团固定资产管理的权责。鸿途集团固定资产的实物和价值管理分属不同部门负责，具体分工如图 12－1 所示。

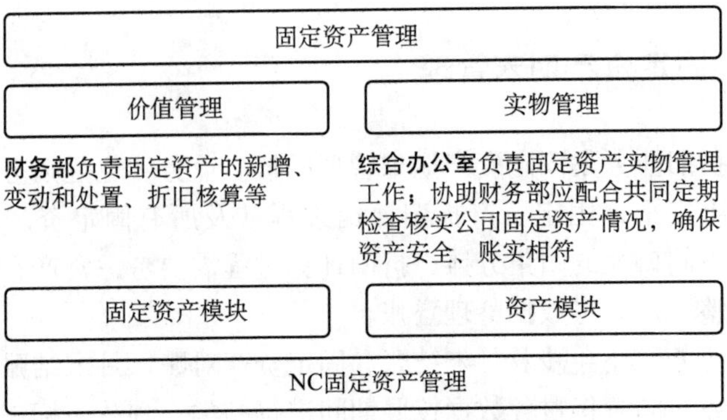

图 12－1　固定资产管理权限

12.3　操作流程现状

固定资产的管理主要涉及三个方面，即固定资产期初管理、期中管理和期末管理。

12.3.1　固定资产新增业务操作流程

固定资产期初管理主要涉及固定资产新增业务，其工作流程如图 12－2 所示。

图 12－2　固定资产新增总流程

（1）订单采购流程如图 12－3 所示。

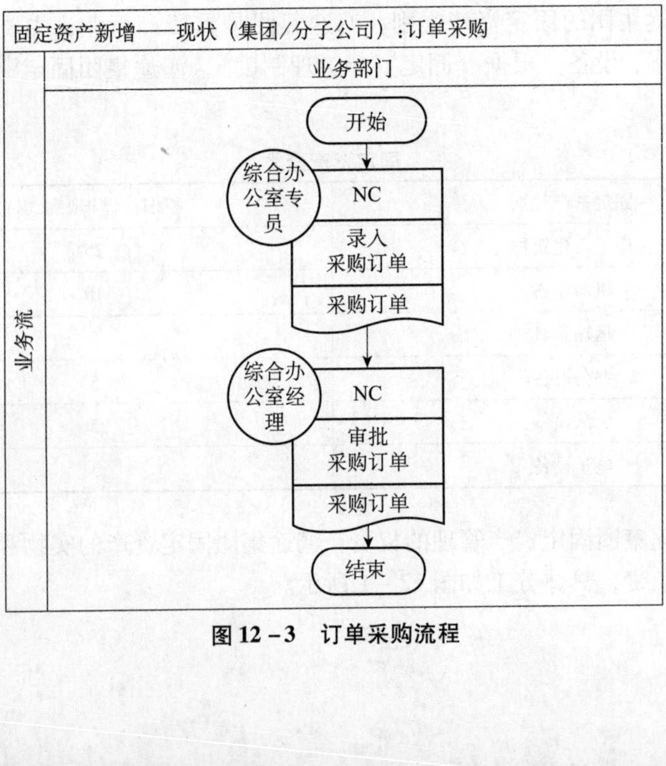

图 12－3　订单采购流程

（2）支付货款流程如图 12－4 所示。

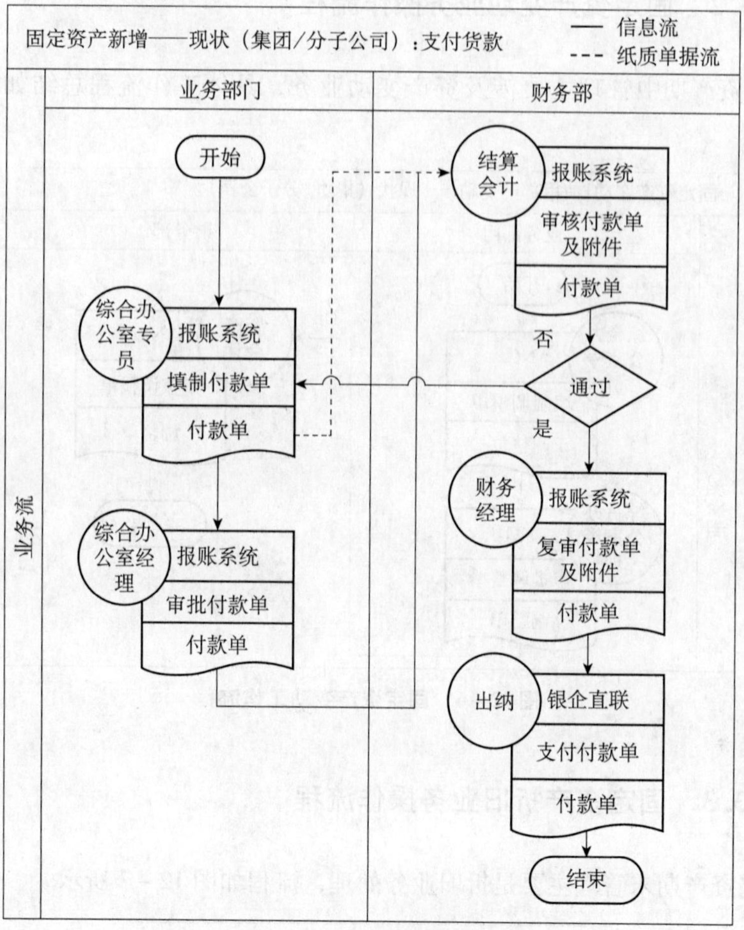

图 12－4　支付货款流程

（3）确认资产流程如图 12－5 所示。

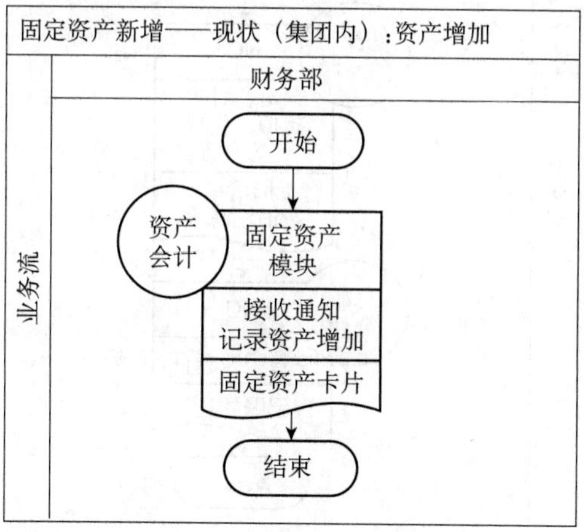

图 12－5　确认资产流程

12.3.2 固定资产变动业务操作流程

固定资产期中管理主要涉及资产变动业务，具体工作流程总结如图 12 - 6 所示。

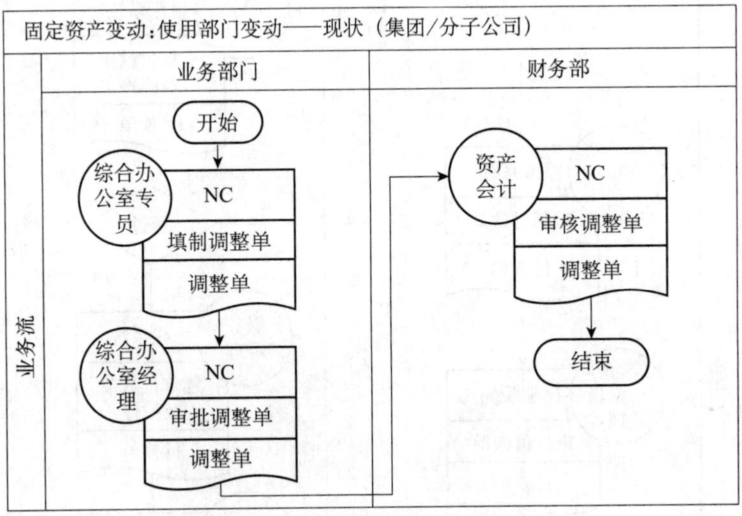

图 12 - 6 固定资产变动工作流程

12.3.3 固定资产折旧业务操作流程

固定资产期末管理主要是折旧业务处理，流程如图 12 - 7 所示。

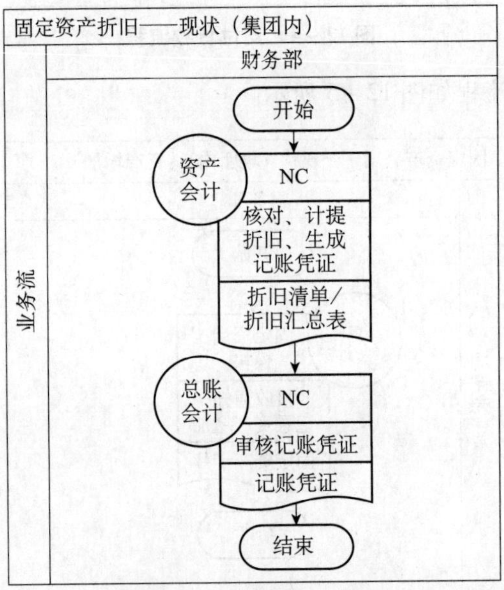

图 12 - 7 固定资产折旧流程

12.3.4 固定资产减少业务操作流程

固定资产减少流程如图12－8所示。

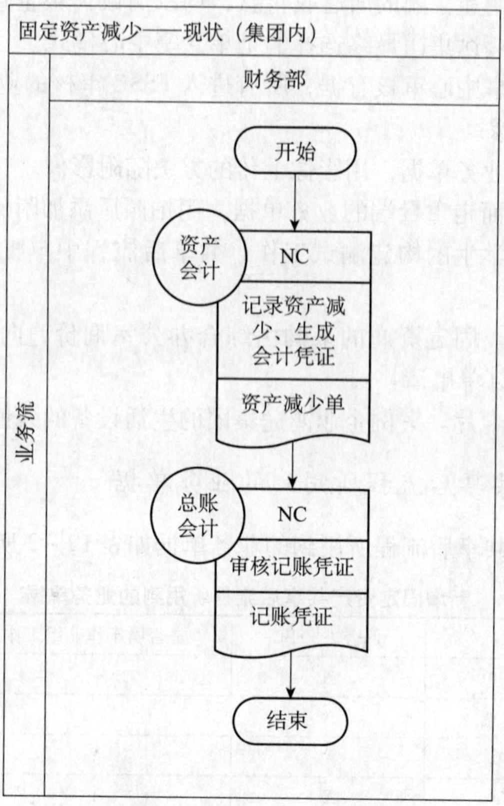

图12－8 固定资产减少流程

12.4 新增固定资产业务

固定资产新增主要涉及采购订单、支付订单和确认资产。固定资产的采购由综合办公室询价，向纳入集团内供应商档案的合作方发起订单申请。

12.4.1 规划设计

12.4.1.1 需求假设

（1）建立财务共享服务中心后，尽量保持现状业务流程的稳定性。

a. 根据传递到FSSC的业务单据，确定流程中业务单位与FSSC的边界，该业务单据都需要经过FSSC的审核或初审。

b. FSSC 接收业务单据所随附的原始凭证，均由制单人在制单后立即扫描上传；此后要审核该业务单据的环节，均同时审核该业务单据的原始单据影像。

c. 保留在业务单位的工作，流程和职责不变，但原业务单位财务部的工作除财务经理职责外均由业务财务承担。

（2）案例企业鸿途集团的所有收付款，均以网银（银企直联）方式完成。

（3）案例企业鸿途集团最终选择的是单共享中心模式。

（4）为了让共享中心审核有据，所有进入 FSSC 审核的业务单据，必须随附外部原始凭证的影像。

a. 走作业组的业务单据，用影像上传的方法随附影像。

b. 不走作业组而走重量端的业务单据，用拍照后添加附件的方法随附影像。

（5）为了简化学生的构建测试工作，共享后流程中审批环节最高只设计到子公司总经理。

（6）采购订单。固定资产的采购由综合办公室询价，向纳入集团内供应商档案的合作方发起订单申请。

（7）固定资产卡片。案例企业鸿途集团的生活设备的残值率为 0%。

12.4.1.2 共享后流程所用到的业务单据

新增固定资产共享后流程所用到的业务单据如表 12 - 2 所示。

表 12 - 2 新增固定资产共享后流程所用到的业务单据

序号	名称	是否进 FSSC	是否属于作业组工作	流程设计工具
1	采购订单	N	—	审批流
2	采购发票	N	—	审批流
3	应付单	Y	Y	工作流
4	付款单	Y	Y	工作流
5	固定资产卡片	Y	Y	审批流

12.4.2 构建测试

12.4.2.1 测试用例

2019 年 7 月 15 日，鸿途集团水泥有限公司质控处办公室需购置一台空调（属于生活设备），经 OA 审批通过后，具体由综合办公室向庆峰五金贸易公司发起采购申请。请购信息如表 12 - 3 所示（其中，单价含有 13% 的增值税；无税单价：1769.03 元；税额 229.97 元）。

表 12 - 3 请购信息

商品名称	商品产地	变频/定频	商品匹数	物料分类	含税价格
空调	中国大陆	定频	1.5 匹（15 ~ 25 平方米）	壁挂式空调	1999 元

2019 年 7 月 20 日收到货物和发票并进行了会计处理，7 月 25 日支付了全额款项。

【注意事项】

（1）原始凭证（采购发票等）作为本课程的教辅资源，在上课时可以下载电子版原始单据并打印，通过影像扫描上传到平台。

（2）付款回单若要作为原始凭证存档，教学平台将提供银行回单查询及打印功能。

12.4.2.2　操作指导

（1）确认应付操作指导如图 12－9 所示。

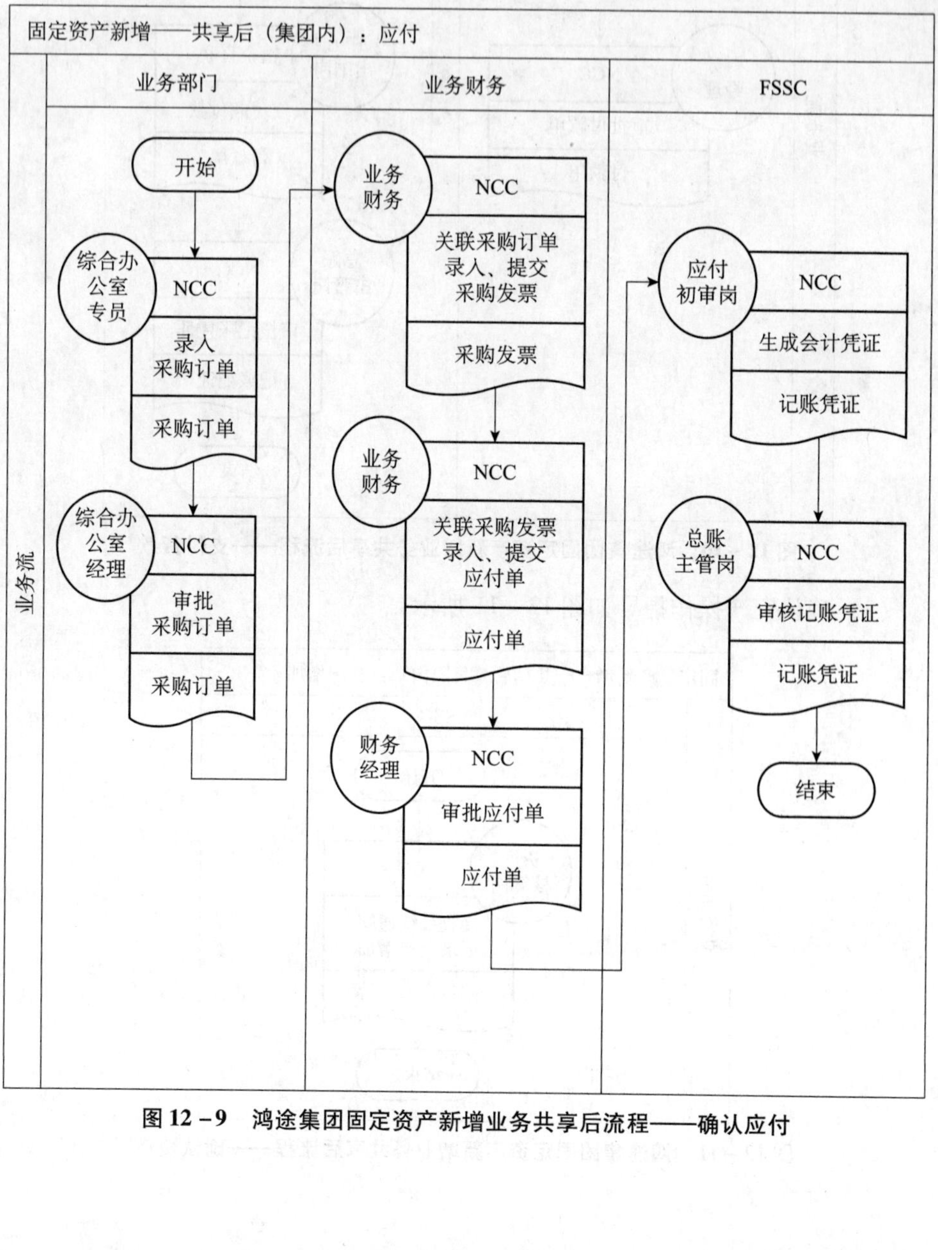

图 12－9　鸿途集团固定资产新增业务共享后流程——确认应付

（2）支付货款操作指导如图 12－10 所示。

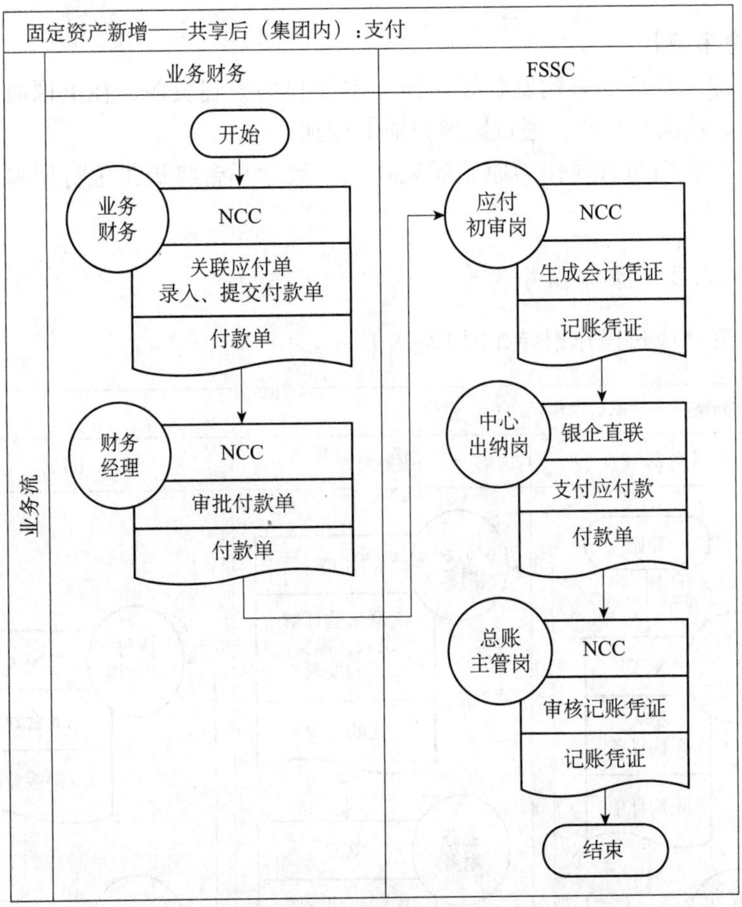

图 12－10　鸿途集团固定资产新增业务共享后流程——支付货款

（3）确认资产操作指导如图 12－11 所示。

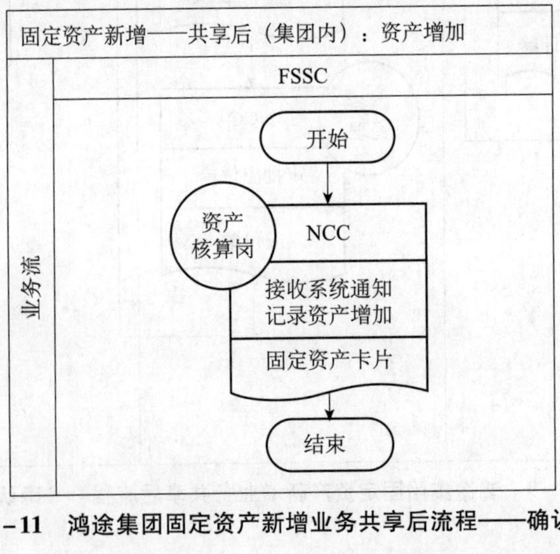

图 12－11　鸿途集团固定资产新增业务共享后流程——确认资产

12.5 固定资产变动业务

12.5.1 规划设计

12.5.1.1 需求假设

（1）建立财务共享服务中心后，尽量保持现状业务流程的稳定性。

a. 根据传递到FSSC的业务单据，确定流程中业务单位与FSSC的边界，该业务单据都需要经过FSSC的审核或初审。

b. FSSC接收业务单据所随附的原始凭证，均由制单人在制单后立即扫描上传；此后要审核该业务单据的环节，均同时审核该业务单据的原始单据影像。

c. 保留在业务单位的工作，流程和职责不变，但原业务单位财务部的工作除财务经理职责外均由业务财务承担。

（2）案例企业鸿途集团的所有收付款，均以网银（银企直联）方式完成。

（3）案例企业鸿途集团最终选择的是单共享中心模式。

（4）为了让共享中心审核有据，所有进入FSSC审核的业务单据，必须随附外部原始凭证的影像。

a. 走作业组的业务单据，用影像上传的方法随附影像。

b. 不走作业组而走重量端的业务单据，用拍照后添加附件的方法随附影像。

（5）为了简化学生的构建测试工作，共享后流程中审批环节最高只设计到子公司总经理。

12.5.1.2 共享后流程所用到的业务单据

固定资产变动后共享流程业务单据如表12－4所示。

表12－4 固定资产变动后共享流程业务单据

序号	名称	是否进FSSC	是否属于作业组工作	流程设计工具
1	使用部门调整单	Y	Y	工作流

注：Y代表“是”。

12.5.2 构建测试

（1）测试用例。2019年7月12日，鸿途集团水泥有限公司原销售服务办公室（部门编码：0501）使用的一台笔记本电脑（属于电子设备）调整至供应处办公室（部门编码：0601）。具体笔记本电脑信息如表12－5所示。

表 12-5 案例信息

商品名称	屏幕尺寸	系列	分类	原值	累计折旧
ThinkPad 翼 480	14.0 英寸	ThinkPad - E 系列	轻薄本	4900 元	816.66 元（半年）

（2）鸿途集团固定资产变动业务共享后操作指导如图 12-12 所示。

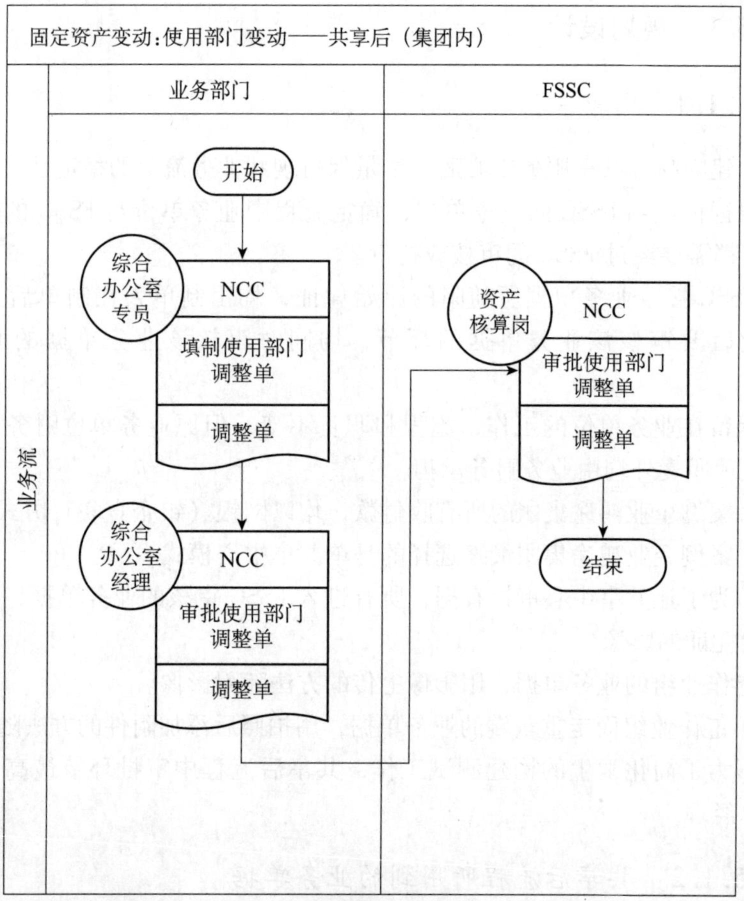

图 12-12 鸿途集团固定资产变动业务共享后流程

第 13 章　总账共享

[学习目标]

了解机器人流程自动化（RPA）；

了解电子档案的归档范围与处理原则。

13.1　总账与 RPA 应用业务

13.1.1　业务概述

总账管理系统主要用于记账凭证的编制、总账及明细账等账簿的查询以及各种报表的生成等。具体包括初始建账、凭证处理、出纳业务、账表查询、月末处理等基本账务功能。总账管理系统还支持数量核算、单一外币及多外币核算、多账簿管理、现金管理等，能够满足各单位账务核算及管理的需要。

13.1.1.1　RPA 简介

RPA 的全称为机器人流程自动化（robotic process automation），是一款软件产品，可模拟人在电脑上不同系统之间的操作行为，替代人在电脑前执行具有规律性与重复性高的办公流程。因其可以将办公室工作自动化，7×24 小时全天候命，提高生产效率，彻底消除人为错误，非侵入性程序及可高度扩展性，而受到了很多发达国家企业的青睐。

当前，RPA 正在席卷全球各行各业，从金融到医疗再到零售，多种重复有规律的工作流程正在被替代，基本上在各种岗位上都或多或少地有对 RPA 的需求，并且这些企业也在积极地探索、尝试、开展以 RPA/AI 为基础的数字化转型。通过 RPA 的实施，将员工从简单、重复的工作中释放出来，使他们得以更专注于具有更高附加值的数据分析、决策和创新工作，以此提高企业在市场中的竞争力，实现共赢。

小友 RPA 通过用户界面使用和理解企业已有的应用，将基于规则的常规操作自动化，如读取邮件和系统、计算、生成文件和报告、检查文件等，是可以记录人在计算机上的操作，并重复运行的软件。

教学平台上提供了一个 RPA 介绍的视频教学资源“RPA 介绍－10120079－1”，如图 13－1 所示。

图 13－1　视频教学资源“RPA 介绍－10120079－1”的入口

13.1.1.2　NCC RPA 类型及特点

（1）月结机器人。根据单位范围结账，并自动记录结账中的问题。

（2）发票验伪机器人。业务人员收到纸质发票后，拍照上传到固定文件夹，发票机器人将定时启动针对文件夹中的纸质发票进行 OCR 识别，并自动进行验伪。

（3）发票认证机器人。发票认证机器人定时启动后，可以自动对采购发票进行认证。

（4）三单匹配机器人。入库单匹配机器人针对验伪通过的发票，与 NCC 中的采购入库单进行智能匹配，匹配成功后自动生成 NCC 中的采购发票，且自动进行采购结算，并可以自动生成应付单，确定应付账款。

（5）预算报表填报机器人。可以将多个单位多张报表进行批量导入，自动捕获异常信息并生成报告。

（6）总账月结检查机器人。根据所提供账簿以及会计期间自动检查人工检查项的完结情况，并可以进行自动结账及生成结账报告。

（7）内部交易对账机器人。根据查询条件自动进行查询并进行对账，同时记录对账结果。

（8）银行对账机器人。根据对账参数文件中的内容进行自动对账，并生成对账报告。

13.1.1.3　NCC RPA 功能

（1）月结机器人。

① 设置待结账单位清单。

② 由机器人按待结账单位清单自动结账，结账过程中的问题自动生成结账报告。

（2）发票验伪机器人。

① 支持业务员收到纸质发票，进行拍照，存放在固定的文件夹里，机器人手工或者定时调取该文件夹的发票图片，导入 OCR 扫描记录，同时根据电子底账记录进行发票验伪，验伪通过后，生成收票数据。

② 对于验伪不通过的发票，只会生成 OCR 扫描记录数据。

③ 对于验伪中的发票，机器人会重复操作“生成发票”，直到返回验伪结果，停止此操作。

④ 支持设置验伪接收人，同时在验伪结束后，给接收人发送验伪结果，验伪结果可查看验伪失败原因及生成收票失败原因等明细信息。

（3）发票认证机器人。

① 支持设置接收人邮箱，以及本月需认证税额合计。

② 支持查询出 360 天内待认证的发票，自动勾选满足条件的发票进行直连认证；其中须按日期从小到大勾选待认证发票，所勾选待认证发票税额合计小于等于机器人设置的本月需认证的税额合计。

（4）三单匹配机器人。

① 支持对验伪通过且生成收票的发票进行智能匹配入库单，智能勾选，确认匹配结果，自动生成供应链审核态的采购发票，自动结算，是否自动上传应付单据需要根据业务流程配置。

② 本次入库匹配的发票范围：“验伪通过发票”文件夹下的“验伪通过发票清单”内已生成收票的发票。

③ 支持给接收人发送匹配结果，匹配结果可查看匹配失败的原因。

（5）久其预算报表填报机器人。

① 可以将多个单位多张报表进行批量导入。

② 自动捕获异常信息并生成报告。

（6）总账月结检查机器人。

① 设置待结账单位 Excel 清单。

② 设置待结账单位检查项相关的 Excel 清单信息。

③ 由机器人按以上清单自动检查出厂提供的月结检查项清单中的检查项，执行检查操作。

④ 做完上述检查操作后，由机器人按待结账单位清单自动执行结账，结账过程中的问题自动生成结账报告。

（7）内部交易对账机器人。

① 在自动对账报告 Excel 清单中设置对账单位以及对账条件。

② 由机器人按自动对账报告 Excel 清单中的设置自动执行对账，对账执行情况自动生成内部交易对账结果报告。

（8）银行对账机器人。

① 根据对账参数文件中的内容进行自动对账。

② 对账完成后，自动生成对账报告。

13.1.2 RPA构建测试

13.1.2.1 NCC总账月结检查机器人操作手册

(1) 客户端管理。

① 登录NC Cloud轻量端。

② 点击“自动化机器人”>“客户端管理”菜单（见图13－2）。

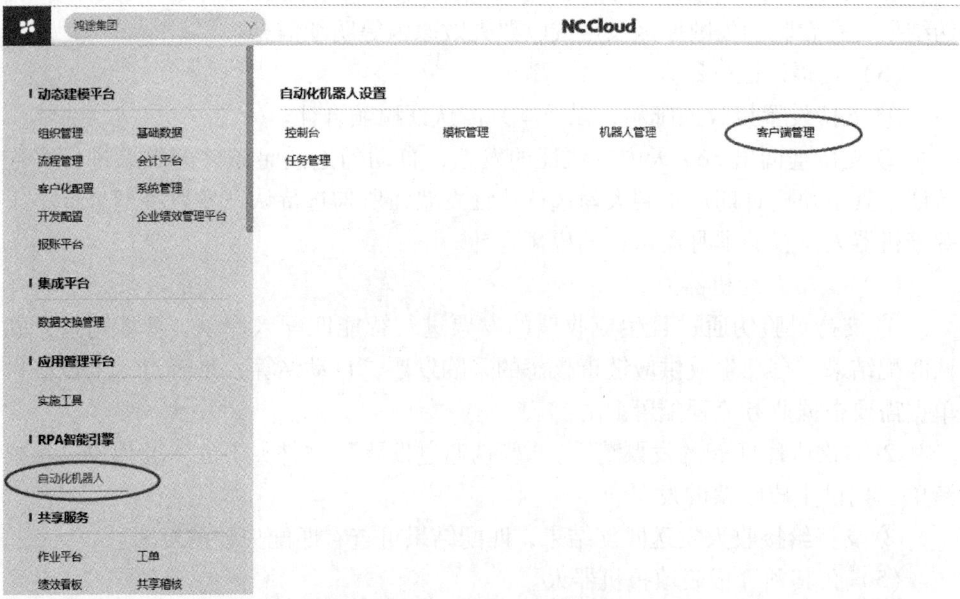

图13－2 NCC自动化机器人的客户端管理入口菜单

③ 下载并安装NCC自动化机器人客户端（见图13－3）。

图13－3 NCC自动化机器人客户端下载入口

下载完成后解压，双击该安装程序，安装完成后，桌面应该会增加一个名为“小友RPA客户端NCCloud专版”的客户端（见图13－4）。

图13－4 NCC自动化机器人客户端快捷方式图标

④ 启动小友RPA客户端，点击设置按钮（见图13－5），配置RPA服务器地址（见图13－6）。该地址在每个院校进行系统安装时确定，由主讲老师告知。

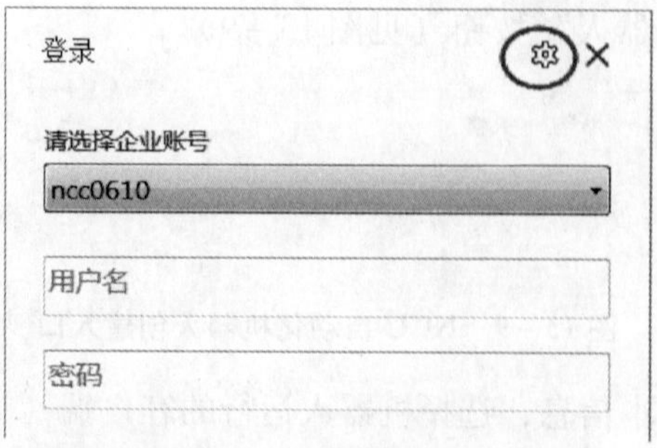

图 13-5　小友 RPA 客户端设置按钮

图 13-6　配置 RPA 服务器地址

⑤ 选择登录的 NCC 账套，输入相应的用户名和密码，进行登录。登录成功后，状态栏出现 RPA 客户端图标（见图 13-7）。

图 13-7　RPA 客户端状态栏图标

（2）机器人管理。

① 登录 NCC 轻量端，选择“自动化机器人”>“机器人管理”菜单（见图 13-8）。

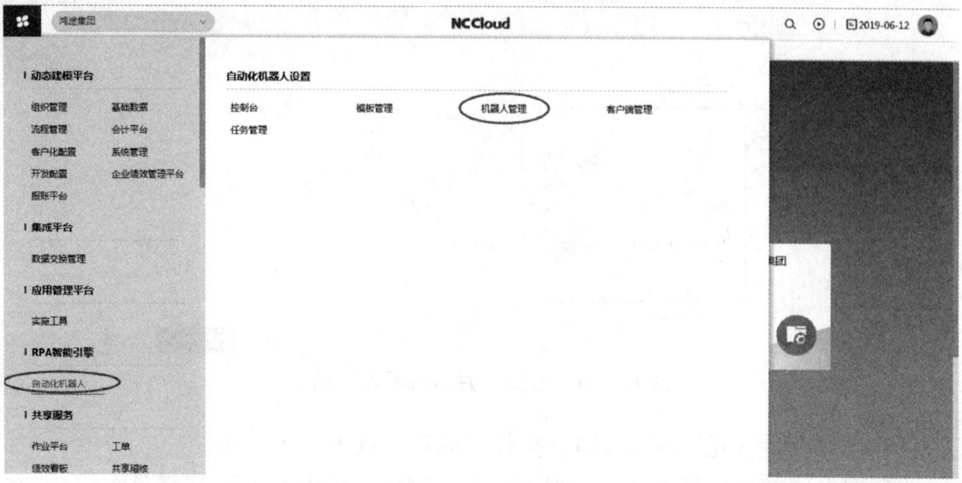

图 13-8　NCC 自动化机器人的机器人管理入口菜单

② 点击“创建机器人”按钮（见图 13－9）。

图 13－9　NCC 自动化机器人创建入口

③ 录入机器人基本信息，选择机器人运行的客户端（见图 13－10）。操作完成后，点击“下一步”。

图 13－10　机器人基本信息录入

④ 选择“月结机器人”模板（见图 13－11）。操作完成后，点击“下一步”。

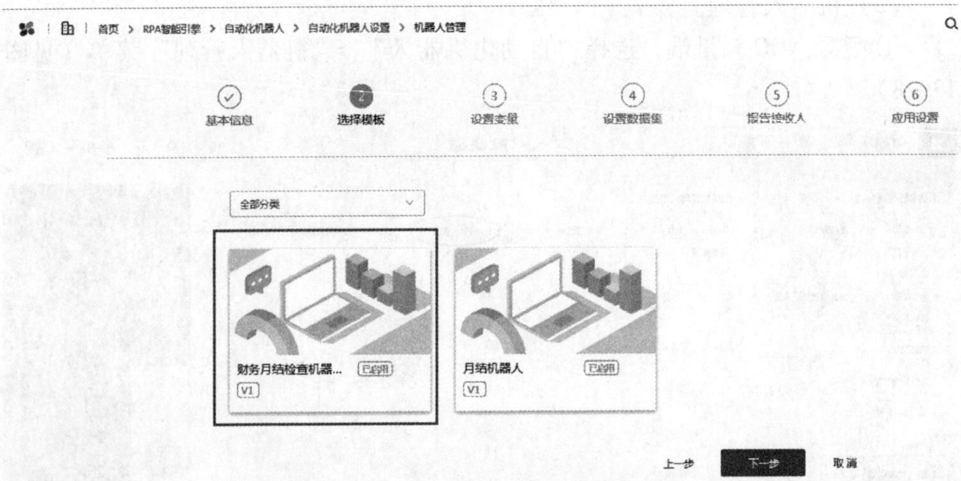

图 13－11　选择“月结机器人”模板

⑤ 设置变量（见图 13－12）。操作完成后，点击“下一步”。

⑥ 在本地创建机器人执行结果文件夹。例如，可在 D 盘创建文件夹 rpa，在

rpa 文件夹下创建“月结报告 . xlsx”。

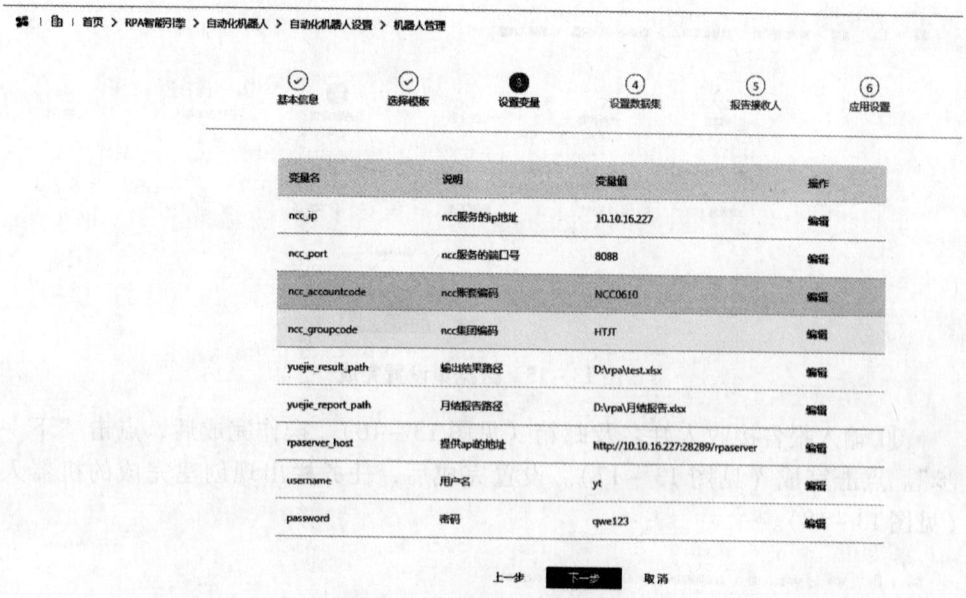

图 13－12　机器人变量设置

⑦ 在“月结报告 . xlsx”的【结账报告（用户填写）】工作簿中修改“结账单位编码”“结账单位名称”和“结账期间”（见图 13－13）。

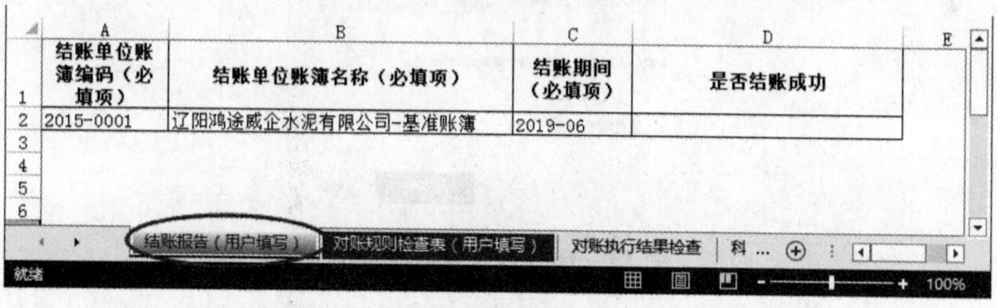

图 13－13　结账报告（用户填写）工作簿

⑧ 在“月结报告 . xlsx”的【对账规则检查表（用户填写）】工作簿中修改“结账单位编码”“结账单位名称”“对账规则编码”“是否检查”（见图 13－14）。修改完成后，保存文件。注意：“对账规则编码”需要从 NCC 系统中获取；如果同时处理多个结账组织，可在 Excel 中分多行填写。

图 13－14　对账规则检查表（用户填写）工作簿

⑨ 点击下一步（见图 13－15）。

图 13－15　数据集设置完成

⑩ 输入报告接收人姓名及邮箱（见图 13－16）。操作完成后，点击“下一步”。点击完成（见图 13－17）。设置完成后，任务栏出现创建完成的机器人（见图 13－18）。

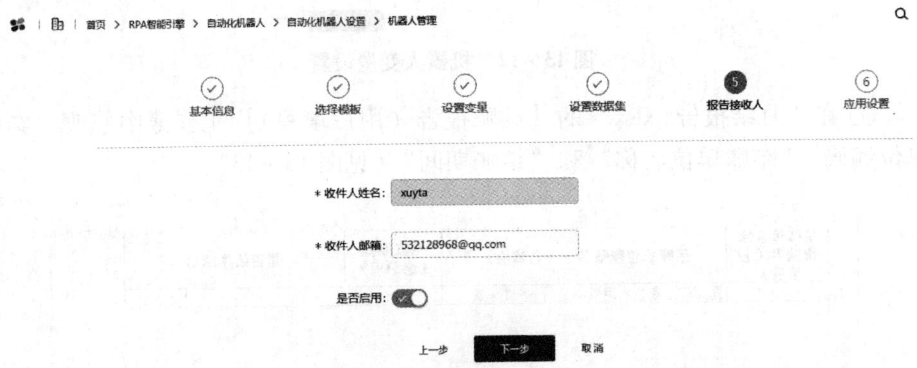

图 13－16　报告接收人设置

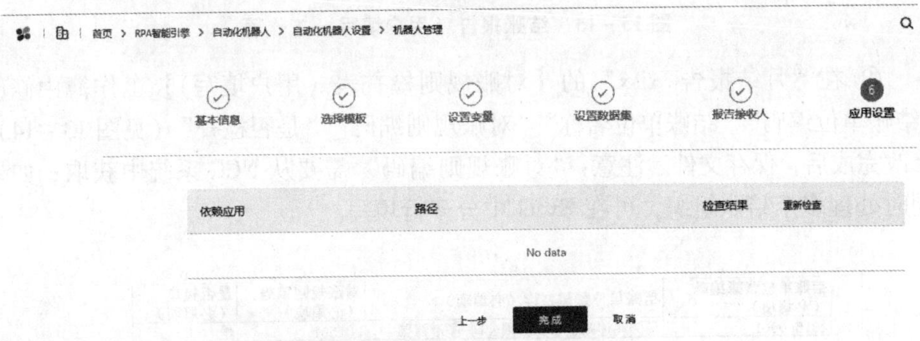

图 13－17　机器人设置完成界面

图 13－18　机器人任务栏图标

（3）运行总账月结检查机器人。

① 在机器人管理界面，此时已经可以看到刚刚创建的机器人。点击机器人的“运行”按钮（见图 13－19）。

图 13－19　机器人的“运行”按钮

② 机器人开始自动执行月结检查操作。

13. 1. 2. 2　NCC 总账月结检查机器人教学视频

可在线学习“RPA 客户端安装与配置操作手册－10120080－2”教学视频（见图 13－20）。

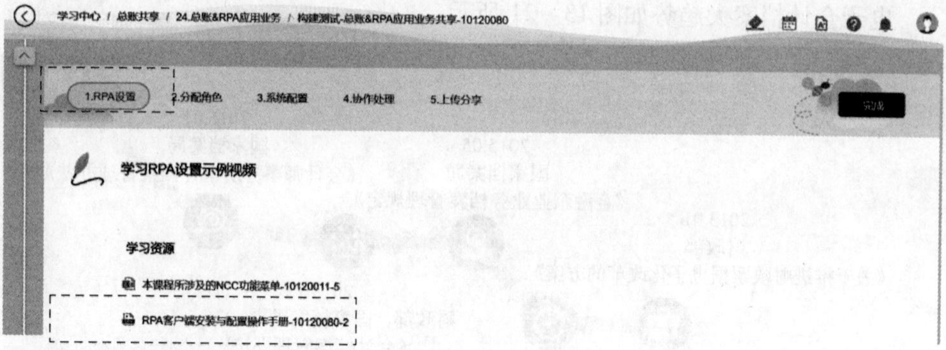

图 13－20　视频教学资源“RPA 客户端安装与配置操作手册－10120080－2”的入口

13. 2　电子会计档案

13. 2. 1　电子会计档案背景介绍

13. 2. 1. 1　传统档案管理无法满足信息化要求

（1）纸质凭证输出，造成成本转嫁，耗材成本高。

（2）核算系统形成会计资料归档保管，空间占用和人工管理成本高。

（3）财务会计资料不能自动归档，手工装册归档工作量巨大 。

（4）实体纸质档案搜索效率低、调阅不方便，使用后归档，重复工作。

13.2.1.2 传统会计档案不符合长期保管、备份要求

会计档案保管要求要有备份机制，以应对意外事故、自然灾害、人为破坏等情况。

（1）建立电子会计档案备份制度，能够有效防范自然灾害、意外事故和人为破坏的影响。

（2）使用的电子档案管理系统能够有效接收、管理、利用电子会计档案，符合电子档案的长期保管要求。

13.2.1.3 电子会计档案与纸质会计档案的关系

（1）应建立电子会计档案与纸质档案的索引关系，记录存储位置。

（2）准确查询，提高查询使用效率。

（3）根据纸质档案快速查询电子会计档案信息，在线浏览。

13.2.1.4 电子会计档案大势所趋

电子会计档案大趋势如图 13－21 所示。

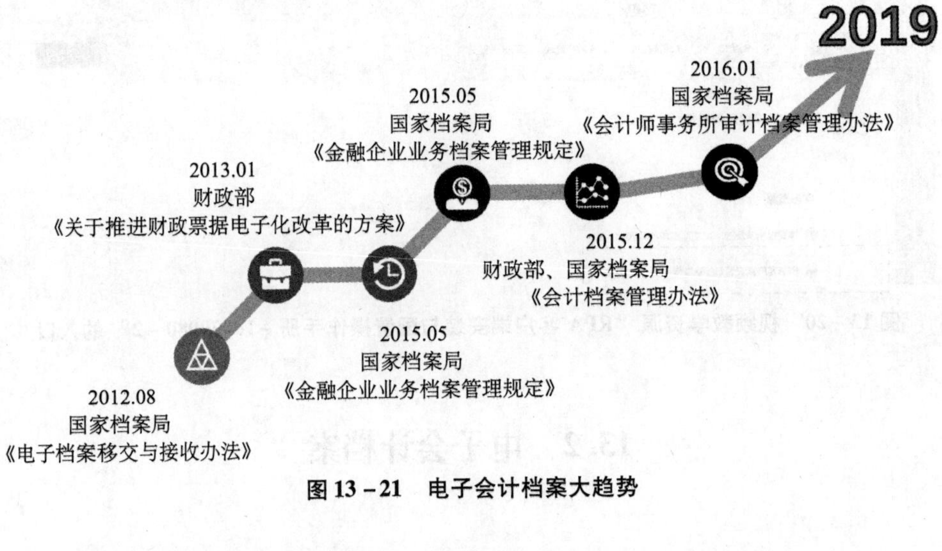

图 13－21 电子会计档案大趋势

13.2.1.5 《会计档案管理办法》

2015 年 12 月 14 日财政部、国家档案局发布了《会计档案管理办法》，意义重大。

（1）相关重要规定。该办法中明确规定以下三点。

① 满足本办法第八条规定条件，单位从外部接收的电子会计资料附有符合

《中华人民共和国电子签名法》规定的电子签名的，可仅以电子形式归档保存，形成电子会计档案。

② 单位可以利用计算机、网络通信等信息技术手段管理会计档案。

③ 单位内部形成的电子会计资料和从外部接收的电子会计资料在满足一定条件时可以仅以电子形式归档保存，形成电子会计档案。

（2）该办法对归档的要求有以下几点。

① 归档范围。

a. 会计凭证，包括原始凭证、记账凭证。

b. 会计账簿，包括总账、明细账、日记账、固定资产卡片及其他辅助性账簿。

c. 财务会计报告，包括月度、季度、半年度、年度财务会计报告。

d. 其他会计资料，包括银行存款余额调节表、银行对账单、纳税申报表、会计档案移交清册、会计档案保管清册、会计档案销毁清册、会计档案鉴定意见书及其他具有保存价值的会计资料。

② 归档时间。

a. 当年形成的会计档案，在会计年度终了后，可由单位会计管理机构临时保管一年，再移交单位档案管理机构保管。因工作需要确需推迟移交的，应当经单位档案管理机构同意。

b. 单位会计管理机构临时保管会计档案最长不超过三年。

13.2.2 电子会计档案建立方案

构建电子会计档案的三个关键方面：优化业务流程、系统间数据对接和归档范围。

（1）优化业务流程。财务核算系统、业务系统、会计档案系统为企业档案管理全过程提供信息化支撑，从收单、制单到归档，再到存储以及档案的利用，如图13－22所示。

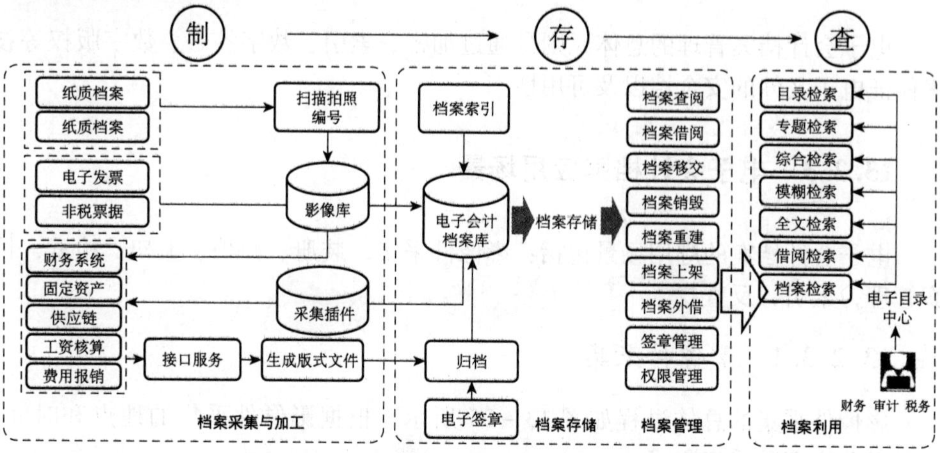

图13－22 企业档案管理全过程的信息化支撑

(2) 电子会计档案与 ERP 数据接口。核心是总账、报表（合并）系统（见图 13－23 左侧部分），其次是生成记账凭证的原始凭证所在系统（见图 13－23 右侧部分）。

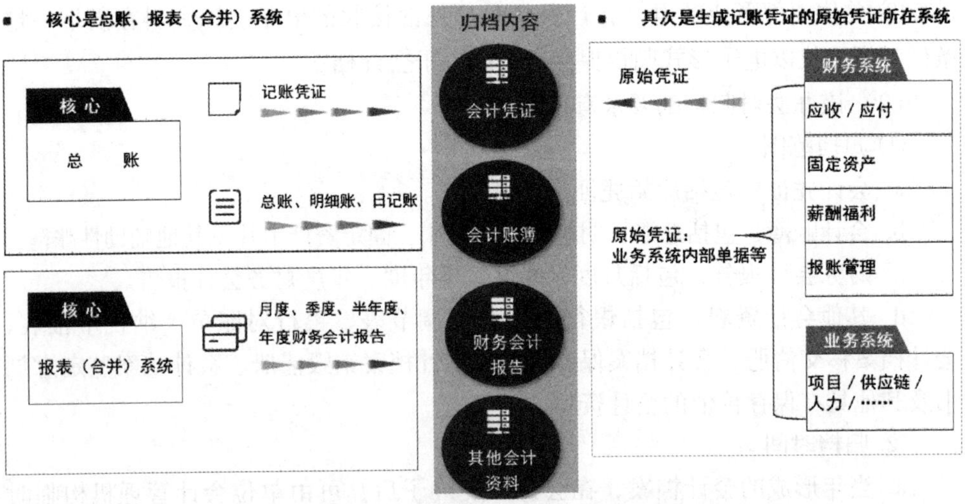

图 13－23 电子会计档案与 ERP 数据接口

(3) 归档范围与处理原则。电子会计档案的归档范围如图 13－24 所示。

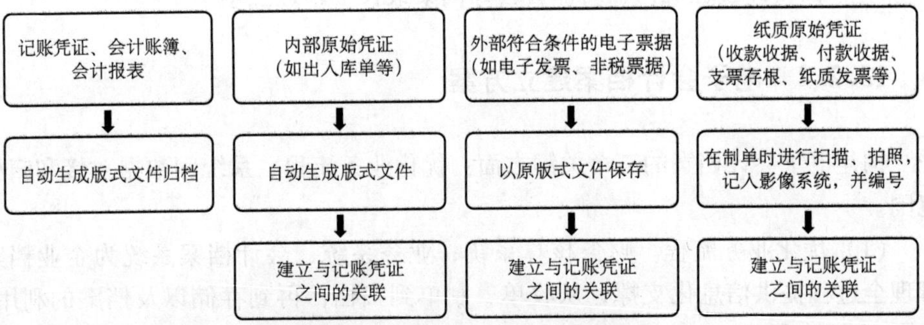

图 13－24 电子会计档案归档范围

电子会计档案管理的总体原则是通过加密、索引、数字签名、数字版权等技术保证电子文件的安全性以及可用性。

13.2.3 电子会计档案应用场景

电子会计档案的应用场景包括：影像件采集，装册、归档、上架，检索，档案管理，索引，反查找。

13.2.3.1 影像件采集

影像件采集的总体过程如图 13－25 所示。根据影像件采集的地点和时间，还可以分为多种采集方式。

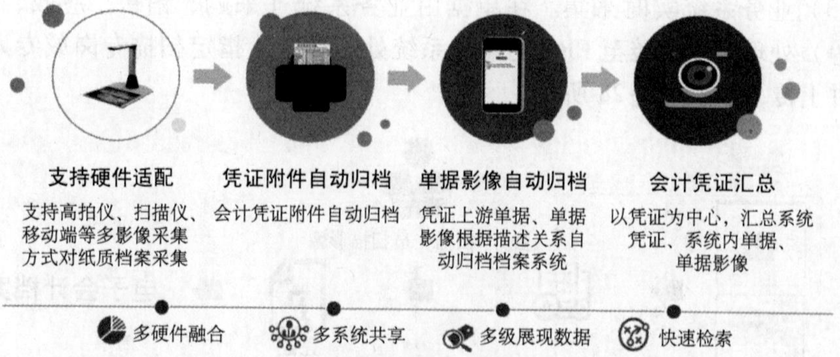

图 13－25　影像件采集的总体过程

（1）报销人影像采集。由报销人（报账人）在制单后立即自助扫描影像并上传，如图 13－26 所示。

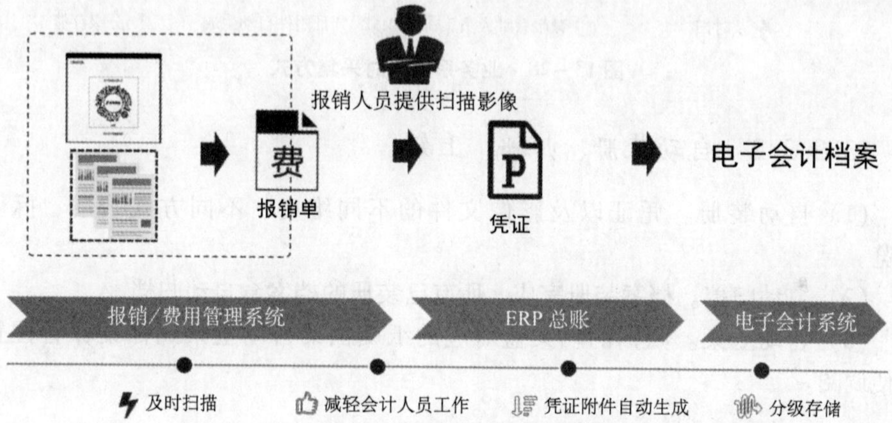

图 13－26　报销人影像采集方式

（2）电子会计档案系统补扫采集。在业务系统处理完所有工作后，由专职扫描人员补扫影像并上传电子会计档案系统，如图 13－27 所示。

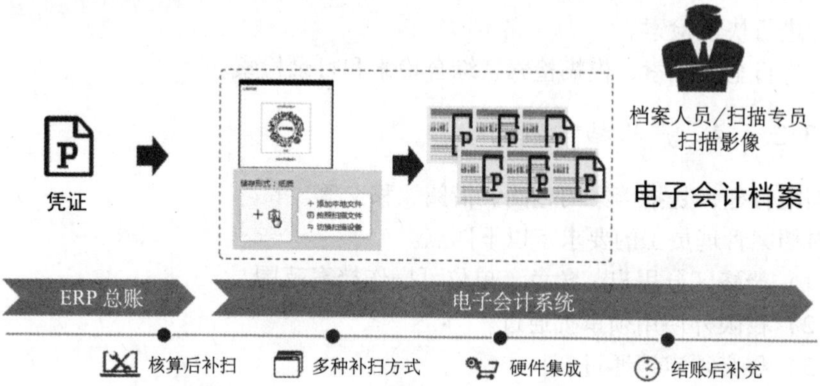

图 13－27　电子会计档案系统补扫采集方式

（3）业务系统实时采集。在单据由业务系统（采购、销售、应收、应付、合同等）处理完毕，转至ERP的财务系统处理环节，指定扫描专岗或专人扫描影像并上传，如图13－28所示。

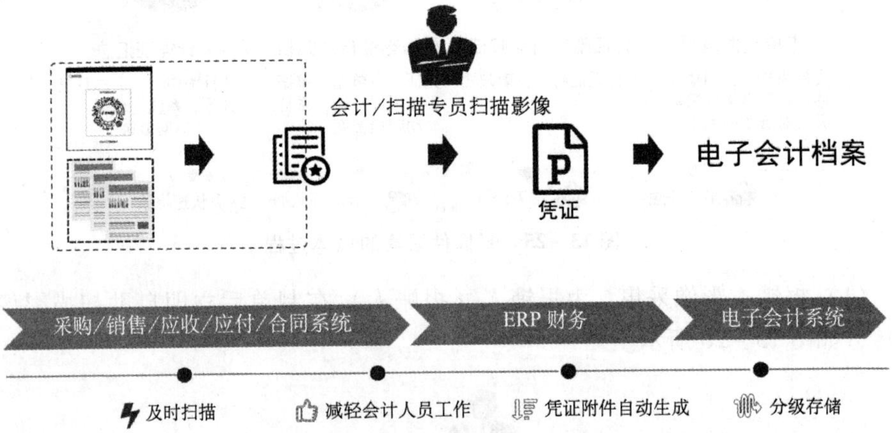

图13－28　业务系统实时采集方式

13.2.3.2　自动装册、归档、上架

（1）自动装册。凭证以及影像文件的不同维度、不同方式装册、拆册、浏览。

（2）自动归档。档案装册完成，所有已装册的档案盒自动归档。

（3）自动上架。归档的档案盒对应的纸质档案自动上架到档案保管位置，方便调阅。

13.2.3.3　多维度检索

系统支持对会计凭证、账簿、报表、其他会计资料的信息检索。

用户可以在电子会计档案系统对会计档案进行检索查阅，检索时在不同节点支持不同查询条件，例如，题名、文号、关键字、摘要、责任人、凭证号、册号等条件进行快速检索。

可进行全文检索、模糊检索、综合检索和目录检索。

13.2.3.4　严格档案管理

档案管理，是指档案的查阅、借阅、移交等。

对档案管理员工的要求有以下四点。

（1）严格区分用户、角色、单位可操作档案范围。

（2）权限外使用须审批通过。

（3）移交须申请通过。

（4）档案系统记录行为日志。

对高层使用档案的要求有以下三点。

（1）对各类审批进行审批处理。

（2）定期检查、监督档案管理工作。

（3）档案利用。

对外部人员使用档案的要求有以下四点。

（1）外部人员在线查阅须申请。

（2）纸质档案外借须审批。

（3）纸质档案到期未归还系统催还。

（4）档案系统记录行为日志。

13.2.3.5　建立电子会计档案与纸质档案索引

（1）归档成功后档案按照企业管理要求上架到指定档案室。

（2）系统记录上架的档案室信息。

（3）上架的档案支持外借申请等。

（4）外借后支持归还、催还等。

建立电子会计档案与纸质档案索引如图13－29所示。

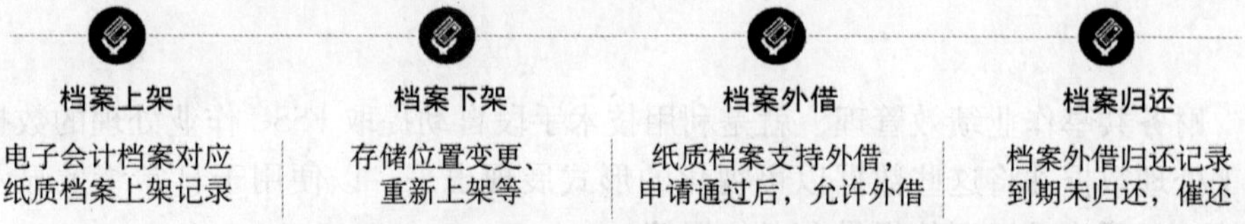

图13－29　建立电子会计档案与纸质档案索引

13.2.3.6　纸质档案反向查找电子会计档案

（1）凭证生成二维码，扫描识别二维码批扫纸质文件。

（2）打印二维码与纸质档案装订，并且支持扫描二维码查找电子会计档案。

第 14 章　财务共享作业绩效

［学习目标］

理解 NCC 财务共享绩效看板的功能和内容；

熟悉 NCC 财务共享作业绩效看板的配置方法；

掌握鸿途集团财务共享作业绩效看板的需求。

14.1　财务共享作业绩效相关概述

财务共享作业绩效管理，就是利用技术手段自动提取 FSSC 作业处理的数据，加工处理数据并将这些数据以可视化的形式展现出来，以便用于日常绩效显示、监控，以及为员工评价提供参考依据等。

集中以可视化形式展示 FSSC 作业处理数据的载体，就是财务共享绩效看板，图 14 - 1 是一个绩效看板的示例。

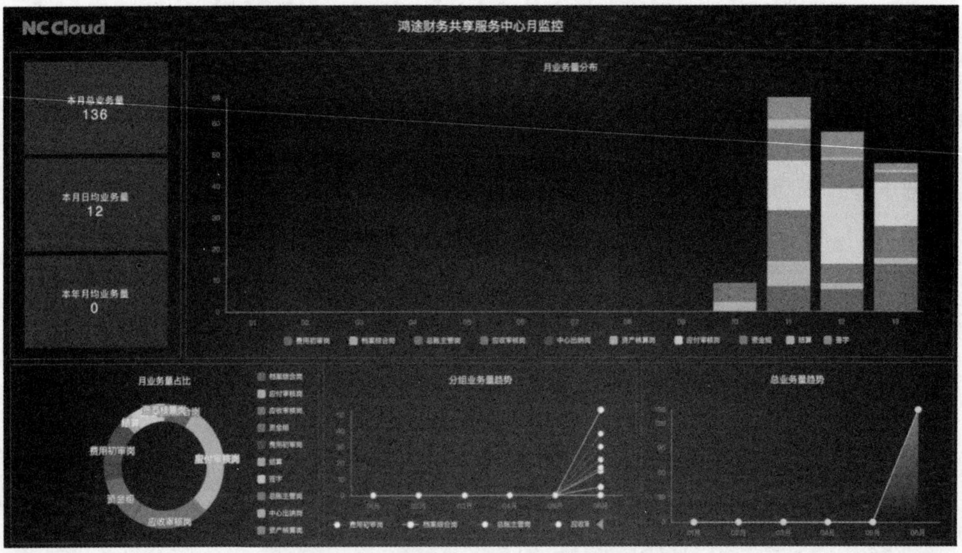

图 14 - 1　财务共享作业绩效看板示例

14.1.1　财务共享绩效看板价值

（1）满足共享中心管理层对共享整体业务管理、监管需要，实现对共享业务数字化跟踪管理，方便时时查看相关业务数据。

（2）关注、对比、分析共享流程中每个环节的工作量、工作效率、工作质量。

（3）帮助企业集团了解共享中心任务执行情况、运行效率；有效提高企业在内部管理决策方面的有效性、可靠性、准确性。

14.1.2　衡量财务共享绩效的数据

可以用来衡量财务共享作业绩效的指标有很多，NCC 系统能够跟踪每一个业务单据在处理时的许多指标数据，如图 14－2 所示。

单据号	交易类型	单据日期	单据金额	单据提交时间	报账人	专岗扫描开始时间	专岗扫描完成时间	专岗扫描时长	专岗扫描人	入池时间	共享初核处理时间	初核处理时长	共享初核人	共享复核处理时间	复核处理时长	共享复核人	签字处理时间	签字处理时长	签字处理人	结算处理时间	结算处理人	结算处理时长	共享审批流程时长	共享付款流程时长	本地流程时长	共享流程时长	全流程时长

图 14－2　NCC 支持的财务共享作业绩效指标

14.1.3　鸿途集团 FSSC 绩效看板需求

请根据鸿途集团的财务共享中心绩效考评方案，分析哪些绩效考评指标可以通过绩效看板获取相关数据。请设计财务共享服务中心的绩效看板指标与展示方案，并在系统中进行设置与展示。展示形式与风格尽量美观大方，展示内容适合财务共享服务中心绩效大屏投放。

14.2　鸿途集团财务共享中心绩效考评方案

14.2.1　评价组织与标准

（1）评价的组织。财务共享中心总经理负责共享中心工作质量、效率、态度的日常评价，并定期（至少每月）向集团财务部/财务总监提交质量评价报告。

集团财务部负责财务共享中心工作质量效率、态度的总体评价，评价频率根据财务部财务稽核工作计划安排。

运营支持处处长负责组织与整体协调质量管理有关工作，组建质量管理团队；对各处室的质量管控工作进行指导；组织质量检查工作；按时发布各类质量报告，提供考核依据；督促有关人员对有关问题进行整改，对整改情况进行通报；负责质量管理体系建立和完善；负责质量环境建设规范工作；协助培训负责人组织质量管理培训工作。

财务共享中心各业务处室业务处理人员既是质量管理对象，又是一级质量管理员，在保证本岗位工作质量的同时，负责管控上一工序工作质量，并进行本工序的交叉复核，提供质量检测数据。

（2）业务质量评价标准如表 14－1 所示。

表 14－1　　　　共享中心业务质量评价指标

业务类型	评价标的	责任人	考核办法
扫描（100 分）	1. 扫描质量	扫描员	扫描影像不清楚或重叠，单据漏扫或夹页，每单扣 5 分，共 50 分
	2. 原始单据	扫描员	原始单据不符合公司要求的，每单扣 2 分，共 20 分
	3. 单据台账记录	扫描员	台账内容未核对，每发现一次扣 5 分，共 20 分
	4. 影像效果	扫描员	单据影像未上传或不能辨认的，每单扣 5 分，共 10 分
归档（100 分）	1. 档案装订质量	归档员	档案装订错误，包括：倒装、缺页、装订错页、卷宗编号错误等。每单扣 5 分，共 20 分
	2. 单据匹配	归档员	匹配错误，每单扣 5 分，共 30 分
	3. 归档及时性	归档员	未及时归档，每发现一次，扣 5 分，共 15 分
	4. 档案调阅	归档员	档案调阅未经审批、登记，每单扣 5 分，共 15 分
	5. 档案安全	归档员	档案丢失、毁损，每单扣 5 分，共 20 分
审核核算（100 分）	1. 审核报账信息准确	审核会计	未依照制度正确审核，每单扣 5 分，共 30 分
	2. 会计核算的科目、金额、币种、期间等正确	审核会计	科目核算信息错误，每单扣 5 分，共 20 分
	3. 原始凭证审核无误	审核会计	使用不当原始凭证做账，每单扣 5 分，共 20 分
	4. 其他信息准确无误，包括摘要规范、调整说明等	审核会计	错误处理，每单业务扣 5 分，共 20 分
	5. 内部对账准确、及时	审核会计	未按时对账或对账错误未查明，每检测出一次扣 5 分，共 10 分
资金结算（100 分）	1. 准确支付：账户信息准确、金额准确、及时处理未成功支付问题	出纳	支付错误，每单扣 5 分，共 50 分
	2. 收、付款及时准确	出纳	未及时准确进行收付款确认，每单扣 5 分，共 30 分
	3. 系统密码及银行支付保密工具管理	出纳	未按照规定保管密匙和其他银行加密工具，每一项扣 5 分，共 20 分

续表

业务类型	评价标的	责任人	考核办法
企业报表（100 分）	1. 及时编制个体报表	报表会计	未按时提交报表，每延迟一天扣 10 分，共 40 分
	2. 保证报表的信息准确	报表会计	报表信息错误，每检测出一项扣 10 分，共 60 分

（3）工作时效评价标准。时效目标值是每笔业务从发起流程到处理完毕流程关闭期间所用时间的目标值。评价频率：时效评价每月进行一次，在次月的 6 日前完成上月度的时效评价。

时效考核指标如表 14－2 所示。

表 14－2　财务共享中心时效考核指标

考察内容	考察岗位	说明	时效目标	评价人
单据接收	票据档案岗	从员工提交实物单据到会计初审岗在影像系统中完成接收	2 个工作日	绩效负责人
扫描上传		从影像系统接收到扫描并影像上传完成	2 个工作日	绩效负责人
单据邮寄		从员工提交单据（项目部无扫描点）或单据扫描上传后到整理汇总邮寄至共享服务中心	1 周	绩效负责人
单据移交		从单据扫描上传后到分类整理移交至归档岗	2 个工作日	绩效负责人
打印凭证	归档岗	从账务处理完成到打印生成的会计凭证	2 个工作日	绩效负责人
匹配顺号		将打印的凭证与原始单据匹配并顺号	2 个工作日	绩效负责人
影像复核		从实物单据匹配顺号到影像复核无误确认	2 个工作日	绩效负责人
装订归档		从影像复核无误到会计档案装订成册并移送至档案室	2 个工作日	绩效负责人
单据初审	结算/费用审核岗	从接收审核任务到初审完成	2 个工作日	绩效负责人
单据复审		从接收复审任务到复审完成生成会计凭证	2 个工作日	绩效负责人
出纳付款	资金结算岗	从生成会计凭证到出纳付款成功并确认	2 个工作日	绩效负责人

14.2.2　工作质量评价方法

工作质量评价所覆盖的范围主要是业务处理的全过程，包括账务处理、审批流及相关附件单据的真实性、准确性及完整性。质量检测的主要方法为工序检测及分析性检测，因此评价对象既包括财务共享中心工作岗位也包括在机构财务部门设置的财务初审及扫描岗位。

14.2.2.1　工序性检测规范

（1）会计初审岗（本地财务）。

- 原始单据粘贴规范性。
- 原始凭证完整性、合规性。

• 发票真实性、合规性。

（2）票据档案岗。

• 实物单据提交及时完整，并按索引号顺序排列。
• 单据登记与实物单据一致，无缺漏或不符情况。
• 原始实物单据与会计凭证匹配无误，装订整洁、及时。
• 会计档案借阅经过审批、登记，并及时归还。

（3）费用/结算审核岗（含收入、费用、成本、工程、资产）。

• 单据影像清晰，符合扫描要求，没有夹单、漏扫现象。
• 原始单据提供完整，并符合相关法律法规要求。
• 报销内容符合公司财务制度，报销金额无误。
• 业务类型、科目、辅助等选择正确。
• 前端审批流程完整。
• 系统自动生成的凭证中会计分录正确，金额无误。
• 税金计提、申报、缴纳是否及时、准确。

（4）资金审核/支付岗。

• 银行收款信息是否与经办人提交信息一致。
• 付款信息、网银制单信息是否完整准确。
• 资金收付确认是否及时、准确。

（5）总账主管岗。

• 账务处理及时准确。
• 总账凭证稽核完整。
• 对账、结账及时。
• 会计档案归档完整，装订规范。

（6）报表分析岗。

• 报表编制准确、及时。
• 报表项目无遗漏，无错误。
• 财务分析编制及时。
• 响应业务管理需求分析。

14.2.2.2　分析性检测规范

（1）分析性检测的定义。分析性检测是通过数据的逻辑性判断检查质量、工序问题，即通过抽样、专项检查、专项统计、专项分析、流程梳理等方法，定期或专项对工序、质量等指标进行逻辑性、合理性、实操性、规范性等方面的检测、检查、核对，通过检测、检查、核对纠正偏差，完善质量体系和工序，查找偏差的原因，以保证集中核算工作的质量和时效。

（2）分析性检测的主要内容。分析性检测由共享中心运营管理处通过对会计核算、资金结算、稽核管理、档案管理、运营支撑管理等数据、工序的逻辑性判断，检查其是否符合质量规范的要求。

14.3　规划设计

本节是根据教学资源《绩效看板操作手册－10120083－2》进行调整后编写的。

用友 NCC 共享服务新一代绩效看板，采用了最新的技术，可以定义多组绩效看板，同时在多个大屏上展示不同的内容。每组绩效看板可以定义多块展板，每块展板可以设置不同的停留时间。每块展板按照 16 宫格细分，可以自由合并或拆分，并定义展示内容。

绩效看板支持多个共享中心定义看板。

14.3.1　业务流程

NCC 绩效看板业务流程如图 14－3 所示。

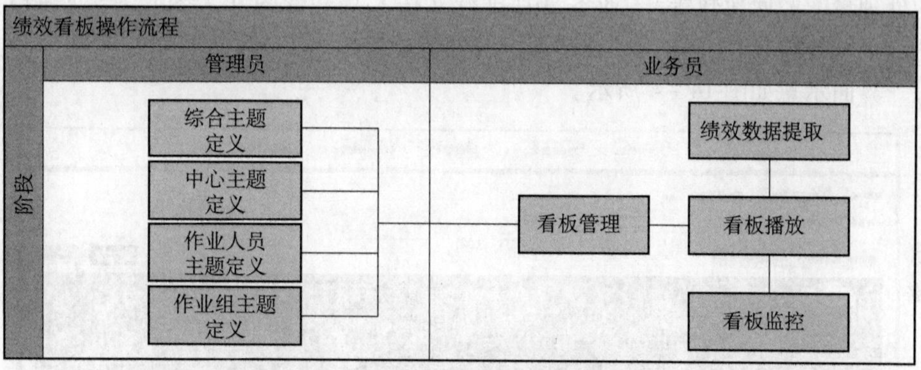

图 14－3　NCC 绩效看板业务流程

14.3.2　应用点清单

应用点清单如表 14－3 所示。

表 14－3　应用点清单

领域	产品模块	应用点/功能节点	应用类型	职责类型
共享服务	绩效看板	综合主题定义	小应用	管理类
		中心主题定义	小应用	管理类
		作业人员主题定义	小应用	管理类
		作业组主题定义	小应用	管理类
		看板管理	小应用	业务类
		绩效数据提取	小部件	管理＋业务类
		看板监控	小部件	管理＋业务类

14.3.3 应用解决方案

（1）综合主题定义。

• 首先确定一个共享服务中心，系统会自动根据这个共享服务中心找到已定义的作业组，然后再选择一个作业组，且只能单选。

• 可以定义这个作业组下的日监控主题和月监控主题。

• 定义以后，还需要操作保存图表，把当前图表保存起来，才可以被看板定义时引用。

• 可通过图表清单功能查看当前主题下定义的图表，并进行删除操作。

• 日监控主题包含的内容有：当日关键数据统计（待处理、已处理、当日新增、上日留存、驳回次数等），业务量日排行（按人）柱形图（大图），分时已处理趋势图，平均处理时长（按人）柱形图，分时待处理趋势图。

• 月监控主题包含的内容有：当月关键数据统计（本月新增、已处理、日均处理量、驳回次数等），业务量月排行（按人）柱形图（大图），已处理趋势图，平均处理时长（按人）柱形图，驳回量趋势图。

界面示意如图 14－4 所示。

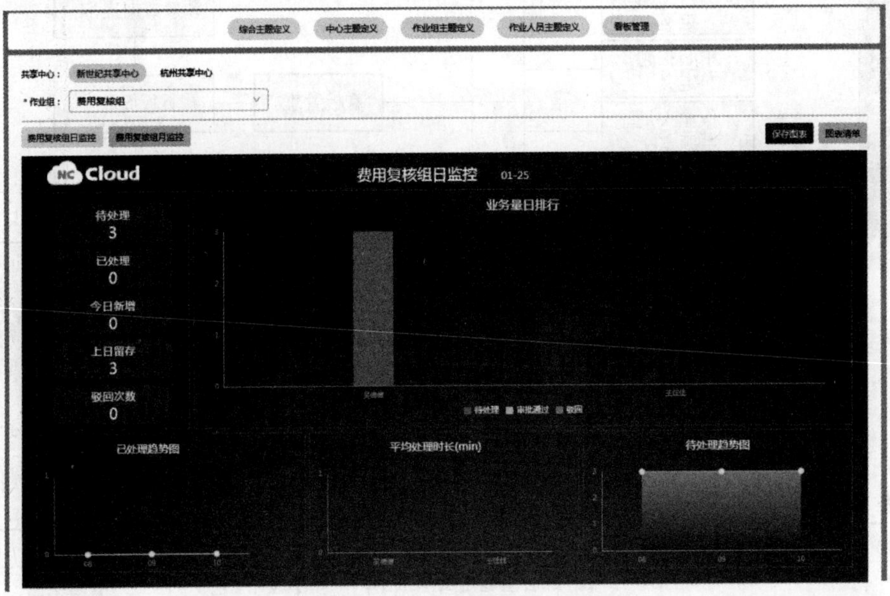

图 14－4　绩效看板定义 1

（2）中心主题定义。

• 首先确定一个共享服务中心，系统会自动根据这个共享服务中心找到已定义的作业组，然后再选择一个作业组，可多选作业组。

• 选定了当前共享中心作业组后可以定义该中心的月监控主题。

• 定义以后，还需要操作保存图表，把当前图表保存起来，才可以被看板定义时引用。

• 可通过图表清单功能查看当前主题下定义的图表，并进行删除操作。

• 中心月监控主题包含的内容有：当月关键数据统计（本月总业务量、当月日均业务量、本年月均业务量等），业务量月排行（按人）柱形图（大图），月业务量占比，平均处理时长（按人）柱形图，总业务量趋势图。

• 中心当日分组统计主题包含的内容有：本月累计单数、当日单据量、已初审（签字）单数、已复审（结算）单数、已退单数、待初审（签字）单数、待复审（结算）单数。

界面示意如图 14－5 和图 14－6 所示。

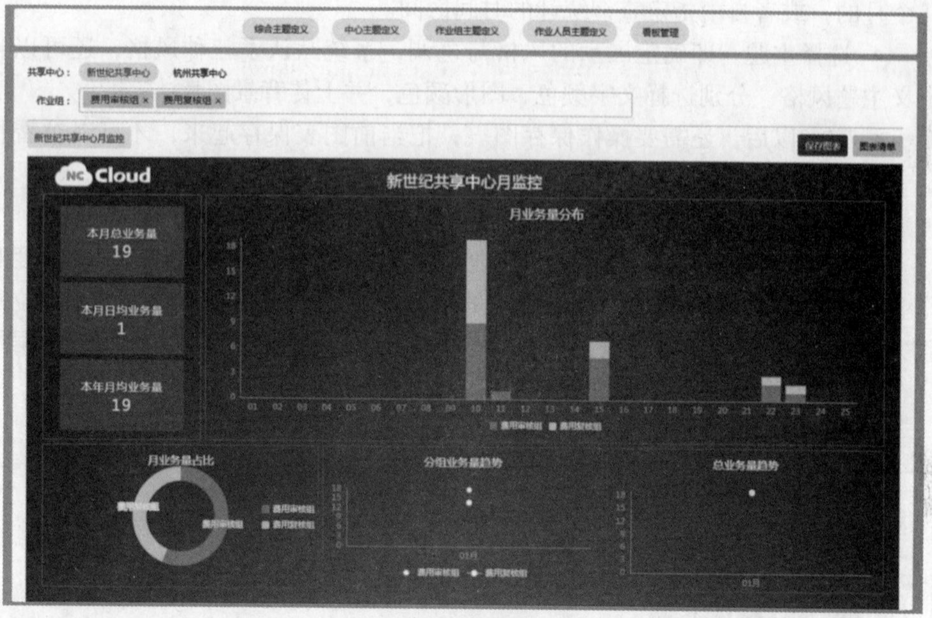

图 14－5　绩效看板定义 2

图 14－6　绩效看板定义 3

（3）作业组主题定义。

• 首先确定一个共享服务中心，系统会自动根据这个共享服务中心找到已定义的作业组，然后再选择一个作业组，可多选作业组。

• 选定了当前共享中心作业组后可以定义所选作业组的各种业务量统计。

• 定义这些统计表时，还需要确定时间维度，分别是按天、按周、按月。所谓按天，是指以每天为单位进行统计和展示；按周是指以周为单位进行统计和展示；不足一周的按整周对待；按月是指以月为单位进行统计和展示，不足一月的按整月对待。

• 时间范围，是指统计的时间区间，可选值为本周或本月，也可以指定近几个月的，或者自由指定查询统计的时间区间。

• 选择主题，即确定展示的风格与色调，系统默认了三种风格，还可以自定义主题风格，分别选择文字颜色、图形颜色，并上传背景图片。

• 定义以后，还需要操作保存图表，把当前图表保存起来，才可以被看板定义时引用。

• 可通过图表清单功能查看当前主题下定义的图表，并进行删除操作。

• 作业组主题包含的内容有：作业组业务量统计表（按指定的时间维度和作业岗位展现的二维表），作业组业务量趋势图（以折线图展示作业组或岗位的业务量趋势），作业组业务量面积堆积图，作业组业务量对比图，作业组单据量分布图等，以作业组为集合进行统计和展现的各个形式的图或表。

界面示意如图 14 －7 所示。

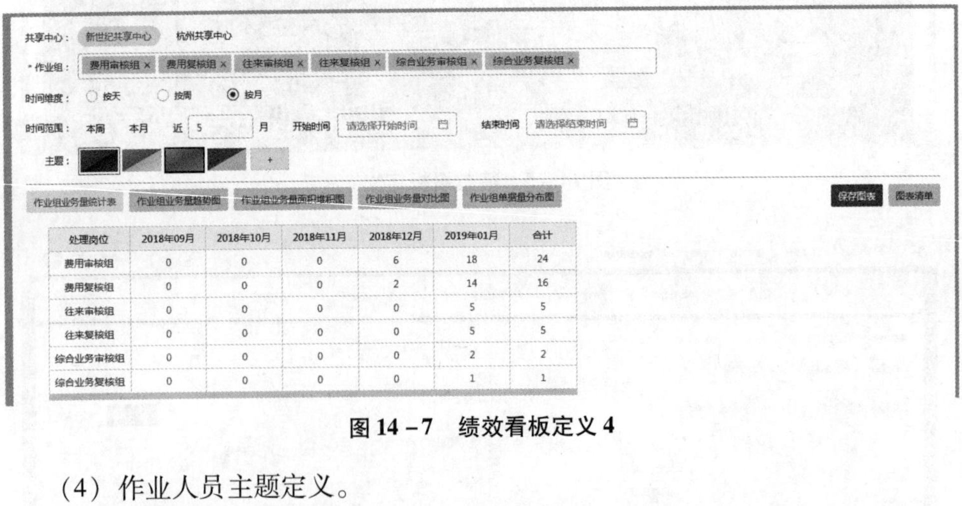

图 14 －7　绩效看板定义 4

（4）作业人员主题定义。

• 首先确定一个共享服务中心，系统会自动根据这个共享服务中心找到已定义的作业组，然后再选择一个或多个末级作业组（代表岗位），所选作业组必须同属于一个上级作业组。

• 选定了当前共享中心作业组后可以定义所选作业组下各个人员的业务量统计。

• 定义这些统计表时，还需要确定时间维度，分别是按天、按周、按月。所谓按天，是指以每天为单位进行统计和展示；按周是指以周为单位进行统计和展示，不足一周的按整周对待；按月是指以月为单位进行统计和展示，不足一月的按整月对待。

- 时间范围，是指统计的时间区间，可选值为本周或本月，也可以指定近几个月的，或者自由指定查询统计的时间区间。
- 选择主题，即确定展示的风格与色调，系统默认了三种风格，还可以自定义主题风格，分别选择文字颜色、图形颜色，并上传背景图片。
- 定义以后，还需要操作保存图表，把当前图表保存起来，才可以被看板定义时引用。
- 可通过图表清单功能查看当前主题下定义的图表，并进行删除操作。
- 作业人员主题包含的内容有：人员作业量统计表［按指定的时间维度和作业人员展现的二维表，包含的指标有：通过数量、驳回数量、被驳回的数量、总处理时长（min）、平均处理时长（min）、驳回率］、人员驳回率统计图（以柱形图展示作业人员的审批通过业务量、驳回业务量和驳回率情况）、人员作业量统计图（以柱形图展示指定区间内每个作业人员的作业量）、作业组业务量统计图等，以所选作业组下的作业人员为单元进行统计和展现的各个形式的图或表。

界面示意如图 14－8 所示。

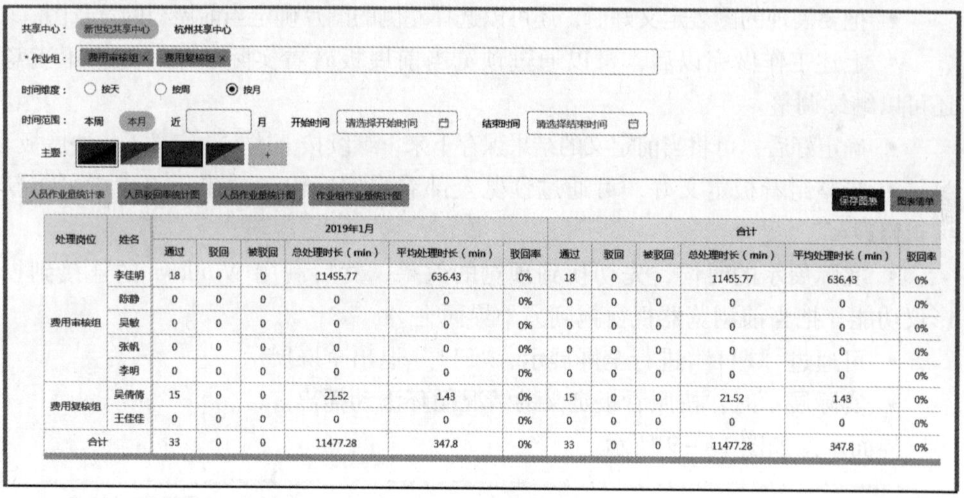

处理岗位	姓名	2019年1月						合计					
		通过	驳回	被驳回	总处理时长（min）	平均处理时长（min）	驳回率	通过	驳回	被驳回	总处理时长（min）	平均处理时长（min）	驳回率
费用审核组	李佳明	18	0	0	11455.77	636.43	0%	18	0	0	11455.77	636.43	0%
	陈静	0	0	0	0	0	0%	0	0	0	0	0	0%
	吴敏	0	0	0	0	0	0%	0	0	0	0	0	0%
	张帆	0	0	0	0	0	0%	0	0	0	0	0	0%
	李明	0	0	0	0	0	0%	0	0	0	0	0	0%
费用复核组	吴倩倩	15	0	0	21.52	1.43	0%	15	0	0	21.52	1.43	0%
	王佳佳	0	0	0	0	0	0%	0	0	0	0	0	0%
合计		33	0	0	11477.28	347.8	0%	33	0	0	11477.28	347.8	0%

图 14－8　绩效看板定义 5

（5）资金签字与结算。

- 绩效看板支持同时统计资金签字和结算环节的工作量。
- 由于资金签字和结算环节没有定义在流程中，并且也不能像共享那样定义作业组和作业岗位，所以在实现过程中，就把资金签字和结算固化成两个固定的岗位。要取这两个环节的绩效数据时，就不能按照实际客户定义的作业组进行选择统计，只能选择系统固化的资金签字和结算这两个作业组进行统计，否则不能得到正确的统计结果。
- 统计签字和结算环节的工作量等数据，与共享初审和复审环节数据统计思路是一致的，如待处理单据数、已处理单据数等。

（6）看板管理。

• 打开看板管理后，可通过“新增”并录入看板名称和序号以后，增加一组看板。

• 对该组看板进行设置，进入设置界面。

• 设置界面的左侧为已增加的每一块看板及排列顺序，中间为当前看板的预览效果图，右侧为待选的资源，具体为之前在各个主题定义保存的各类图表。

• 首先在左侧的屏幕列表里增加一块看板，录入每一块看板的名称、显示时间、排列序号后，“确定”，即增加一块空的看板。

• 空的看板默认以 16 宫格展现，16 宫格是最细的颗粒度，不能再细分。一张图表只能在同一个宫格展现，不可以跨宫格展现。

• 可以拖选相邻的四方格，进行“合并”宫格的操作，合并后的区域即可以完整地定义和展现图表。

• 还可以对已合并的宫格进行拆分操作。

• 通过对宫格的合并拆分，确定好当前展板的布局，就可以把右边的各种图表资源往相应的区域进行拖拽了。

• 把要展现的图表定义好后，还可以选择左侧的图片确定当前展板的背景图。

• 上述工作做完以后，可以通过预览当前展板看看实际效果，如果不满意还可以继续调整。

• 确定好后，可将当前定义的结果保存下来，继续按上述方法定义下一块展板。

• 当整组看板定义好，可通过预览全部看看实际滚动效果。不满意可重新编辑修改。

• 实际展示的时候，先切换到预览的效果，然后利用 Windows 的连接到投影仪功能，把当前浏览器视窗拖到另外界面上。

• 可通过“F11”进行全屏展示，“F11”退出全屏展示。

• 实际展示时，按照看板定义的情况循环滚动播出。

界面示意如图 14 – 9 所示。

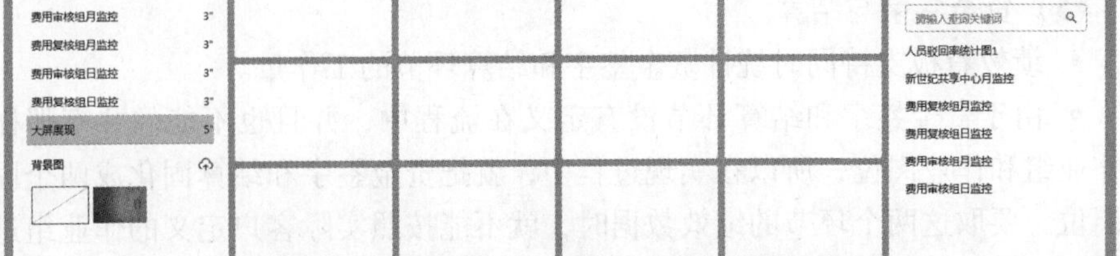

图 14 – 9　绩效看板管理

（7）绩效数据提取。

- 绩效看板所使用的数据，需要先进行提取，然后才能被看板统计并展现。
- 显示当前绩效看板的数据提取状态，是否为已启动。
- 第一次使用绩效看板时，需要手工触发提取动作，后续则由系统按照每五分钟的频率自动提取数据。
- 同时在小部件上显示最近一次提取的时间。
- 看板实际展示时，自动根据提取的最新数据实时刷新。
- 绩效数据提取自动执行，是通过预置了一个后台任务实现的，当数据提取失败时，可以通过定义后台任务的通知方式，如邮件通知提醒客户，具体配置方法：打开"动态建模平台—客户化配置—后台任务中心—后台任务部署"，找到"共享服务绩效取数"的任务，修改消息接收配置页签，增加用户即可，可以增加多个用户。

界面示意如图 14－10 所示。

图 14－10　绩效数据提取

注意：指定的用户发邮件，需要在定义用户时，指定该用户的电子邮件地址。

（8）看板监控。

- 该小部件的功能主要面向于管理员使用。
- 在有多组看板的情况下，可以在该小部件上轮流展示每一组看板。
- 当看板监控上展示有异常情况时，实际大屏上该组的看板展示也是异常的，可提醒管理员及时处理。

界面示意如图 14－11 所示。

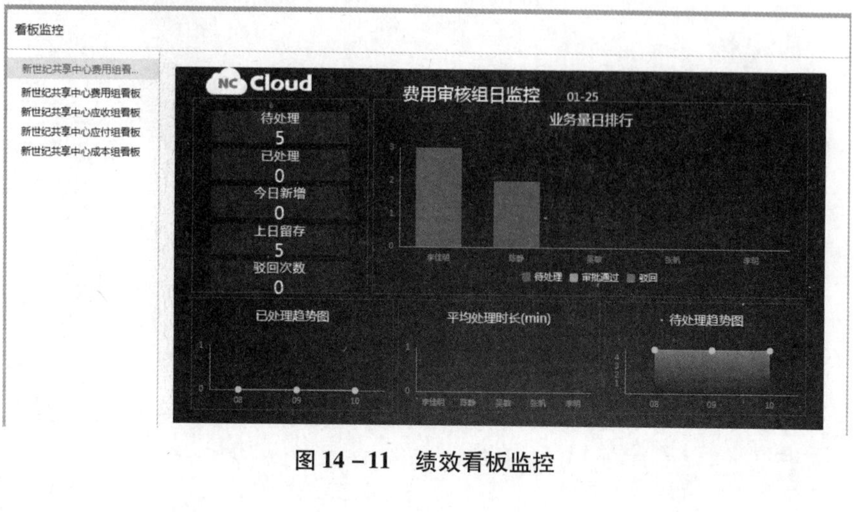

图 14－11　绩效看板监控

14.4 构建测试

（1）学习第 14. 3 节的 NCC 绩效看板设置操作手册。

（2）根据第 14. 1. 3 节鸿途集团 FSSC 绩效看板需求，设计鸿途集团财务共享作业绩效看板设计方案，并分配角色。

（3）小组完成 NCC 系统的配置。

（4）按照角色进行分工协作处理绩效看板设置与展示。

（5）小组将构建配置与测试过程视频或截图汇集以 Word 格式上传分享。教师发起互评后，小组间测评。

第 15 章　财务共享作业稽核

［学习目标］

理解财务共享作业质量稽核的概念；

熟悉用友 NCC 中财务共享服务中心作业稽核的内容与配置方法；

掌握鸿途集团财务共享作业稽核的需求。

15.1　财务共享作业稽核的相关概述

15.1.1　财务共享作业稽核的基本概念

（1）财务共享稽核业务描述。共享稽核，是针对流入到共享中心的单据为目标范围进行的稽核，即以共享服务中心的作业任务为对象而进行的。

通过检查共享服务各个岗位人员是否按照操作规范及操作要求处理作业，加强中心所有员工的质量意识，产出符合质量保证的作业成果；同时根据检查结果不断总结、归纳发生问题的原因，并提出解决办法，从而为不断完善制度和规则提供依据。

（2）共享稽核的价值。利用分层抽样的技术，从共享服务处理的历史作业任务中抽取有代表性的单据，进行检查，对发现的问题进行记录，通知作业人员整改，描述整改过程，进而评估共享服务的作业处理情况，指导共享服务中心建立健全内控制度，堵塞漏洞，提高管理水平。

15.1.2　用友 NCC 财务共享作业稽核操作要点

15.1.2.1　财务共享稽核业务流程

财务共享稽核业务流程如图 15－1 所示，其中“整改”环节为信息系统外的线下操作。

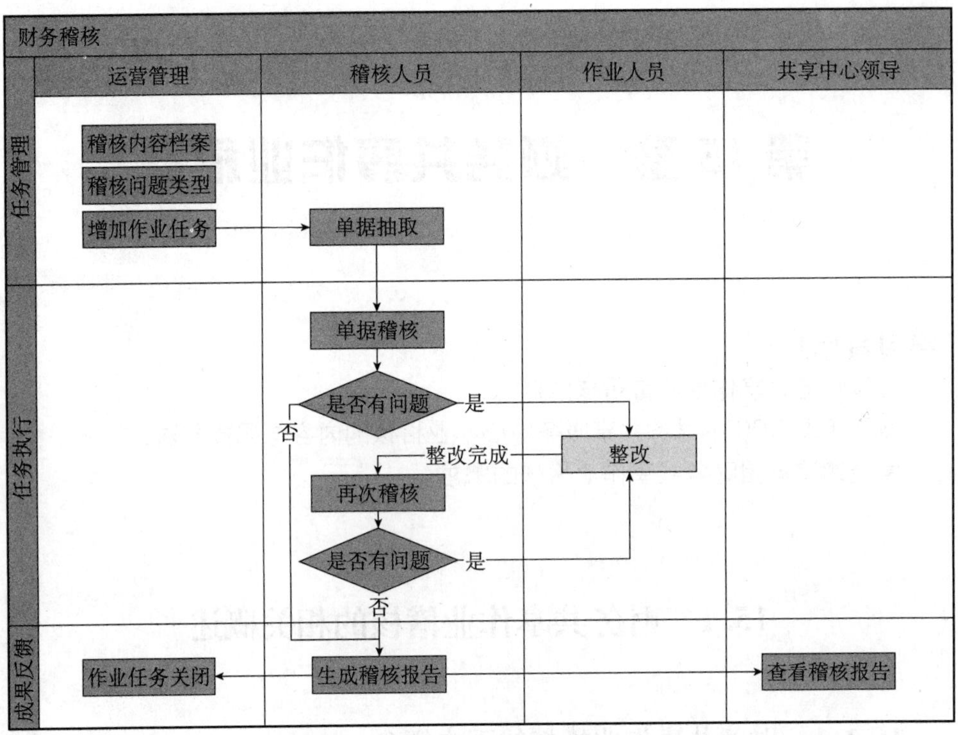

图 15－1　财务共享稽核操作流程

15.1.2.2　NCC 相关功能节点清单

NCC 相关功能节点清单如表 15－1 所示。

表 15－1　　　　　　NCC 相关功能节点清单

领域	产品模块	应用点/功能节点
共享服务	共享稽核	稽核内容
		稽核问题类型
		稽核任务
		单据抽取
		单据稽核
		稽核报告

15.1.2.3　功能点详细描述

(1) 稽核内容。

• 随着业务复杂度的提高，需要检查稽核的内容也越来越多，会导致在稽核时漏掉关键内容未检查，所以要先定义稽核的检查内容，然后再明确到任务中，在稽核时给以提醒，确保稽核的有效性。

• 定义稽核内容时，可以设置多级档案，保存后自动启用。

• 已启用的稽核内容档案可以停用，已停用的稽核内容档案不可以被稽核任务引用。

• 已停用的稽核内容末级档案可以删除，即使该档案已被稽核任务引用；非末级档案不可以删除。

• 非末级档案的停用，会把所有下级均停用，但启用时，只启用本级。

注意：

• 已删除的稽核内容档案不会再显示在单据稽核界面，即使它已经被分配给当前任务。

• 这是一个全局型的档案，可以被所有的共享服务中心使用。

稽核内容的定义界面如图 15-2 所示。

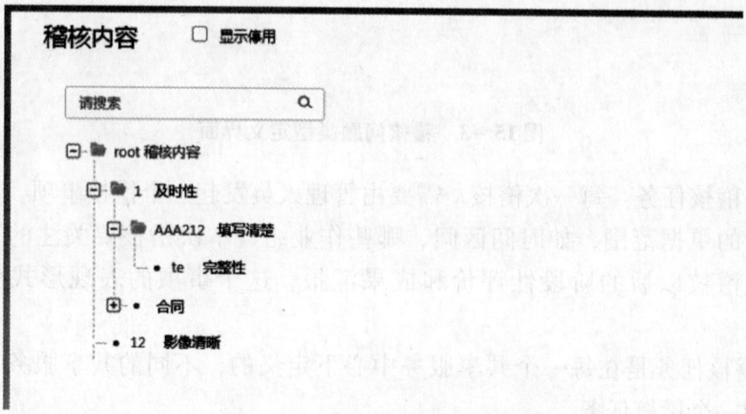

图 15-2　稽核内容定义界面

（2）稽核问题类型。稽核问题类型，用于在稽核时发现问题以后，标记出该问题的类型，自动显示当前问题的严重程度，进而计算出因为该问题的出现应该扣的分数，统一标准，减少稽核人员的主观性，使评价更为客观。

• 在启用稽核任务时，应先尽可能列举出可能会出现的所有问题，统一规划，并对这些问题进行归类，确定其严重程度和扣分值。

• 稽核问题的严重程度系统默认为五类：非常严重/严重/一般/轻微/很轻微，不可以修改。

• 定义稽核问题时，可以设置多级档案，保存后自动启用。

• 已启用的稽核问题档案可以停用，已停用的稽核问题档案不可以被稽核时选择和计算。

• 已停用的稽核问题末级档案可以删除，但如果该档案已被稽核时选择引用，则不可以删除；非末级档案不可以删除。

• 已被使用的问题档案不可以修改扣分标准和严重程度等内容。

• 非末级档案的停用，会把所有下级均停用，但启用时，只启用本级。

注意：

• 已被使用的稽核问题档案也不可以被修改，所以应谨慎并事先规划好各类问题档案。

- 这是一个全局型的档案，可以被所有的共享服务中心使用。

稽核问题类型的定义界面如图 15－3 所示。

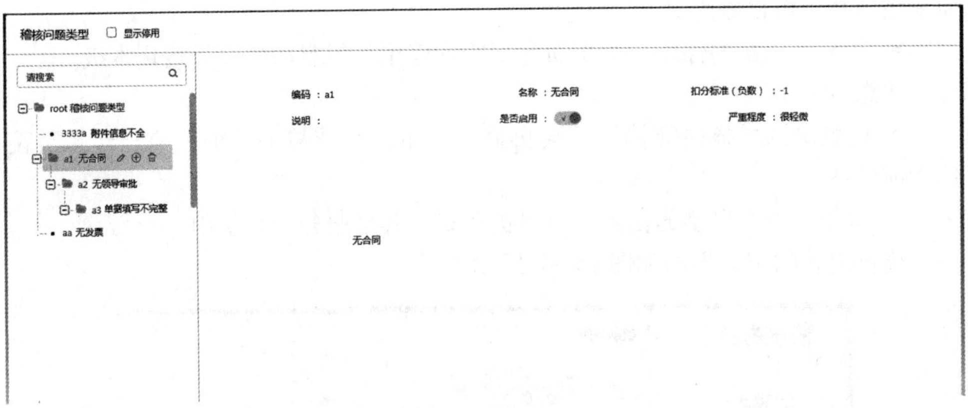

图 15－3 稽核问题类型定义界面

（3）稽核任务。每一次稽核，需要由管理人员发起一个稽核事项，明确本次稽核包含的单据范围，如时间区间、哪些作业组、本次稽核要关注的重点内容等，以及稽核以后的阶段性评价和成果汇报，这个事项的表现形式就是稽核任务。

- 稽核任务是在每一个共享服务中心下定义的，不同的共享服务中心不可以共用同一个稽核任务。
- 稽核任务定义以后，还需要给这些任务分配稽核内容，用以稽核人员在稽核时，清楚自己都要关注哪些方面。稽核内容在稽核任务保存以后，只要该任务未关闭可以随时分配和取消分配；稽核时按照最新的分配内容显示。
- 稽核任务有多个状态，内容及含义如表 15－2 所示。

表 15－2 稽核任务状态

序号	状态	解释
1	保存	任务保存或启用后的取消
2	已启用	任务已启用
3	已抽取	单据按照抽样范围进行了抽取
4	已确认	对单据抽取的结果进行了确认
5	已稽核	只要有一张单据的稽核状态为已稽核
6	已报告	生成了稽核报告
7	已关闭	报告审核通过后自动关闭

- 定义稽核任务时，必须要确定抽样范围及抽样比例，抽样范围有日期范围、组织范围、金额范围、单据范围、作业组等维度，其中日期范围是必须指定的，其他的维度可指定也可不指定。

• 定义稽核任务时，如果对稽核的单据有较高的要求，希望能尽最大可能抽出有代表性的单据，也可以定义分层规则。所谓分层规则，就是在大的样本总体里划分出若干区域，然后对这些区域分别对待，根据每个区域的重要程度和风险程度指定不同的抽样比例。

• 分层规则最多只能定义五个，也可以不定义。分层规则的说明如下：

分层比例，是指按照这一规则下抽取的样本数占所有样本的比例要在指定的比例之上，除非按照分层比例的所有单据合计数达不到分层比例；

所有的分层比例之和小于等于 100%，如果小于 100%，剩余的抽取就随机了；

如果不同的分层规则条件圈定的范围相互之间有交叉，则按照各自的规则抽取，即一张单据可同时满足两个或以上的分层规则；

分层规则的分层条件不能全部为空，至少应限定一个条件。

稽核任务创建界面，如图 15－4 所示。

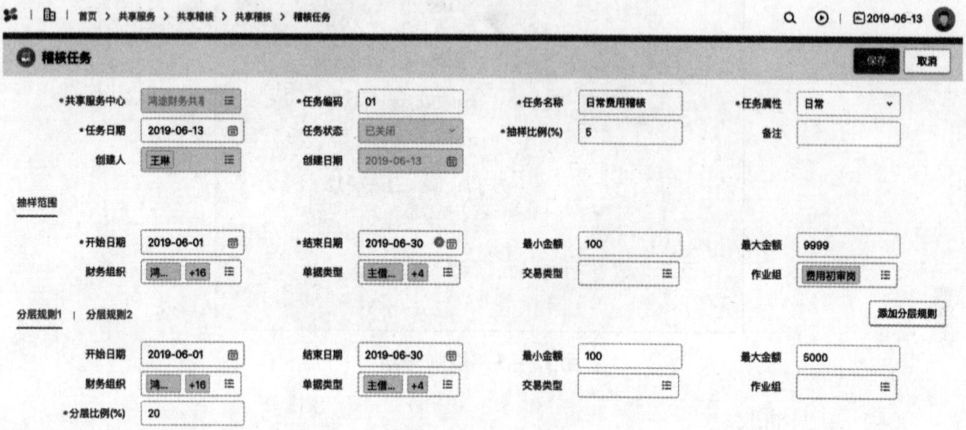

图 15－4　财务共享稽核任务创建界面

【例 15－1】

财务共享单据库里总共有 10 万多张单据。本次指定的抽样如下。

① 总体范围：财务组织 A、B、C，日期为 2018 年 8 月 1 日至 2018 年 8 月 31 日，总体单据数为 1000 张。指定的抽样比例为 10%，则抽样样本数为：1000 × 10% = 100（张）单据。

② 定义分层规则，因为指定了财务组织的范围，所以分层规则只能在 A、B、C 三个组织内定义，因为指定了日期范围，所以分层规则只能是 8 月份的单据。其他不限。

③ 定义了分层规则：财务组织 A，金额范围为 1000 ~ 10000 元，分层比例为 20%，则抽取满足这个要求的单据至少有 100 × 20% = 20（张）。如果在这个范围的单据不足 20 张时，也算符合要求（由于已经在抽样的总体范围里指定了要抽取 8 月份单据，所以如果分层规则没有指定日期范围，则仍然隐含着要抽取 8

月份的单据条件)。假如此次抽取了10张。

注意:

指定分层时,不应超过抽样范围,否则会导致不能正确地抽取样本单据。

④ 如果又定义了一条规则,财务组织:A、B,日期为2018年8月5日至2018年8月31日的单据,分层比例为15%,则在上一个条件抽取完单据后,按照这个条件接着抽取,只要满足这个条件即可,即使这个规则与上一个规则的集合有部分交叉。此次足额抽取了15张单据。

⑤ 则还应继续抽取100 - 10 - 15 = 75(张)单据,这些单据应该在剩余的1000 - 10 - 15 = 975(张)单据里随机抽取,这些单据有的符合上面两个分层条件,有的不符合,均属正常。

规则分层的集合关系如图15 - 5所示。

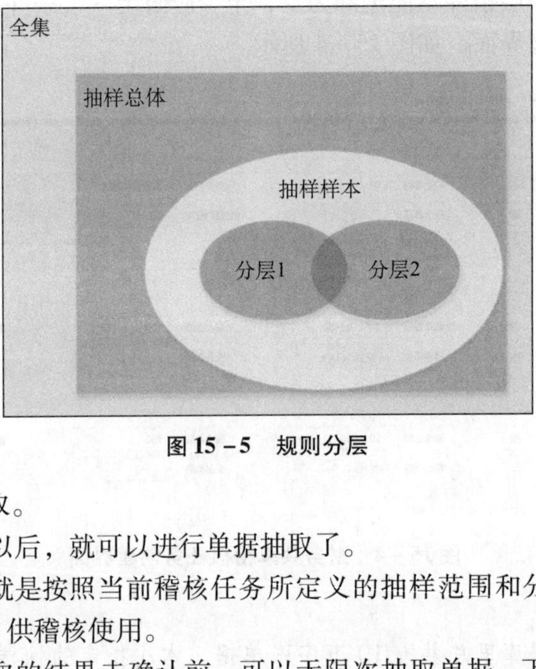

图15 - 5　规则分层

(4) 单据抽取。

• 任务启用以后,就可以进行单据抽取了。

• 单据抽取就是按照当前稽核任务所定义的抽样范围和分层规则从总样本里随机抽取单据,供稽核使用。

• 在当前抽取的结果未确认前,可以无限次抽取单据,下一次抽取的结果覆盖上一次的结果。

• 抽取结果未确认前,任务还可以取消启用;抽取结果确认后,任务就不可以取消启用了。

• 抽取结果确认后,不可以再抽取单据。

• 未进行稽核的任务可以取消单据抽取的确认。

• 稽核结果同时会反馈到已抽取的单据列表中,如果想实时查看当前任务的每张单据稽核明细情况,可以在此查看。

待稽核的共享单据抽取后,需要进行确认。单据抽取和确认的界面,如图15 - 6所示。

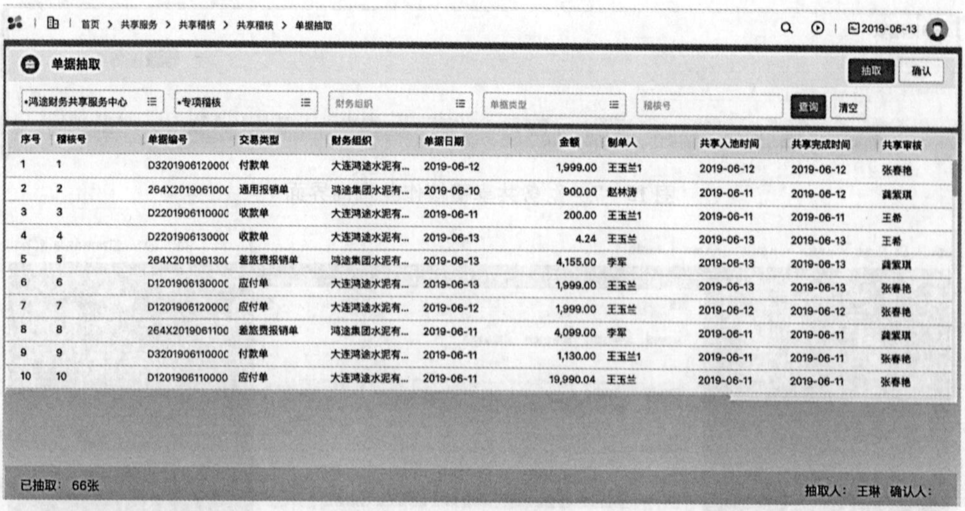

图 15－6　单据抽取及确认界面

（5）单据稽核。

• 单据抽取的结果确认以后，就可以进行单据稽核了。

• 一旦开始稽核操作，单据抽取的结果可以取消确认；如果已稽核了多张单据，发现还需要重新抽取单据，则需要把每张已稽核的单据恢复为未稽核的状态，才可以取消确认，重新抽取单据。

• 多个可以同时稽核，只要有当前任务的权限。

• 稽核时，应参照稽核内容的提示进行稽核。

• 稽核时，可以标注稽核说明以备忘。

• 稽核时，针对无问题的单据，可以直接点"通过"，当前单据自动更新为已稽核的状态。

• 如果发现了当前单据的一个或多个问题，则需要选择发现的问题类型，系统自动带出所选问题的严重程度和扣分标准。

• 对当前单据严重程度的评价，自动选取所选择的最严重问题的严重程度。

• 发现了稽核问题，如果需要整改，应线下通知共享作业人员进行整改，并对整改的结果进行检查，符合要求后，记录整改过程，并完成稽核；如果不符合要求，可以要求作业人员重新整改。

• 稽核时，支持根据单据列表上下翻页依次稽核。

• 稽核时，可以查看当前单据的卡片界面，联查凭证、联查影像、联查附件、联查电子发票、联查工作流、联查上下游单据等与当前单据有关的所有信息，但不可做任何修改。

财务共享稽核作业查询及处理界面，分别如图 15－7、图 15－8 所示。

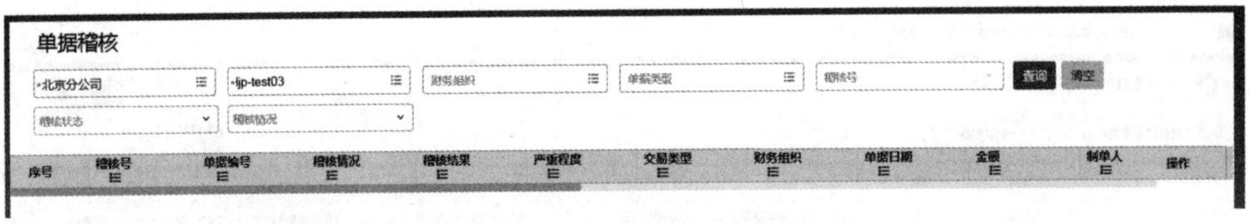

图 15 - 7　财务共享稽核作业查询界面

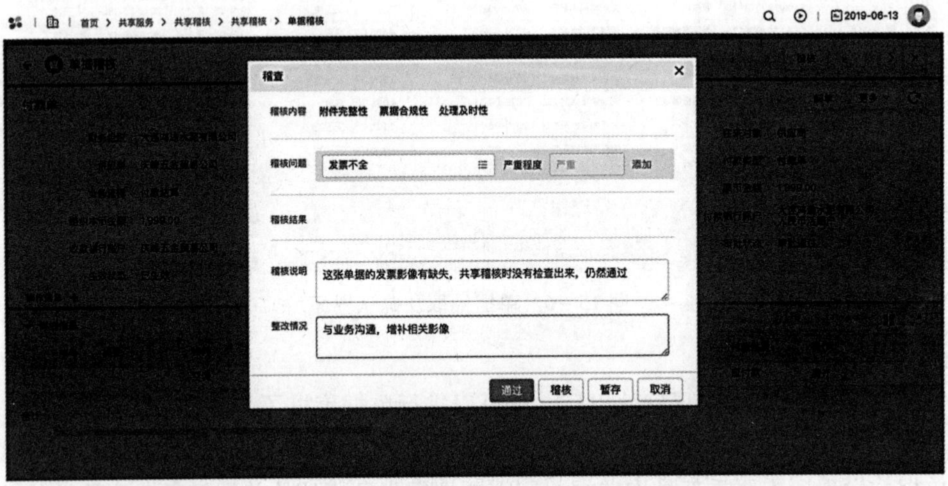

图 15 - 8　财务共享稽核作业处理界面

（6）稽核报告。

- 当前任务的所有单据均已稽核后，就可以生成稽核报告了。
- 生成报告时，系统会自动计算出当前任务的单据抽取情况、稽核结果情况，并根据稽核的结果自动给出一个评分（满分 100），和该评分对应的此次整个稽核任务的评价。系统默认给出的评分可以根据对稽核情况的评价进行人工修正。

稽核评分与评价的对应情况如表 15 - 3 所示。

表 15 - 3　稽核评分与评价

序号	评分区间	稽核评价
1	90 ~ 100 分	优
2	80 ~ 89 分	良
3	60 ~ 79 分	中
4	59 分以下	差

- 生成的报告同时统计出各种稽核的问题，并可以按这些问题联查单据的明细情况。
- 生成稽核报告时，还通过图形展示出抽样情况统计、稽核情况统计、稽核结果统计，一目了然，清清楚楚。
- 生成的稽核报告需要审核后才生效，审核通过后，此次的稽核任务工作就算全部完成了，系统会自动关闭当前稽核任务。此时不可以再对当前稽核任务做任何处理和修改了。

- 如果取消审核当前的稽核报告，系统会自动打开当前的稽核任务。
- 生成稽核报告以后，可以截图或打印出来送共享中心领导审阅。

图 15 - 9 是一个财务共享稽核报告示例。

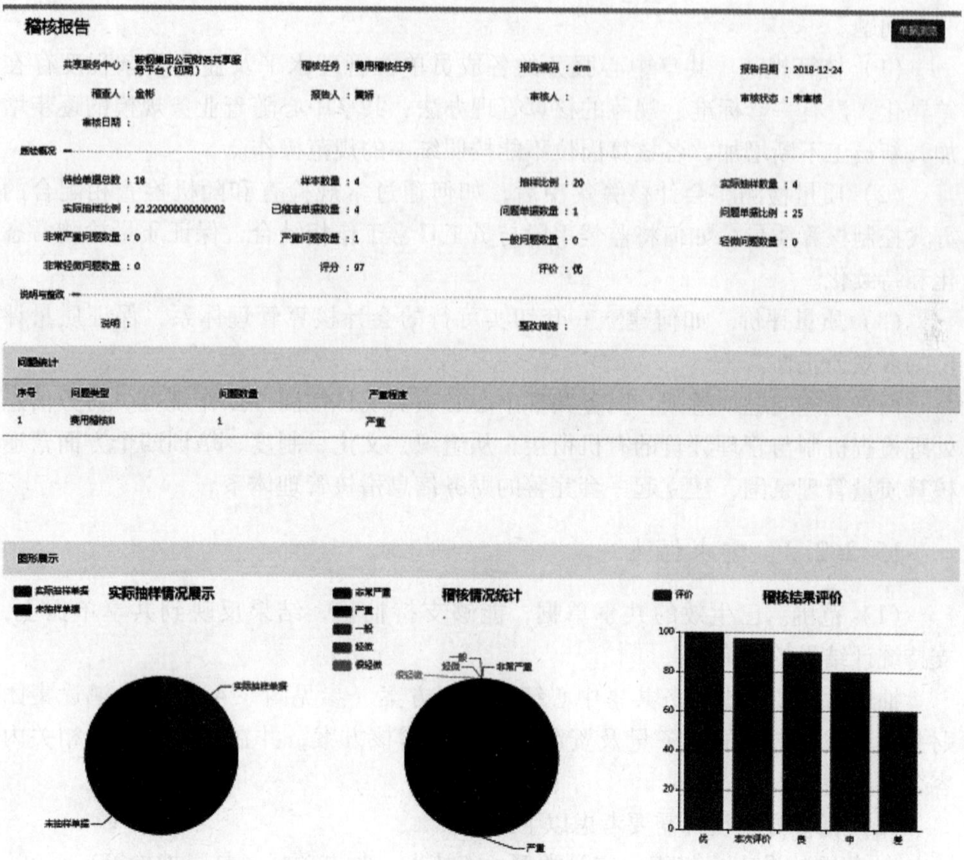

图 15 - 9　财务共享稽核报告示例

15.2　规划设计

15.2.1　设计要求

学生要根据下一部分“鸿途集团财务共享绩效稽核需求”，参照附录 3 的“鸿途集团财务共享中心绩效考评方案”，设计并创建鸿途集团财务共享中心稽核任务，抽查并稽核单据，最终能够查看鸿途集团财务共享中心稽核报告。

15.2.2 鸿途集团财务共享绩效稽核需求

15.2.2.1 总体描述

鸿途财务共享服务中心建成之后，共享中心会计核算质量管理主要面临以下三个问题。

（1）核算规范。共享中心服务的各成员单位管理水平及业务复杂程度存在差异化，没有一套标准、规范的核算管理办法；共享中心随着业务规模的逐步增加，新员工不断增加，各核算岗位不能按照统一的规范操作。

（2）质量检测。会计核算集中后，如何通过常规检查和随机检查相配合的方式控制核算质量；如何将监督手段与员工日常工作相结合，保证质量检测常态化和持续化。

（3）质量评价。如何建立一套切实可行的会计核算管理体系，保证质量评价的客观公正性。

面对上述问题与挑战，财务共享中心必须实现日常岗位操作规范、财务信息处理检查机制与管理评价的有机衔接，从组织、文化、制度、培训四个方面营造核算质量管理氛围，建立起一套完善的财务信息稽核管理体系。

15.2.2.2 需求描述

（1）范围。已生效的共享单据，能够支持抽检，结果反映到共享单据上，支持统计结果的查询。

抽检时需要根据财务共享中心绩效考评方案（参见附录4），结合鸿途集团财务共享服务中心的业务量及资源情况设计稽核方案，并在系统中实现相关内容，出具稽核报告。

（2）稽核方案设计需要考虑以下内容：

- 范围的设定（组织、交易类型、审核人、收支项目、是否抽检等）；
- 时间的设定；
- 抽检的比例；
- 对抽检结果的统计分析等。

附录1　本科课程标准

“财务共享服务中心实训”课程标准（大纲）

课程编码		课程名称		财务共享服务中心实训	
课程英文名称	Training of Financial Shared Service Center				
开课单位	新道	总学时	64	总学分	4
先修课程	会计信息系统，会计学原理，管理会计				
适用专业	会计学，财务管理				

一、课程性质和任务

本课程是云财务管理会计师专业方向的专业特色课程，属于必修的集中性实践教学课程。其先修课程是会计学原理、管理会计、会计信息系统。

通过本课程的学习，让学生能够了解财务共享服务的基本概念、岗位职责分工与共享中心的建设过程与方法；并用一个集团企业的财务共享服务中心规划构建项目为案例进行综合实训，让学生全面实践这个项目的建设战略与目标、共享中心组织与人员规划、试点服务范围确定、7 大核心流程的优化、信息系统建模与测试、绩效看板与质量稽核的设计与配置等。

二、教学目标及要求

课程通过对企业财务共享服务中心案例的剖析、各岗位的业务操作，系统讲解共享中心的建设要点和工作方法，让学生了解共享中心从无到有的全过程，掌握共享中心的规划与构建方法，并能够在一款主流的财务共享服务管理信息系统中实施和测试。

本课程具体的教学目标及要求包括以下三点。

（1）能够阐述财务共享服务的基本概念和理论，描述财务共享服务中心构建的 9 个核心要素及其含义；

（2）根据案例企业的现状描述，总结整理出企业的分层流程目录、当前财务组织结构，并根据财务共享服务中心构建方法论进行案例企业财务共享服务中心的规划设计；

（3）能够根据核心端到端业财一体化的流程现状，规划共享后的流程，并在主流信息系统（如用友 NCC）中加以实施、通过测试。

三、实验内容与学时分配

序号	项目名称	实验目的与内容	学时（小时）（理论＋实践）	主要仪器设备
1	认知课程及财务共享服务	目的：能够阐述财务共享服务的基本概念和理论。 内容：课程内容、硬件工具、软件系统和考核方式介绍；组长推荐、团队组建、团队文化建设；财务共享的发展历程和趋势，财务转型的价值（业财融合、管理会计、价值创造），理论知识随堂测验；用友 NCC 财务共享服务信息系统，IT 技术推动共享服务，NCC 用到的黑科技	2 +2	新道 VBSE 财务共享服务实践教学平台 V2.0（以下简称 V - FSSC2.0）；用友 NCC 系统；高影仪、扫码枪、双屏分屏器、打印机等
2	财务共享服务规划与设计	目的：熟悉案例企业的业务范围、组织，尤其是财务组织和人员现状、流程目录清单，用沙盘规划和构建案例企业财务共享服务，并在用友 NCC 中进行财务共享中心构建配置。 内容：认知案例企业，梳理现状流程清单；研读案例企业需求，确定案例企业财务共享中心战略定位与建设模式选择；确定案例企业共享后财务组织架构、人员三定（定岗、定责和定编）；共享试点流程范围确定、服务水平协议 SLA；关键流程环节在不同财务组织的重新配置，以 IT 技术可能的应用环节；NCC 中的配置：创建共享中心，设置委托关系，配置作业组工作，配置作业组用户，配置提取规则，设置任务优先级	4 +12	V - FSSC2.0；新道 FSSC 沙盘；用友 NCC
3	EER 费用共享	目的：认知企业费用报销的全业务场景，应用差旅费用和专项费用业务共享，应用商旅服务及讨论设计社会化服务产品。 内容：认知 EER 费用报销业务，认知案例企业的费用管理制度；案例企业差旅费用报销的痛点和现状流程，差旅业务改善流程的规划设计，差旅业务改善流程的 NCC 构建测试；智能商旅服务模式与价值，智能商旅服务内容规划设计，智能商旅服务内容的 NCC 构建测试，社会化服务产品的讨论与设计；专项费用管理内容和现状流程，专项费用报销流程的规划与设计，专项费用报销流程的 NCC 构建测试，会展社会化服务的设计	2 +8	V - FSSC2.0；用友 NCC；高影仪、扫码枪、双屏分屏器、打印机等
4	PTP 采购管理—应付共享	目的：了解案例企业的采购到应付、付款的业务现状，规划设计共享后的原燃料与备品备件采购流程，并进行构建测试。 内容：认知 PTP 采购到应付和付款业务；案例企业备品备件采购管理痛点，备品备件采购业务流程的规划设计，备品备件采购业务流程的 NCC 构建测试，集团集采业务与第三方 2B 采购平台服务方案设计；案例企业大宗材料采购痛点，原燃料采购业务流程的规划设计，原燃料采购业务流程的 NCC 构建实施，案例企业大宗物资无人值守系统	1 +5	V - FSSC2.0；用友 NCC；高影仪、扫码枪、双屏分屏器、打印机等

续表

序号	项目名称	实验目的与内容	学时（小时）（理论+实践）	主要仪器设备
5	OTC 销售管理—应收共享	目的：认知 OTC 销售到应收和收款业务，了解案例企业产成品和其他产品的销售、收款现状，设计共享后流程并在 NCC 中进行构建测试。 内容：企业销售业务场景；案例企业销售业务现状，共享后产成品和其他商品的销售流程规划设计，共享后产成品和其他商品销售流程的 NCC 构建测试；赊销过程中的信用问题，税务云和电子发票系统的应用场景	1+5	V-FSSC2.0；用友 NCC；高影仪、扫码枪、双屏分屏器、打印机等
6	TR 资金结算共享	目的：理解收付款合同的概念和适用条件，完成案例企业共享后收付款合同业务流程、资金结算业务的设计与构建。 内容：收付款合同的概念和适用条件；案例企业收付款合同现状和管理痛点，案例企业共享后收付款合同业务流程的规划设计，案例企业共享后收付款合同业务流程的 NCC 构建测试；资金结算业务的概念，税费缴纳、薪酬、其他收款付款结算的业务场景，案例企业资金结算业务现状和管理痛点，案例企业共享后资金结算业务流程的规划设计，案例企业共享后资金结算业务流程的 NCC 构建测试	1+3	V-FSSC2.0；用友 NCC；高影仪、扫码枪、双屏分屏器、打印机等
7	财务管理	目的：学习集团资金管理的理论知识，完成案例企业共享后财资管理业务流程的设计与构建，理解集团企业司库管理的基本概念。 内容：资金管理基本概念，常见的资金管理模式，企业结算中心的运营模式；资金计划及其编制，结算中心资金上收下拨理论知识，案例企业财资管理现状，案例企业共享后资金上收下拨业务流程的规划设计，案例企业共享后资金上收下拨业务流程的 NCC 构建测试；结算中心模式下外部委托付款业务的概念，案例企业外部委托付款现状，案例企业共享后外部委托付款业务流程的规划设计，案例企业共享后外部委托付款业务流程的构建测试；集团企业司库管理的基本概念，结算中心模式财资管理与司库管理的差异	1+5	V-FSSC2.0；用友 NCC；高影仪、扫码枪、双屏分屏器、打印机等
8	FA 固定资产共享	目的：学习固定资产管理的业务场景，了解案例企业的固定资产管理制度，完成案例企业共享后固定资产新增、变动等业务流程的设计与构建。 内容：固定资产业务场景，案例企业的固定资产管理制度；新增固定资产管理内容和案例企业现状流程，案例企业新增固定资产的管理要求，案例企业共享后新增固定资产业务流程的规划设计，案例企业共享后新增固定资产业务流程的 NCC 构建测试；案例企业固定资产变动的管理要求，固定资产变动的管理内容及案例企业现状流程，案例企业共享后固定资产变动业务流程的规划设计，案例企业共享后固定资产变动业务流程 NCC 构建测试	1+3	V-FSSC2.0；用友 NCC；高影仪、扫码枪、双屏分屏器、打印机等

续表

序号	项目名称	实验目的与内容	学时（小时）（理论+实践）	主要仪器设备
9	RTR 总账共享	目的：能够学会 RPA 月结机器人设置与测试，理解电子会计档案的基本概念。 内容：RTR 总账共享的含义；NCC RPA 应用场景，NCC 月结检查机器人的创建、设置、运行操作，NCC 月结检查机器人操作结果的接收和查看；电子会计档案管理知识及随堂测验	1+1	V-FSSC2.0；用友 NCC
10	财务共享作业绩效	目的：了解财务共享绩效看板的功能与内容，根据案例企业需求设计财务共享绩效看板展示方案，并对方案进行实现与展示。 内容：NCC 财务共享绩效看板的功能、内容与配置方法；案例企业财务共享绩效看板需求及展示方案设计，案例企业财务共享绩效看板方案测试分享	0+2	V-FSSC2.0；用友 NCC
11	财务共享作业稽核	目的：了解财务共享稽核的内容与方法，根据案例企业需求设计财务共享稽核方案，并对方案进行实现与展示。 内容：NCC 财务共享服务中心作业稽核的内容与配置方法；案例企业财务共享作业稽核需求及方案设计，案例企业财务共享作业稽核方案测试分享	0+2	V-FSSC2.0；用友 NCC
12	实训总结	目的：在课程即将结束时，让学生能够重温整个课程学习内容和过程，整理完整的实训报表并上交。 内容：实训报告撰写，实训报告组内讨论修订，实训报告上传教学平台，分组团建并分享心路历程	0+2	V-FSSC2.0
	合计课时		14+50	

四、考核及成绩认定

本课程的考核方案分四个维度：测评考核（测评题）默认 25%，学习行为考核（签到、学习时间、学习次数）默认 25%，作业考核（老师评价、互评）默认 25%，实训成果考核（实训报告）默认 25%。除了“实训成果考核”为教师主观评判外，其余维度均由教学平台自动评价。

主讲教师可以根据教学目标，对于考核权重进行调整，如下图所示。

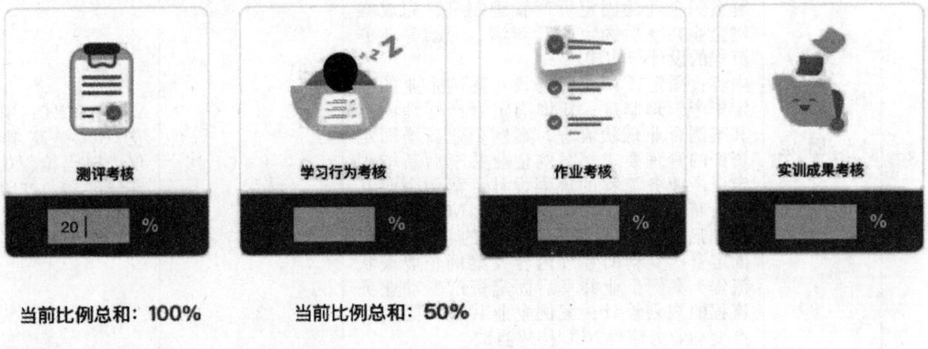

附录2　高职课程标准

“财务共享服务业务处理”课程标准（高职高专）

课程类别：专业核心课。

适用专业：会计学、财务管理。

学　　时：72（22+50）小时。

学　　分：4分。

一、课程定位

本课程是会计专业（云财务会计师方向）的专业核心课程。其先修课程是会计基础、财务会计和会计信息化。通过本课程的学习，让学生能够了解财务共享服务的基本概念、岗位职责分工与共享中心的建设过程方法，能借助财务共享服务中心信息系统和相关设备，完成财务共享服务中心的作业处理工作，实现组织对财务人员的集中与管理，为以后从事云财务模式下的财务共享服务中心会计核算工作打下理论和技能方面的基础。

二、设计思路

本课程按照“项目课程主体”的总体设计思路，从岗位工作任务分析入手，从工作结构中获得课程结构，并根据工作任务特点组织课程教学实施。本课程的课程结构以财务共享模式下的业务财务与共享财务工作流程为线索，将工作流程转化为工作任务，设计了财务共享服务中心认知、财务共享服务的规划设计、财务共享模式下企业端到端业务流程的测试运行、财务共享服务绩效与质量稽核等4类学习项目。在财务共享服务的规划设计学习中，利用沙盘作为教学工具，让学生通过初始状态摆盘、共享服务规划设计推演、高阶规划方案撰写、沙盘复盘与高阶规划方案分享等环节，让学生能够熟悉案例企业现状与共享需求、能够描述财务共享服务中心的建设方法、能够用文字和语言表达财务共享服务中心的建设方案；在企业端到端业务流程的测试运行过程中，学生通过角色扮演，业务、业务财务与共享财务线上线下多岗协同，物理电子单证结合，让学生能够在产业界主流的企业信息系统（用友 NCC 1903）上执行费用报销共享、采购到付款共享、销售到收款共享、资金结算共享、财资管理共享、资产共享等核心业务；在共享服务绩效与质量稽核学习中，让学生能够完成绩效看板与质量稽核的设计，并在用友 NCC 系统中完成配置。各教学项目的设计遵循成果导向原则，以学生掌握为目标，以解决财务共享服务环境下的业务和财务处理问题为出发点，通过丰富的岗位、仿真的工作情境和具体的工作数据，使教学过程工作化、工作过程系统化。

三、课程目标

本课程通过对企业财务共享服务中心案例的剖析、各岗位的业务操作，系统讲解共享中心的建设要点和工作方法，让学生了解共享中心从无到有的全过程，理解财务共享中心的规划与构建方法、沙盘模拟财务共享中心构建过程，并能够在一款主流的财务共享服务管理信息系统中进行共享模式下核心业务流程的多岗协同测试运营、财务共享中心的作业绩效管理与质量稽核。

本课程具体的教学目标及要求包括以下五点。

（1）能够陈述财务共享服务中心构建的核心要素及其含义。

（2）根据案例企业的现状描述，总结整理出企业的分层流程目录、当前财务组织结构，并根据财务共享服务中心构建方法论进行案例企业财务共享服务中心的规划设计辅助工作。

（3）能体验大数据、人工智能、移动互联网、云计算等新技术在共享财务模式下的应用。

（4）能操作真实的企业信息系统，完成财务共享模式下端到端的业务流程操作。

（5）能够完成财务共享中心绩效与质量管理规则的辅助设计工作，并能够在信息系统中进行配置和测试。

四、课程内容要求和课时分配

序号	教学内容	素质要求	知识内容要求	技能内容与要求	参考课时（理论+实践）
1	认知财务共享服务	书面和口头的沟通与表达能力；自我学习的能力；集体荣誉感和团队协作能力；分析与总结能力；严谨的工作态度；岗位竞争意识与抗压能力；绩效导向意识	（1）熟悉共享服务的基本概念，掌握财务共享服务的概念与实质； （2）了解集团企业财务转型的宏观背景； （3）了解企业集团化经营面临的困难，理解财务共享服务中心的定位和给大型企业带来的价值； （4）熟悉财务共享服务中心的模式； （5）了解 IT 技术如何影响 FSSC 运营，熟悉 FSSC 中常见的 IT 技术与信息系统； （6）掌握 FSSC 中常见的硬件设备	（1）能够描述高影仪、高速扫描仪、扫码枪、双屏、打印机等设备的用途和在共享模式下的主要应用情境； （2）能够阐述流程平台、影像系统、作业平台、移动报销系统等共享模式常用信息系统的含义和作用； （3）能够辨别不同的财务共享服务中心模式； （4）能够用图形描述财务共享中心的不同模式	2+2

续表

序号	教学内容	素质要求	知识内容要求	技能内容与要求	参考课时（理论+实践）
2	认知案例企业		（1）熟悉一、二级流程清单整理方法； （2）掌握MicrosoftVisio的基本图形绘制方法； （3）理解鸿途集团的各业务板块及2018年的经营状况； （4）熟悉鸿途集团水泥板块的组织结构； （5）掌握鸿途集团财务组织设置情况； （6）理解鸿途集团的财务人员的人数与职级情况	（1）能够用Visio工具画出鸿途集团的组织架构； （2）能够用Visio工具画出鸿途集团不同板块、不同层级的财务组织架构与岗位设置； （3）能够用Excel和《现状流程清单模板》整理出鸿途集团的一、二级流程	2+2
3	FSSC规划设计沙盘模拟		（1）掌握新道FSSC沙盘盘面布局和卡片上信息的含义； （2）熟悉财务共享服务中心构建方法论； （3）理解FSSC战略定位及模式的概念及规划方法； （4）理解FSSC3种不同阶段组织职能定位的概念和特征； （5）理解并熟悉FSSC选址的规划和评估方法； （6）熟悉“三角财务组织”（战略财务、业务财务、共享财务）的总体职责划分； （7）掌握财务共享服务中心“三定”概念； （8）熟悉财务共享服务中心定责的原则； （9）熟悉财务共享服务中心定岗的原则； （10）理解财务共享服务中心定编的3种不同方法； （11）理解流程优化路径的含义； （12）熟悉“端到端”的概念； （13）理解端到端业务流程设计原则	（1）能够在盘面上进行战略规划区、组织规划区和流程规划区的初始状态摆盘； （2）能够阅读案例资料，给出案例企业FSSC战略定位、组织职能定位、建设模式的建议； （3）能够收集FSSC候选城市的相关信息，并使用“财务共享选址决策评分表”进行评估和选择； （4）能够绘制多维度的雷达图； （5）能够根据三角财务组织的职责边界，调整原有财务部门及其职责； （6）能够给出案例企业FSSC部门、职责、岗位的设置建议； （7）能够用3种不同的方法，推算FSSC不同人员的编制数量； （8）能够给出案例企业财务共享流程优化路径的建议； （9）可以编制案例企业共享后不同财务组织的《业务职责切分表》； （10）能够基于动作、角色、单据实现一个首要优化流程设计的摆盘推演； （11）能够列举不同流程环节所可能用到的IT技术、信息系统； （12）能够根据沙盘模拟结果撰写FSSC高阶规划方案； （13）能够呈现FSSC高阶规划方案	4+12

续表

序号	教学内容	素质要求	知识内容要求	技能内容与要求	参考课时（理论+实践）
4	费用报销共享业务处理		（1）熟悉费用报销的基本概念、流程和应用场景； （2）理解费用控制的要点； （3）熟悉差旅费报销的应用场景； （4）理解智能商旅的概念和对企业的价值； （5）了解商旅服务协议的内容； （6）理解专项费用报销和跨组织费用分摊的应用场景	（1）能够阅读企业财务报销制度并整理出差旅费用报销相关规定； （2）能够用 Visio 工具绘制跨职能流程图； （3）能够用 Visio 绘制鸿途集团共享前和共享后的差旅费报销流程图； （4）能够在用友 NCC 中利用测试用例完成差旅费用报销的完整流程； （5）能够用测试用例、手机 App、用友 NCC 完成商旅服务的完整流程； （6）能够用 Visio 绘制鸿途集团共享前和共享后专项费用跨组织分摊的报销流程图，能够在用友 NCC 中利用测试用例完成专项费用报销和跨组织分摊报销的完整流程	2+4
5	采购—应付共享业务处理		（1）熟悉采购到付款业务的一般概念； （2）理解不同采购场景； （3）熟悉采购到付款业务的共性流程； （4）理解鸿途集团的采购管理现状； （5）熟悉鸿途集团备品备件采购的详细业务场景； （6）理解案例企业大宗原燃料采购的详细业务场景	（1）能够用 Visio 绘制鸿途集团共享前和共享后备品备件采购的端到端流程图； （2）能够在用友 NCC 中利用测试用例完成鸿途集团备品备件采购的端到端流程； （3）能够用 Visio 绘制鸿途集团共享前和共享后大宗原燃料采购的端到端流程图； （4）能够在用友 NCC 中利用测试用例完成鸿途集团原燃料采购的端到端流程	2+8
6	销售—应收业务处理		（1）理解销售到收款业务的一般概念； （2）理解不同销售场景和共性流程； （3）理解鸿途集团的销售管理现状； （4）熟悉鸿途集团产成品销售和其他商品销售的详细业务场景； （5）熟悉鸿途集团产成品和其他商品销售到收款的流程现状； （6）熟悉电子发票的概念	（1）能够用 Visio 绘制鸿途集团共享前和共享后产成品销售的端到端流程图； （2）能够在用友 NCC 中利用测试用例完成鸿途集团产成品销售的端到端流程； （3）能够用 Visio 绘制鸿途集团共享前和共享后其他商品销售的端到端流程图； （4）能够在用友 NCC 中利用测试用例完成鸿途集团其他商品销售的端到端流程； （5）能够模拟开票界面进行电子普通发票开具、邮箱邮寄操作	2+6

续表

序号	教学内容	素质要求	知识内容要求	技能内容与要求	参考课时（理论＋实践）
7	资金结算共享业务处理		(1) 掌握收付款合同的概念和适用条件； (2) 熟悉案例企业收付款合同结算现状； (3) 理解银企直联的概念； (4) 理解资金结算业务的概念	(1) 能够用 Visio 绘制鸿途集团共享前和共享后付款合同结算的流程图； (2) 能够用 Visio 绘制鸿途集团共享前和共享后收款合同结算的流程图； (3) 能够在用友 NCC 中利用测试用例完成鸿途集团的收付款合同结算； (4) 能够查询网银并验证引起直联的功能； (5) 能够用 Visio 绘制鸿途集团共享前和共享后资金结算业务的流程图； (6) 能够在用友 NCC 中利用测试用例完成鸿途集团的资金结算业务	2＋2
8	财资管理共享业务处理		(1) 熟悉资金管理基本概念，了解常见的资金管理模式； (2) 理解结算中心模式的银行账户体系； (3) 熟悉鸿途集团目前的资金管理现状； (4) 理解鸿途集团资金管理痛点及期望与诉求； (5) 理解结算中心职责； (6) 理解资金计划与资金上收下拨的概念； (7) 理解外部委托付款的概念	(1) 能够用 Visio 绘制鸿途集团共享前和共享后资金上收业务的流程图； (2) 能够用 Visio 绘制鸿途集团共享前和共享后资金下拨业务的流程图； (3) 能够利用测试用例、操作用友 NCC 来完成鸿途集团的资金计划录入； (4) 能够利用测试用例、操作用友 NCC 来完成鸿途集团的资金上收业务； (5) 能够利用测试用例、操作用友 NCC 来完成鸿途集团的资金下拨业务； (6) 能够用 Visio 绘制鸿途集团共享前和共享后外部委托付款业务的流程图； (7) 能够利用测试用例、操作用友 NCC 来完成鸿途集团的外部委托付款业务	2＋6
9	固定资产共享业务处理		(1) 理解企业固定资产管理共享的业务场景； (2) 熟悉企业固定资产新增的业务场景； (3) 理解企业固定资产变动的业务场景； (4) 熟悉企业固定资产计提折旧共享的业务场景	(1) 能够用 Visio 绘制鸿途集团共享前和共享后固定资产新增业务的流程图； (2) 能够利用测试用例、操作用友 NCC 来完成鸿途集团的新增固定资产业务； (3) 能够用 Visio 绘制鸿途集团共享前和共享后固定资产变动业务的流程图； (4) 能够利用测试用例、操作用友 NCC 来完成鸿途集团的固定资产变动业务； (5) 能够操作用友 NCC 来完成鸿途集团下某一个子公司的期末固定资产计提折旧业务	1＋3

续表

序号	教学内容	素质要求	知识内容要求	技能内容与要求	参考课时（理论+实践）
10	总账共享业务处理		（1）理解 NCC 中总账月结检查机器人的基本功能； （2）熟悉电子会计档案的基本概念	（1）能够下载并安装用友 NCC 自动化机器人客户端软件； （2）能够用 NCC 自动化机器人客户端软件和 NCC 月结机器人模板创建新的机器人； （3）能够配置新创建机器人的运行参数和结果输出参数； （4）能够运行自己所创建的 NCC 自动化机器人	1+2
11	财务共享绩效管理		（1）理解 NCC 财务共享绩效看板的功能和内容，熟悉 NCC 财务共享作业绩效看板的配置方法； （2）掌握鸿途集团财务共享作业绩效看板的需求	（1）能够根据鸿途集团的需求完成其财务共享服务中心绩效看板展示方案并形成文案； （2）能够当众呈现和分享绩效看板展示方案； （3）能够将绩效看板展示方案配置到 NCC 系统中； （4）能够测试所配置的绩效看板展示方案	1+2
12	财务共享作业稽核		（1）理解财务共享作业质量稽核的概念； （2）熟悉用友 NCC 中财务共享服务中心作业稽核的内容与配置方法； （3）掌握鸿途集团财务共享作业稽核的需求	（1）能够根据鸿途集团的需求完成其财务共享服务中心作业稽核方案并形成文案； （2）能够当众呈现和分享财务共享服务中心作业稽核方案； （3）能够将财务共享服务中心作业稽核方案配置到 NCC 系统中； （4）能够测试所配置的财务共享服务中心作业稽核方案	1+1
合计					22+50

五、教学条件

（一）师资条件

1. 专任教师。

（1）具有扎实的财务会计理论功底和一定的财务会计岗位经历，熟悉企业财务会计工作流程。

（2）对于财务共享服务有一定的理论知识，并具备一定的财务共享服务中心工作经验。

（3）能够指导学生采用案例教学法、角色扮演法、启发式教学法和任务驱动法等进行企业财务共享业务的示范教学。

2. 兼职教师。

（1）企业财务共享服务中心的会计人员，能进行影像系统、应收、应付、费用报账、资金、总账等内容的示范教学。

（2）财务共享模式下企业集团的业务财务人员，能进行影像系统、应收、应付、费用报账、资金、总账等内容的示范教学。

（二）实践教学条件

1. 实训场所：本课程需要使用网络接入、移动互联网信号畅通的财务共享服务中心实训室。实训室应配置双屏电脑等财务共享服务工具，配备仿真网络银行系统和银企直联平台，且能仿真地与外部互联网商旅平台连接，从而营造云化的财务共享业务处理工作环境。

2. 实训工具设备：涉税工作所需的办公文具，如办公设施、文具盒、打印机、扫描仪、VGA 分配器、计算器、文件柜及各种日用耗材；财务共享服务所涉及的设备，如高拍仪或扫描仪、扫描枪、双屏审单设备。

3. 仿真实训资料：各种原始凭证、单据、经济业务资料及其他相关资料。

4. 实训软件：财务共享服务信息系统，如用友 NCC、用友友报账等系统；第三方平台，如网络银行、电子税局、商旅服务平台等。

5. 实训指导资料：不同岗位（业务员、业务财务、共享中心各岗位等）的实训手册。

（三）教材及教学资源配备

1. 可依据本课程标准以及项目设计要求编写教材，教材应充分体现任务引领、工作过程导向的思想，将财务共享服务中心的各项工作，按照工作过程的逻辑顺序分解成典型的工作项目，按现行岗位操作规程组织教材内容。

2. 教材应与企业财务共享服务中心实际使用的真实信息系统相结合，表达应通俗易懂、图文并茂、精炼、准确、科学，既是教材又是软件操作说明书。

3. 教材内容应体现先进性、通用性、实用性，要将财务共享服务中心的最新技术、工具、管理理念等及时地纳入教材，教材内容应包括财务共享服务中心典型的主要岗位和相关业务，使教材更贴近各种类型企业业务发展和实际需要。

4. 配备课程网络教学资源。形成课程教学资源库，努力实现多媒体资源的共享，提高课程资源利用效率。

六、教学方法和教学手段

（一）教学方法

本课程教学方法主要包括任务驱动法、案例教学法、角色扮演法、启发式教学法、项目教学法等。

1. 任务驱动法。

本课程根据财务共享模式下的财务组织与岗位职责的变化，全程用任务驱动的方式来组织教学。既有个人全岗、业财融合的跨业务财务和共享财务全流程训练任务，也有分组、分岗的财务共享服务中心关键岗位抢单训练任务，从而既有助于个人职业判断能力的提升和探究精神的培养，也有助于集体荣誉感和团队合作精神的养成。

2. 案例教学法。

本课程引入了 3 个财务共享服务中心的实施案例，并以其中一个集团企业案例为蓝本，将其财务组织、业财一体化流程、财务共享软硬件设备和脱敏后的业务数据、财务共享服务中心的绩效管理手段等融入了教学过程之中。通过案例的学习，让学生能够具备一定的财务共享服务中心主要核算岗位实操能力。

3. 角色扮演法。

分角色实训有利于学生在工作中进行换位思考，有利于学生从不同角度得到技能的全面训练。虽然从总体上看，课程教学中学生的主要角色是财务共享服务中心的岗位，但是为了让学生理解业务财务和共享财务之间的流程协同与信息交互，学生在特定的教学时段还要扮演业务财务甚至业务子公司的业务类岗位。分角色实训有利于学生在工作中进行换位思考，也有利于学生从不同角度得到技能的全面训练。

4. 启发式教学法。

设计启发、诱导型的问题，将设问、答疑贯穿于教学的每一个环节，在课程的里程碑阶段还引入行动学习（头脑风暴）方法，引发学生思考和讨论，启迪学生企业价值最大化的财会创新思维，进而促进学生积极主动地学习，更好地激发学生的学习兴趣，加深对课程的理解。

5. 项目教学法。

项目教学，是师生通过共同实施一个完整的项目工作而进行的教学活动。职业教育中的项目一般是来自职业实践的工作任务。项目教学法适合于复杂问题的分析和解决，本课程中“FSSC 规划设计沙盘模拟”这一教学内容，就采用了项目教学法。

（二）教学手段

本课程尽可能充分使用现代化教学手段，如多媒体技术、智适应教学平台和可连线企业现场的“双师课堂”。

1. 多媒体技术。

充分使用多媒体技术，如电子课件、投影、视频、音频等，为学生提供智能财务核算的操作过程演示，使学生对课程建立全面的认识，并能按照操作演示的指引完成模拟操作。

2. 智适应教学平台。

可选择使用智适应教学平台，平台不仅有可供随时随处访问的教学资源数字化，还具备有智能助教功能、行为监控与评价功能、自动甄别功能等，可进行教学全过程评价，并对教学结果进行横向和纵向的数据分析。

3. 交互式“双师课堂”。

可使用互联网直播、录播、多方实时协作的“双师课堂”，连线企业专家、业界名师，开展远程教学、协同教学、线上与线下互动教学，实现优质资源共享，缩短校企之间距离。

七、教学评价

本课程的考核方案分四个维度：测评考核（测评题）默认 25%，学习行为考核（签到、学习时间、学习次数）默认 25%，作业考核（老师评价、互评）默认 25%，实训成果考核（实训报告）默认 25%。除了“实训成果考核”为教师主观评判外，其余维度均由教学平台自动评价。教师可根据本校具体情况，在教学平台上自由调整各维度的考核权重。本考核方案主要考核评价学生对财务共享基本概念的理解、对各种业务财务和共享财务岗位职能和工作流程的掌握。

	平时成绩	期末考试
知识	由老师根据各项目的知识目标，根据平时作业、课堂抽查的评价，占10%	在试题库中进行组卷、闭卷笔试，占15%
技能	主要对实务操作、案例分析完成情况进行评价，由老师主观评价或学生主观互评，占25%	使用智能学习系统中的自动甄别功能，根据学生实训完成情况评分，占25%
素质	主要对素质素养进行评价，占25%，详见下表	—
合计	60%	40%

素质或素养的测试，可以依据下表进行考评。

素质测评考核项目		
项目	评价标准	分值
学习态度和课堂表现	课堂考勤，按时上课，不得迟到早退，占10%	20
	根据其在线学习的次数和时长，给出合理的分数，占10%	
发现问题、解决问题能力	项目报告或课程报告，根据学生自己的观点，给出合理的分数，占20%	20
团队合作能力	根据团队作业报告，给出合理的分数，占20%	20
创新能力	根据项目实训报告的创新性，给出合理的分数，占20%	20
演讲沟通能力	根据课程汇报、项目汇报的演讲效果、观众反应等给出合理的分数，占20%	20
共计		100

附录3 鸿途集团财务共享中心绩效考评方案

3.1 评价组织与标准

3.1.1 评价的组织

财务共享中心总经理负责共享中心工作质量、效率、态度的日常评价，并定期（至少每月）向集团财务部/财务总监提交质量评价报告。

集团财务部负责财务共享中心工作质量效率、态度的总体评价，评价频率根据财务部财务稽核工作计划安排。

运营支持处处长负责组织与整体协调质量管理有关工作，组建质量管理团队；对各处室的质量管控工作进行指导；组织质量检查工作；按时发布各类质量报告，提供考核依据；督促有关人员对有关问题进行整改，对整改情况进行通报；负责质量管理体系的建立和完善；负责质量环境建设规范工作；协助培训负责人组织质量管理培训工作。

财务共享中心各业务处室业务处理人员既是质量管理对象，又是一级质量管理员，在保证本岗位工作质量的同时，负责管控上一工序工作质量，并进行本工序的交叉复核，提供质量检测数据。

3.1.2 业务质量评价标准

共享中心业务质量评价指标表

业务类型	评价标的	责任人	考核办法
扫描（100分）	1. 扫描质量	扫描员	扫描影像不清楚或重叠，单据漏扫或夹页，每单扣5分，共50分
	2. 原始单据	扫描员	原始单据不符合公司要求的，每单扣2分，共20分
	3. 单据台账记录	扫描员	台账内容未核对，每发现一次扣5分，共20分

续表

业务类型	评价标的	责任人	考核办法
扫描（100分）	4. 影像效果	扫描员	单据影像未上传或不能辨认的，每单扣5分，共10分
归档（100分）	1. 档案装订质量	归档员	档案装订错误，包括：倒装、缺页、装订错页、卷宗编号错误等。每单扣5分，共20分
	2. 单据匹配	归档员	匹配错误，每单扣5分，共30分
	3. 归档及时性	归档员	未及时归档，每发现一次，扣5分，共15分
	4. 档案调阅	归档员	档案调阅未经审批、登记，每单扣5分，共15分
	5. 档案安全	归档员	档案丢失、毁损，每单扣5分，共20分
审核核算（100分）	1. 审核报账信息准确	审核会计	未依照制度正确审核，每单扣5分，共30分
	2. 会计核算的科目、金额、币种、期间等正确	审核会计	科目核算信息错误，每单扣5分，共20分.
	3. 原始凭证审核无误	审核会计	使用不当原始凭证做账，每单扣5分，共20分
	4. 其他信息准确无误，包括摘要规范、调整说明等	审核会计	错误处理，每单业务扣5分，共20分
	5. 内部对账准确、及时	审核会计	未按时对账或对账错误未查明，每检测出一次扣5分，共10分
资金结算（100分）	1. 准确支付：账户信息准确、金额准确、及时处理未成功支付问题	出纳	支付错误，每单扣5分，共50分
	2. 收、付款及时准确	出纳	未及时准确进行收付款确认，每单扣5分，共30分
	3. 系统密码及银行支付保密工具管理	出纳	未按照规定保管密匙和其他银行加密工具，每一项扣5分，共20分
企业报表（100分）	1. 及时编制个体报表	报表会计	未按时提交报表，每延迟一天扣10分，共40分
	2. 保证报表的信息准确	报表会计	报表信息错误，每检测出一项扣10分，共60分.

3.1.3 工作时效评价标准

时效目标值是每笔业务从发起流程到处理完毕流程关闭期间所用时间的目标值。评价频率：时效评价每月进行一次，在次月的6日前完成上月度的时效评价。

时效目标如下面的“财务共享中心时效考核指标表”所示。

财务共享中心时效考核指标表

考察内容	考察岗位	说明	时效目标	评价人
单据接收	票据档案岗	从员工提交实物单据到会计初审岗在影像系统中完成接收	2个工作日	绩效负责人
扫描上传		从影像系统接收到扫描且影像上传完成	2个工作日	绩效负责人
单据邮寄		从员工提交单据（项目部无扫描点）或单据扫描上传后到整理汇总邮寄至共享服务中心	1周	绩效负责人
单据移交		从单据扫描上传后到分类整理移交至归档岗	2个工作日	绩效负责人
打印凭证	归档岗	从账务处理完成到打印生成的会计凭证	2个工作日	绩效负责人
匹配顺号		将打印的凭证与原始单据匹配并顺号	2个工作日	绩效负责人
影像复核		从实物单据匹配顺号到影像复核无误确认	2个工作日	绩效负责人
装订归档		从影像复核无误到会计档案装订成册并移送至档案室	2个工作日	绩效负责人
单据初审	结算/费用审核岗	从接收审核任务到初审完成	2个工作日	绩效负责人
单据复审		从接收复审任务到复审完成生成会计凭证	2个工作日	绩效负责人
出纳付款	资金结算岗	从生成会计凭证到出纳付款成功并确认	2个工作日	绩效负责人

3.2 工作质量评价方法

工作质量评价所覆盖的范围主要是业务处理的全过程，包括账务处理、审批流程及相关附件单据的真实性、准确性及完整性。质量检测的主要方法为工序检测及分析性检测，因此评价对象既包括财务共享中心工作岗位也包括在机构财务部门设置的财务初审及扫描岗位。

3.2.1 工序性检测规范

(1) 会计初审岗（本地财务）。

- 原始单据粘贴规范性。
- 原始凭证完整性、合规性。
- 发票真实性、合规性。

(2) 票据档案岗。

- 实物单据提交及时完整，并按索引号顺序排列。
- 单据登记与实物单据一致，无缺漏或不符情况。
- 原始实物单据与会计凭证匹配无误，装订整洁、及时。
- 会计档案借阅经过审批、登记，并及时归还。

(3) 费用/结算审核岗（含收入、费用、成本、工程、资产）。

- 单据影像清晰，符合扫描要求，没有夹单、漏扫现象。
- 原始单据提供完整，并符合相关法律法规要求。

- 报销内容符合公司财务制度，报销金额无误。
- 业务类型、科目、辅助等选择正确。
- 前端审批流程完整。
- 系统自动生成的凭证中会计分录正确，金额无误。
- 税金计提、申报、缴纳是否及时，准确。

（4）资金审核/支付岗。

- 银行收款信息是否与经办人提交信息一致。
- 付款信息、网银制单信息是否完整准确。
- 资金收付确认是否及时、准确。

（5）总账主管岗。

- 账务处理及时准确。
- 总账凭证稽核完整。
- 对账、结账及时。
- 会计档案归档完整，装订规范。

（6）报表分析岗。

- 报表编制准确、及时。
- 报表项目无遗漏，无错误。
- 财务分析编制及时。
- 响应业务管理需求分析。

3.2.2 分析性检测规范

（1）分析性检测的定义。分析性检测是通过数据的逻辑性判断检查质量、工序问题，即通过抽样、专项检查、专项统计、专项分析、流程梳理等方法，定期或专项对工序、质量等指标进行逻辑性、合理性、实操性、规范性等方面的检测、检查、核对，通过检测、检查、核对纠正偏差，完善质量体系和工序，查找偏差的原因，以保证集中核算工作的质量和时效。

（2）分析性检测的主要内容。分析性检测由共享中心运营管理处通过对会计核算、资金结算、稽核管理、档案管理、运营支撑管理等数据、工序的逻辑性判断，检查其是否符合质量规范的要求。

附录4 财务共享软件操作篇实验报告模板

______________实验报告	
一、实验目的	
二、实验内容	
三、实验步骤	
四、实验分析与结果	

敬 告 读 者

为了帮助广大师生和其他学习者更好地使用、理解、巩固教材的内容，本教材提供课件和案例测试所需原始单据，读者可关注微信公众号“会计与财税”获取相关信息。

如有任何疑问，请与我们联系。

QQ：16678727

邮箱：esp_bj@163.com

教师服务 QQ 群：606331294

读者交流 QQ 群：391238470

经济科学出版社
2020 年 8 月

会计与财税　　教师服务 QQ 群　　读者交流 QQ 群　　经科在线学堂